Das Buch

Vierzehn deutsche Autoren schreiben über die vierzehn Liebesaffären des griechischen Gottes Zeus mit sterblichen Frauen und Knaben: zu den mythischen Berichten von den Seitensprüngen des Zeus zur Erde und von seinem grausamen göttlichen Leichtsinn bilden die modernen erotischen Variationen durch gesellschaftskritische, theologische und psychologische Aspekte einen reizvollen Kontrast. »Menschlich-allzumenschliche Abbilder des Gottes als wohltätiger Liebhaber. Die ›politischen‹ Auseinandersetzungen gehen mit dem Mythos schärfer ins Gericht.« (Maria Dessauer)

Die Autoren

Sigrid Bauschinger, Franz Joachim Behnisch, Heinrich Böll, Peter O. Chotjewitz, Christian Grote, Herbert Heckmann, Ernst Herhaus, Rudolf Lorenzen, Adolf Muschg, Klaus Nonnenmann, Christa Reinig, Jo Rippier, Joachim Seyppel, Peter von Tramin.

Die Liebschaften des Zeus
Pikante Mythen neu erzählt

Herausgegeben von Maria Dessauer

Deutscher
Taschenbuch
Verlag

dtv

Ungekürzte Ausgabe
Mai 1972
Deutscher Taschenbuch Verlag GmbH & Co. KG,
München

Umschlaggestaltung: Celestino Piatti
Gesamtherstellung: C. H. Beck'sche Buchdruckerei,
Nördlingen
Printed in Germany · ISBN 3-423-00820-2

Inhalt

Dia

Hera und Zeus

HERA: Dieser Ixion, dem du einen so freien Zutritt bei uns gestattest, Zeus, was meinst du wohl, was er für ein Mann ist?

ZEUS: Ein sehr hübscher Mann, liebe Hera, und ein angenehmer Tischgesellschafter. Würde ich ihn wohl zu meiner Tafel ziehen, wenn er dessen unwürdig wäre?

HERA: Er ist aber dessen unwürdig und kann nicht länger bei uns geduldet werden.

ZEUS: Was hat er denn Ungebührliches getan?

HERA: Was er getan hat? Es ist so arg, daß ich es vor Scham nicht sagen kann.

ZEUS: Um so weniger darfst du mir's verschweigen, wenn er was so Schändliches begangen hat. Hat er eine unserer Göttinnen verführen wollen? Denn ich merke aus deinem Zögern, daß es etwas dergleichen sein wird.

HERA: Mich, mich selbst und keine andere, Zeus, und dies ist schon eine geraume Zeit her. Anfangs konnte ich lange nicht begreifen, warum er mich immer so starr und unverwandt ansah; mitunter seufzte er auch und hatte die Augen voll Tränen. Wenn ich dem Ganymed den Becher zurückgab, bat er ihn heimlich, ihm aus demselben Becher zu trinken zu geben, und wenn er ihn bekam, küßte er ihn und drückte ihn an die Augen und blinzelte dabei immer nach mir. Nun fing ich an zu merken, daß er mir seine Liebe dadurch zu verstehen geben wollte, aber die Scham hielt mich immer zurück, dir etwas davon zu sagen, und ich hoffte auch, der Mensch würde von seinem Unsinn endlich ablassen. Aber da er sich nun gar unterstanden hat, mir mündliche Liebeserklärungen zu machen, hab' ich ihn auf dem Boden, wo er weinend vor mir hinfiel, liegen lassen, mir die Ohren zugehalten, um die beleidigenden Bitten nicht zu hören, die er zu meinen Füßen vorbrachte, und bin hieher gekommen, es dir anzuzeigen. Siehe nun selbst, was für eine Rache du an dem Menschen nehmen willst.

ZEUS: Ei der infame Kerl! Was? Mich selbst anzutasten und nach Heras Beilager zu trachten! Ist's möglich, daß ihn der Nektar bis auf diesen Grad trunken machen konnte? – Aber freilich sind wir selbst schuld daran und treiben die Menschenliebe offenbar zu weit, da wir die Sterblichen mit uns essen und trinken lassen. Wahrlich, es ist ihnen zu verzeihen, wenn sie bei einem Wein wie der unsrige und über dem Anschauen himmlischer Schönheiten, dergleichen ihnen auf der Erde nie vorgekommen sind, vor Liebe den Verstand verlieren und sie zu genießen begehren. Denn Eros ist ein gewalttätiger Tyrann, der nicht nur über die Menschen, sondern zuweilen über uns Götter selbst den Meister spielt.

HERA: Von dir ist er in der Tat unumschränkter Herr, zieht dich bei der Nase, wie man zu sagen pflegt, ohne den geringsten Widerstand, wohin er will, und verwandelt dich in jede beliebige Gestalt; kurz, du bist, im eigentlichsten Sinne, Eros' Eigentum und Spielzeug. Auch weiß ich sehr gut, warum du dem Ixion jetzt so leicht verzeihen kannst. Du erinnerst dich ohne Zweifel, daß du noch in seiner Schuld bist, und daß sein vermeinter Sohn Peirithoos eine Frucht deiner ehemaligen Vertraulichkeit mit seiner Gemahlin* ist.

ZEUS *lachend*: Erinnerst du dich der kleinen Schäkereien noch, die ich ehemals auf der Erde da unten trieb? – Aber soll ich dir sagen, was wir mit dem Ixion machen wollen? Ihn zu strafen und von unsrer Tafel wegzujagen, wäre in der Tat zu hart, da der arme Kerl die Liebe im Leibe hat und, wie du selbst sagst, so erbärmlich daran leidet, daß er die hellen Tränen weint.

HERA: Und was also? Du wirst doch nicht fähig sein, deiner eigenen Gemahlin einen beleidigenden Antrag zu machen?

ZEUS: Warum nicht gar! Ich will eine Wolke nehmen und eine Art von lebendigem Bilde daraus machen, das dir so gleich sehen soll, als ob du es selbst wärest; und wenn wir vom Tische aufstehen, will ich, während er sich schlaflos (wie einem unglücklichen Liebhaber geziemt) auf seinem Lager herumwälzt, das Wolkengebilde neben ihn legen. Das wird ihm, ohne Nachteil für deine Tugend, von seinen Liebesschmerzen helfen, und was kannst du mehr verlangen?

HERA: Ein schöner Einfall! So sollte er also, anstatt der Strafe, die seine übermütige Leidenschaft verdient, noch dafür belohnt werden?

ZEUS: Laß doch! Was kann es dir denn schaden, wenn sich Ixion mit einer Wolke ergötzt?

HERA: Aber er wird doch die Wolke für mich halten, und so wird es ebensoviel sein, als ob er mich selbst entehrt hätte!

ZEUS: Das sind Spitzfindigkeiten! Die Wolke wird nie zur Hera, und du nie zur Wolke werden; bloß Ixion wird getäuscht, das ist die ganze Sache.

HERA: Da aber die Menschen gemeine Geschöpfe sind, ist er imstande, wenn er wieder auf die Erde kommt, damit zu prahlen und allen Leuten zu erzählen, er habe bei der Hera geschlafen und Zeus' Bette geteilt, ja er wird sogar kein Bedenken tragen, zu sagen, daß ich ihn liebe, und die Leute werden's ihm glauben, weil sie nicht wissen können, daß es nur eine Wolke gewesen ist.

ZEUS: Das wäre ein anderes! Wenn er sich unterstünde, so was zu sagen, so soll es ihm nicht ungestraft hingehen! Dann will ich ihn in den Tartaros hinunterwerfen und ihn auf ein Rad binden lassen, und der arme Teufel soll ewig auf dem Rade herumge-

* Gemahlin = Dia, des Hesioneus oder Dejoneus Tochter

trieben werden und mit dieser unaufhörlichen Qual für seine verwegene Liebe büßen!

HERA: Wenigstens würde das für eine solche Prahlerei nicht zuviel sein!

Lukian, Sechstes Göttergespräch

Ixion, der Sohn des Leonteus, versuchte Hera zu umarmen. Auf des Zeus Geheiß legte Hera eine Wolke an ihre Stelle, und Ixion glaubte, es sei das Bild Heras. Aus dieser Verbindung entstanden die Kentauren. Doch Hermes band auf des Zeus Befehl Ixion in der Unterwelt auf ein Rad, das immer noch dort sich drehen soll.

Hyginus, 62. Fabel

Herbert Heckmann
Die Wahrheit

Viele Lügen sind über mich in aller Munde. Ich sehe es an den schadenfrohen, spöttischen Gesichtern meiner Nachbarn. Sie haben gut lachen, denn sie sind nur auf Vermutungen angewiesen, und Vermutungen sind immer leichter zu ertragen und zu handhaben als die Wahrheit. Einer, der es wissen mußte, sagte einmal: nachher haben nur die Lügen eine Chance. Tatsächlich ist die Vergangenheit ein Tummelplatz für Aufschneider und Großschwätzer, die sich mit dem Mäntelchen der Wissenschaft schmücken und mehr mit der Nase denken als mit dem Kopf. Ich will jedoch versuchen, gegen alle Lügen, Erfindungen und Verleumdungen die Wahrheit zu behaupten. Ich bin zu alt, um die schadenfrohen Lügner eigenhändig zu verprügeln: so greife ich zur Feder. Meine Hand zittert, wenn ich schreibe. Meine Augen sind schwach, so daß ich mit der Nase fast das Papier berühre. Rheuma plagt mich. Im nächsten Monat werde ich achtzig Jahre alt, wenn mir Gott es erlaubt. Es gibt Leute im Dorf, die glauben, daß ich nicht mehr all meine Sinne beisammen habe. Auch meine Kinder betrachten mich mißtrauisch und tuscheln hinter meinem Rücken. Sie raten mir, nicht mehr aus dem Haus zu gehen, weil sie fürchten, ich könnte etwas Unüberlegtes tun. Ich lebe mit meinem jüngsten Sohn zusammen, der Schullehrer ist. Seine Frau führt das Regiment. Sie paßt gut auf, daß ich nicht zu viel esse. Auch ich war Schullehrer gewesen, aber ich will von vorne anfangen, damit ich den roten Faden nicht verliere.

Ich bin auf den Namen Yanis getauft. Mein Vater trug in seinem Leben nie einen Hut. Meine Mutter starb, als ich drei Jahre alt war. Mein Vater schlief ein Trauerjahr allein, dann holte er sich eine junge Magd ins Haus, die sich erst um mich und dann um ihn kümmerte. Vorher hatte sich eine Schwester meines Vaters um uns gesorgt. Sie tat des Guten zuviel und wollte aus mir einen Heiligen machen. Es kam so, wie es kommen mußte, die junge Magd wurde meine Stiefmutter und brachte in natürlicher Reihenfolge sieben Kinder zur Welt, die alle sehr gesund und laut waren. Sie lachte viel und entlockte meinem Vater, der etwas zum Trübsinn neigte, nicht selten auch ein Lächeln. Auch zu mir war sie sehr gut und stets besorgt, ich könnte nicht genug essen. Mein Vater war sehr streng. Wenn ich etwas angestellt hatte, verdrosch er mir mit seinem Ledergürtel den nackten Hintern. Auf diese Weise wurde ich auf meinen späteren Beruf vorbereitet. Er war sehr ehrgeizig: als armer Bauer hatte er immer mehr Tauben auf dem Dach als Spatzen in der Hand. Wenn er mich mit einem Buch sah, leuchteten seine Augen. Er selbst konnte kaum seinen Namen schreiben. Er ging oft zu Dimitrios, dem Schuster, und ließ sich aus einer Weltgeschichte vorlesen. Dimitrios bekam sehr leicht eine trockene Kehle beim Vorlesen, was meinen Vater dazu veranlaßte, dann und wann einen Krug Wein mitzunehmen, den Dimitrios mit demselben Eifer studierte wie die Weltgeschichte. Das ermunterte ihn, Geschichten vorzutragen, die nicht mehr im Buch standen und von denen man nur sagen konnte: es war gut, daß sie nie stattgefunden haben. »Bei allen Engeln!« schrie mein Vater. »Wenn das nicht alles schwarz auf weiß geschrieben stünde, würde ich kein Wort glauben.« Manchmal nahm er mich mit zu Dimitrios, und es geschah dort, daß ich mich für die Geschichte dieser Welt zu interessieren begann.

Den Schulunterricht in unserem Dorf erteilte ein Pope, von dem man sagte, daß er nicht nur nach dem ewigen Manna hungerte, sondern auch nach den Eßbarkeiten dieser Welt. Er war sehr dick und kurzatmig und bereitete uns auf das jenseitige Leben vor. Ich wußte damals mehr über die Heiligen unserer Kirche als über die griechischen Befreiungskriege. Der Pope erlitt während des Unterrichts einen Schlaganfall. Sein rechtes Auge wurde plötzlich ganz starr, wie die Augen der Heiligen auf den Ikonen, so daß ich es mit der Angst zu tun bekam und schreiend aus dem Schulsaal stürmte. Er starb noch am selben Tag. Wir hatten schulfrei, bis ein Lehrer aus der Stadt kam. Er hieß Deioneus, ein dünnes Männchen, von dem man im Dorf behauptete, er habe fortschrittliche Ideen. Er hing Landkarten im Schulzimmer auf und anatomische Abbildungen, die mir für einige Zeit den Appetit verdarben. Er hatte eine stille, zarte Frau, eine lebhafte Tochter mit dem Namen Dia, die vier Jahre älter war als ich, und viele Bücher, mit denen er sich am meisten beschäftigte. Er gab sich sehr viel Mühe mit uns, erzählte uns von Alexander dem Großen, von der Erfindung der Dampfmaschine und von Lord Byron, den ich damals, so gut ich es konnte, nachzuahmen versuchte. Im Dorf war der Lehrer nicht sehr beliebt. Einige Frauen behaupteten, er habe den bösen Blick. Sie bekreuzigten sich, wenn sie ihm begegneten. In Wirklichkeit jedoch war er kurzsichtig. Er gab mir, als er meinen Eifer bemerkte, viele Bücher zu lesen. Meine Stiefmutter, die es gut mit mir meinte, fürchtete, ich würde eines Tages überschnappen.

Als ich dreizehn Jahre alt war, wußte ich, daß die Erdoberfläche eine relativ dünne Kruste ist. Ich verliebte mich in Dia und dachte allen Ernstes daran, mit ihr nach Amerika auszuwandern, das wir gerade im Erdkundeunterricht durchnahmen. Dia war ein sehr schönes Mädchen. Außer mir waren wohl noch ein gutes Dutzend Burschen in sie verliebt. Ich war jedoch der einzige, der ein Gedicht auf ihre Schönheit machte, das nur zur Hälfte von mir stammte. Ich wurde jedoch nicht nur ein Dichter, sondern auch sehr eifersüchtig und prügelte mich einmal sogar mit meinem besten Freund, weil ich glaubte, auch er würde Dia nachsteigen. Dia mußte von dieser Prügelei erfahren haben, denn als ich ihr eines Tages auf der Straße begegnete, fragte sie mich, ob es wahr wäre, daß ich mich ihretwegen geschlagen hätte. Von meinem Gedicht, das ich ihr in den Schulranzen gesteckt hatte, sagte sie kein Wort. Ich wurde rot und schwieg. Sie trat auf mich zu und küßte meine Stirn. Derart ausgezeichnet verlor ich für einige Zeit den Verstand: als ich ihn endlich wiederfand, ging Dia mit Ixion, dem ältesten Sohn von Phlegyas, der einen Gutshof etwas außerhalb des Dorfes besaß. Er galt als sehr verschlagen und skrupellos. Dias Vater war über das Verhältnis seiner Tochter nicht sehr glücklich und ließ seine Tochter nicht aus dem Hause. Er hätte es besser wissen müssen. Sehr bald ging im Dorf das Gerücht um, daß Ixion durch das Fenster zu Dia eingestiegen wäre. Keiner hatte es gesehen, aber jeder wußte es. Ich nahm ab und muß sehr krank ausgesehen haben, denn mein Vater glaubte, ich hätte Würmer. Meine Stiefmutter kochte für mich Granatapfelschalen in Wein, worauf es mir noch schlechter ging. Die eigentliche Ursache meiner Krankheit blieb meinen Eltern verborgen.

Ixion war ein draufgängerischer, verwegener Bursche, der im Jähzorn einmal eine Ziege mit dem Messer abgestochen hatte. Ziemlich alle Mädchen im Dorf warfen ihm schöne Augen zu, was ihn nur noch eitler machte, als er schon war. Ich haßte ihn und wünschte zur gleichen Zeit, ein Kerl zu sein wie er. Ich war nie sehr kräftig gewesen. Was mir an Kraft fehlte, ersetzte ich durch Zähigkeit und Ausdauer: ich konnte länger als alle anderen einen Frosch im Mund behalten. Mit vierzehn mußte ich eine Brille tragen, was mir den Spitznamen Professor eintrug. Was nutzte es mir schon, zu wissen, welches der höchste Berg der Erde ist, wenn Dia mich behandelte, als wäre ich Luft.

Im Nachbardorf wohnte ein sehr reicher Mann, von dem man sagte, er könne alle Dächer in unserem Dorf vergolden lassen. Er hatte eine Reederei in Athen und galt als großer Wohltäter. Man nannte ihn Vater Zeus. Jedes Jahr, meist in der Woche nach Ostern, erschien er in unserm Dorf. Die Bauern umringten ihn, küßten seine Hände und wünschten ihm ein langes Leben. Frauen hielten ihm ihre Kinder entgegen. Vater Zeus war ein stattlicher Mann mit einer majestätischen Glatze. Er roch sehr gut, hatte eine wohlklingende Stimme und Goldzähne. Ein dunkelhäutiger Bursche mit dem seltsamen Namen Ganymed lief mit einem riesigen Sonnenschirm neben ihm her. Wenn Vater Zeus unser Dorf besuchte, gab es jedesmal ein großes Fest. Lämmer wurden am Spieß gebraten, die Frauen zogen ihre besten Kleider an und steckten ihre Haare hoch. Besonders ihnen gegenüber war Vater Zeus ein emsiger Wohltäter. Seine natürlichen Kinder, von denen es mindestens ein Dutzend in unserm Dorf gab, wenn man der Hebamme vertrauen konnte, nannte man allgemein die Wohltaten des Zeus. Die Feste waren sehr turbulent: es wurde viel gegessen, viel getrunken und viel getanzt. Mein Vater spielte die Klarinette, und Dionys, der Kesselflicker, schlug die Trommel. Vater Zeus schaute sich alles lächelnd an. Er hatte einen Ehrenplatz, bekam das beste Stück Fleisch und saß neben den schönsten Mädchen und Frauen des Dorfes. Die meisten Männer waren nicht eifersüchtig auf ihn: es schmeichelte ihnen vielmehr, wenn er mit ihren Frauen und Töchtern schäkerte. Vater Zeus ließ sie nicht unbeschenkt, und sie nahmen es an, wie es kam.

Am Tage nach dem Fest besuchte er die Schule und hörte sich eine Unterrichtsstunde an, wobei er nicht selten selbst Fragen stellte und Süßigkeiten verteilte. Unser Lehrer war jedesmal so aufgeregt, daß er zuweilen die anatomische Karte mit der Weltkarte verwechselte und die Milz für Griechenland hielt. Eine dieser Schulvisitationen wurde mir zum Schicksal. Vater Zeus thronte auf einem bequemen Korbsessel und verfolgte mit schläfrigen Augen den Unterricht. Dia, die schon der Schulbank entwachsen war, saß mit einigen andern Mädchen in der letzten Bank. Ihr Vater hatte einen schwarzen Rock an, der an den Ellenbogen glänzte. Viel lauter als sonst und wild gestikulierend begann er von Odysseus zu erzählen, von den alten Göttern und von Homer und geriet derart in Begeisterung, daß er uns ganz vergaß. Vater Zeus unterbrach ihn mit einer ungeduldigen Handbewegung und schaute sich in der Klasse um. Sein Blick blieb an mir hängen. Er deutete mit seinem Zeigefinger auf mich. »Erzähle mir doch einmal, was du von Homer weißt!«

Ich sprang in die Höhe und begann meine Kenntnisse herunterzuleiern. Vater Zeus hörte mir lächelnd zu und klatschte, als ich zu Ende war, in die Hände. Ich mußte vor ihn hintreten. Er tätschelte meinen Kopf, zupfte an meinem Ohr und sagte mit hochgezogenen Augenbrauen:

»Homer war ein alter Schwindler. Du hast aber deine Sache brav gemacht. Ich werde dich auf die höhere Schule nach Athen schicken; du mußt mir aber versprechen, immer ein frommer Junge zu bleiben.«

Er sagte es, winkte den Mädchen in der letzten Bank zu und ging, sich auf Ganymed stützend, der immer in seiner Nähe war.

Im nächsten Monat kehrte ich meinem Vaterhaus den Rücken und fuhr, ein kleines Köfferchen mit meinen Siebensachen in der Hand, nach Athen, um dort in ein Internat einzutreten, das Vater Zeus für mich ausgesucht hatte. Der Abschied fiel mir schwer, aber das streng geregelte Leben im Internat ließ mich schnell meinen Schmerz vergessen: auch an Dia dachte ich nicht mehr. Ich begann historische Frauengestalten mehr zu verehren als wirkliche. Ein Bild von Queen Elizabeth hing über meinem Bett. Erst später erfuhr ich, daß sie die Verehrung gar nicht in dem Maße verdiente. In dieser Zeit schwärmte ich für Frauen, die gegen ihren Willen einen Schnurrbart trugen. Ich war für das Männliche in der Frau.

Meine Schulkameraden nannten mich den Bauern und lachten mich aus, wenn ich meinen rauhen Heimatdialekt sprach. Am liebsten hatte ich den Geschichtsunterricht. Ich war mehr in der Vergangenheit zuhause als in der Gegenwart.

Von Dimitrios erhielt ich einige Briefe, die ihm mein Vater diktiert hatte. Dimitrios liebte altmodische Wendungen. Er nannte mich, seltsamerweise, Gnädigster Herr und unterzeichnete als Untertänigster Diener. Viel mehr wußte er nicht zu sagen.

Als ich nach einem Jahr zum ersten Mal wieder nachhause kam, war ich sehr neugierig auf das, was in meiner Abwesenheit im Dorf geschehen war. Mein Vater holte mich am Bahnhof des Nachbardorfs ab. Er küßte mich, nahm meinen Koffer und sagte: »Du bist gewachsen.« Mein Vater war nie sehr gesprächig gewesen, und so kam es, daß dies der einzige Satz war, den er zu mir auf dem zweistündigen Heimweg sagte. Erst Thekla, meine Stiefmutter, die sich darin ziemlich von meinem Vater unterschied, überschüttete mich mit Küssen und Neuigkeiten. Was geschehen war, ist sehr kurz gefaßt dies: Einige Monate nach meinem Weggang stellte sich heraus, daß Dia schwanger war. Als letzter erfuhr es Dias Vater. Er schloß die Schule für einen Tag, putzte seine Schrotflinte und schaute jedem Burschen, dem er begegnete, tief in die Augen. Einige wollten wissen, daß Ixion der Vater sei; genau wußte es keiner, aber darauf kam es gar nicht an: Dia mußte heiraten. Ihr Vater nahm kurzentschlossen die Schrotflinte unter den Arm und ging zum Hause des Phlegyas, der sich recht wenig um die Angelegenheiten seines Sohnes kümmerte. Ixion war nicht zuhause, und so blieb Deioneus nichts anderes übrig als mit Phlegyas zu reden, der bei allen Heiligen schwor, daß sein Sohn nichts mit der Sache zu tun habe, und er selbst wolle lieber in die Hölle fahren als einer solchen gewaltsamen Verbindung zuzustimmen. Er regte sich derart auf, daß er einen Herzanfall bekam. Dias Vater kehrte unverrichteter Dinge nachhause zurück und rief seine Tochter zu sich. »Wer war es!« schrie er außer sich vor Wut und Hilflosigkeit und schoß eine Ladung Schrot in die Zimmerdecke. Dia fiel ihn Ohnmacht, ehe sie die Frage beantworten konnte. Da aber geschah etwas, woran keiner im Dorf geglaubt hätte: Ixion erschien im Schulhaus und erklärte stammelnd, er wolle Dia heiraten. Die Hochzeit wurde überstürzt vorbereitet. Phlegyas und Deioneus versöhnten sich mit Hilfe einer Flasche Schnaps. Dia war eine sehr bleiche Braut. Ixion betrank sich an seiner eigenen Hochzeit und mußte besinnungslos ins Brautbett gebracht werden. Nach fünf Monaten schenkte Dia einem kräftigen Knaben das Leben, den sie Peirithoos nannte. Die Hebamme behauptete, noch nie einen so schönen Knaben gesehen zu haben, und fügte, als man sie schlecht für ihre Dienste belohnte, hämisch hinzu, er sähe seinem Vater überhaupt nicht ähnlich. Ixion, der sehr stolz auf seinen Sohn war, reagierte auf seine Weise. Er betrank sich und prügelte seine Frau solange, bis sie gestand, daß er tatsächlich nicht der Vater sei. Noch in derselben Nacht stürmte er halb von Sinnen in das Schulhaus und trommelte Dias Vater aus dem Schlaf. Am nächsten Morgen fand man Deioneus in einer Grube hinter der Schule. Er war tot. Eine häßliche Wunde zog sich über seinen Schädel. Jeder konnte sich nur zu gut vorstellen, was geschehen war, aber keiner war Zeuge gewesen. Dias Mutter, die man nie viel im Dorf gesehen hatte, ließ den Leichnam ihres Mannes in das Schulhaus tragen, in dem die Schulkinder ungeduldig auf den Anfang des Unterrichts warteten. Sie stimmte einen seltsamen Singsang an, wobei sie mit ihrem Oberkörper hin und her wippte. Ixion blieb verschwunden. Sein Vater hatte die Fensterläden geschlossen und seine Jagdhunde freigelassen. Der Gesang der Klageweiber übertönte das Gegacker der Hühner und das Schreien der Maulesel.

Eine Woche später stellte sich Ixion den Behörden. Er konnte vor Entkräftung kaum reden. Er wurde, obwohl sein Vater eine erhebliche Bestechungssumme anbot, ins Gefängnis geworfen. Dies war alles in meiner Abwesenheit geschehen: wenigstens erzählte man es mir so, am meisten wußte wie immer der Friseur Herodot, der das Gras wachsen hörte.

Meine Liebe zu Dia war durch die Ereignisse nur noch stärker geworden. Einmal traf ich sie mit ihrem Söhnchen. Sie trug ein schwarzes Kleid, selbst ihr Kind hatte ein schwarzes Jäckchen an. Meinen Gruß beachtete sie gar nicht, erst als ich sie mit dem Namen anredete, schaute sie vom Boden auf. Sie war etwas dicker geworden. Ich erzählte ihr von Athen. Über ihr Schicksal sprach sie kein einziges Wort. Ihr Söhnchen zappelte ungeduldig in ihren Armen. Sie knöpfte ihr Kleid auf und reichte ihm die Brust.

»Weißt du schon, was er werden soll?« fragte ich sie.

»Pope«, antwortete sie lachend.

Ich war noch zuhause, als Ixion vor dem Gericht erschien. Sehr viele aus dem Dorf fuhren in die Kreisstadt, um sich das Schauspiel nicht entgehen zu lassen. Mein Vater jedoch ließ mich nicht aus dem Haus. »Du bist noch zu jung für diese Dinge«, sagte er.

Vor Neugier und Ungeduld konnte ich nicht schlafen, und wieder mußte ich Mittel gegen Würmer einnehmen. Beim Friseur Herodot erfuhr ich dann die Neuigkeiten. Ich hatte fast keine Haare mehr auf dem Kopf, als ich alles wußte. Ixion wurde freigesprochen, er habe in Notwehr gehandelt. Vater Zeus, der plötzlich und unerwartet bei der Gerichtsverhandlung erschien, hatte sich für ihn eingesetzt. Er wird seine Gründe gehabt haben, sagte man. Schon längst war es kein Geheimnis mehr, daß er der Vater von Peirithoos war. Geheimnisse machen am schnellsten die Runde. Er machte auch gar keinen Hehl daraus und schenkte Dia ein Pferd und eine größere Geldsumme. Es war das Pferd, auf dem Dia ein Jahr zuvor geritten war, als sie auf dem Gutshof des Vaters Zeus zu Besuch war. Es blieb, wie es sich zeigte, nicht bei dem Ritt auf dem Pferd. Zeus liebte Pferde und Frauen. Er war ein in allen Sätteln gerechter Wohltäter, und es gab wohl keine Frau, die seine Wünsche nicht zu den ihrigen gemacht hätte.

Ixion kehrte nicht zu seiner Frau zurück. Er wurde Verwalter auf einem Gut, das auch Vater Zeus gehörte, und es wurde erzählt, daß er viel trank und auf jede erdenkliche Art Vater Zeus nachzuahmen versuchte. Er ging sogar soweit, sich in die Frau seines Wohltäters zu verlieben, die etwas dümmlich war und keine Ahnung von den Eskapaden ihres Mannes hatte. Sie trug an jedem Finger einen Ring. Das Schönste an ihr waren ihre Augen; sie hatten die demütige Ergebenheit einer Kuh. Sie hieß Hera und war zwanzig Jahre älter als Ixion, was diesen nicht hinderte, sich wie ein feuriger Liebhaber zu gebärden. Als Vater Zeus von der Liebestollheit seines Schützlings Wind bekam, spielte er ihm einen Streich. Er überredete seine Frau, Ixion ein Stelldichein zu gewähren, ließ sie aber im letzten Augenblick von einer Magd vertreten, die ebenso korpulent war wie Hera. Man nannte sie das Nebelchen, weil sie gern einen über den Durst trank. Er selbst versteckte sich hinter einem Busch und war Zeuge, wie Ixion in trunkener Liebestollheit sich mit der Magd vereinte. Es wurde viel über den Streich gelacht. Ixion konnte sich nicht mehr in der Öffentlichkeit sehen lassen. Er kam bei einem Scheunenbrand ums Leben. Die Magd gebar einen Sohn, der sich später als Jockey in England einen Namen machte.

Vater Zeus wurde alt und stiftete eine Kirche. Er kam nur noch selten in unser Dorf. Ich sah ihn zum letzten Mal, als ich ihn nach bestandenem Examen aufsuchte. Er thronte teilnahmslos in seinem Korbsessel und starrte mich mit fast erblindeten Augen an. Meine Dankesrede, an der ich lang gefeilt hatte, schien er gar nicht zu verstehen, denn er fragte mich unvermittelt nach der Uhrzeit. Ich verließ ihn, ohne daß ich mich für seine Wohltaten richtig bedanken konnte. Er lebte nicht mehr lange. Steuerbeamte rückten ihm auf den Pelz. Seine Kinder prozessierten mit ihm. Auch verlor er sein Gehör.

Ich hingegen wurde Schullehrer in meinem Heimatdorf. Meine erste Tat war, daß ich das Schulzimmer mit einer Photographie von Vater Zeus schmückte. Bei seiner Beerdigung brachen mehrere Frauen ohnmächtig zusammen. Der Friedhof konnte die Menschenmassen gar nicht fassen. Ich war auch hingegangen, um so meinen Dank abzustatten, und traf zu meiner Überraschung Dia, wieder in Schwarz, ohne daß diese düstere Farbe ihre jugendliche Frische gemindert hätte. Später sah ich sie dann öfters, ja ich richtete es so ein, daß ich sie öfters sah. Schließlich faßte ich mir ein Herz und fragte sie, ob sie meine Frau werden wollte. All die Ereignisse hatten meine Liebe zu ihr nur gesteigert. Sie überlegte es sich drei Tage und drei Nächte und willigte dann ein. Mein Vater versuchte alles, um die Heirat zu verhindern.

»Wie kannst du nur so eine Hure zur Frau nehmen!« schrie er. Ich ließ mich nicht beirren und heiratete Dia. Sie schenkte mir drei Söhne und eine Tochter, die Vater Zeus sehr ähnlich sah. Sie hatte wie er eine besonders stark entwickelte Unterlippe und angewachsene Ohrläppchen.

Meinen Vater sah ich erst wieder, als er im Sterben lag. Er hatte mich zu sich gerufen. »Ich muß dir etwas gestehen«, flüsterte er und zog mich zu sich herab. »Ich bin gar nicht dein Vater. Du hast denselben Vater wie Peirithoos.« Sagte es und verschied. Ich behielt das Geständnis, so gut ich konnte, für mich und lebte eine gute Ehe mit Dia, die im Alter sehr dick wurde, so daß sie das Haus nicht mehr verlassen konnte. Peirithoos, der eigentlich mein Halbbruder war, machte uns Sorgen. Er hatte das unruhige Blut seines Vaters und lief jeder Schürze nach.

Ich bin heute ein alter Mann. Ich habe neun Enkelkinder, drei zänkische Schwiegertöchter und den Rheumatismus. Dia ist vor sieben Jahren gestorben. Es ist Zeit, daß jemand im Dorf endlich einmal den Mund auftut und sagt, was wir alles Vater Zeus zu verdanken haben.

Nachsatz des Herausgebers:
Als ich als junger Lehrer nach Ko... kam, fand ich in der Rumpelkammer der dortigen Schule ein altes Heft, das meine Aufmerksamkeit erregte. Auf dem Umschlagblatt stand in zittriger Schrift und rot unterstrichen ›Die Wahrheit‹. Es war wohl das Werk eines meiner Vorgänger. Nur mit Mühe konnte ich die Schrift entziffern, aber der Inhalt fesselte mich derart, daß ich das Ganze las. Als ich im Dorf fragte, ob man sich noch an Vater Zeus und Dia erinnere, erfuhr ich zu meinem größten Erstaunen, man hätte noch nie diese Namen gehört. Yanis jedoch kannten sie nur zu gut. »Yanis war verrückt«, sagten sie. »Er hat mehr gelogen als wir Steuern zahlen müssen. Er fühlte sich zu Höherem berufen.«

Er soll auch nicht verheiratet gewesen sein. Ich habe die Sache nicht weiter verfolgt. Yanis wird einen Grund gehabt haben. Wer kennt schon die Schullehrer.

Euphorion

Helena und Achilleus wurde ein geflügelter Knabe auf den Inseln der Seligen geboren, den sie, ob der Fruchtbarkeit des Landes, Euphorion nannten. In diesen verliebte sich Zeus, und da er keine Erhörung fand, erschlug er ihn mit seinem Blitz auf der Insel Melos, wo er den Verfolgten erwischte, und die Nymphen, weil sie ihn begruben, verwandelte er in Frösche.

Patriarch Photios: Aus der ›Neuen Geschichte‹ des Ptolemaios Chennos, Sohn des Hephaistion. Übersetzt von Karl Kerényi

Peter von Tramin
Willst schöner Knabe du

Als Paul v. Por am Abend vom Institut nach Hause kam, hieß es unter anderem, das ihn wenig interessierte, auch, ein ehemaliger Student hätte zur Teezeit angerufen.

Por war müde. Irgendeine familiäre Verzögerung machte ihn zum ersten im Speisezimmer. Er knipste das Licht nicht an, sondern nützte die leere Minute, um sich ans Fenster zu stellen.

Seine Spiegelbilder hingen, hintereinander, blaß und blässer, in den Scheiben. Er sah durch sie hindurch: breite Stirn voran, den Rest des Antlitzes zum kleinen Kinn verkürzt; dieses umwölkt von schütterem, aber gespreiztem Bart, der einmal rötlich gewesen war. Nun hatte er dünnes Silber.

Das Dunkel im Raum hinter ihm schichtete sich wie aus weichen Teppichen. Eugenie machte sich am Eßtisch zu schaffen. Sie sagte plötzlich:

»Eino war's, Paul. Er will dich morgen von deiner Elf-Uhr-Vorlesung abholen.«

Por wandte sich um, blieb im Teppich hängen, strauchelte heftig. Der Kronleuchter flammte in zwei grellen Wellen auf. Eugenie hatte die Schalterbirne noch in der Hand; sie drückte, nach winziger Pause, zum dritten Mal, schaltete die Deckenstrahler wieder aus. Sie starrte ihn an.

»Verzeih, Paul«, sagte sie.

Er sagte gar nichts.

Die Helle war zusammengefallen, der Raum wieder klein, nicht wieder wohnlich geworden. Über den Tisch hinweg, der nun allein im Licht stand, betrachteten die Eheleute einander. Er, buschige Augenbrauen bewegt, mehr noch als sonst die Stirne voran. Sie hielt ihm unter dem zerfahrenen Grau ihres Haars obstinat etwas wie das nasse, geworfene Papier eines zerlaufenen Aquarells entgegen: bläßliches Oval, zwei Fleckchen Wasserblau, zuckende Falte als Mund. Kaum eine Nase.

Schuldbewußtsein wurde möglich; jetzt, bei stürmisch stolperndem Herzschlag, trockener Zunge, begriff er erst, was sie gesagt hatte.

Das Dienstmädchen klopfte und fragte, ob es auftragen dürfe.
»Guten Abend, Papa!« sagten Stefanie und Helene, zugleich ins Zimmer tretend, zwei schmale Gestalten, ihrer Mutter nicht un-

ähnlich, achtzehn und neunzehn Jahre alt. Das Schuldbewußtsein Pors nahm zu, entband ihn, augenblicks zwar nur, doch deutlich, der Pflicht väterlicher Liebe; er gestand sich bereitwillig die Häßlichkeit seiner Kinder ein; sie sahen seiner Frau ähnlich, nicht ihm, ihm nicht. Die Sache mit dem Kronleuchter, ihre Entschuldigung dafür – als hätte sie mich ertappen wollen! – begann ihm heiß zu machen.

Helene sagte weinerlich: »Mama hat heute nacht von einem brennenden Ballsaal geträumt!«

Stefanie sagte anklagend: »Und jetzt will sie uns nicht auf den Ball gehen lassen!«

Por starrte seine Kinder mit zunehmender Verzweiflung an. Zugleich hörte er sich, etwas entfernt, geläufig Längstgeübtes murmeln – daß dies denn doch zu weit ginge, Eugenie; und Ähnliches.

Eugenie sagte fest: »Ich habe diese Gabe. Du weißt recht gut, daß ich diese Gabe habe; ich kann meine Träume unterscheiden; es war wieder ein Wahrtraum, wie dieser, als ich den Autounfall vor unserem Haus voraussah. Die Kinder gehen mir nicht auf den Ball. Punktum.«

Por war es jetzt unmöglich, einen Bissen zu essen. Er schob den Teller zurück, stand auf, wollte etwas erwidern, erwiderte mit Mühe nichts und ging in sein Arbeitszimmer.

Fiel steif hinterm Schreibtisch in den Sessel. Übermäßig laut tickte die Uhr. Por senkte das mächtige Haupt. Ameisenhaft wirr liefen seine Gedanken umher.

Auf der Weiße des leeren Blattes Papier vor ihm entstanden die nachdenklichen Augen Eino v. Pohrs. Dann kam die ganze hübsche Larve hervor. Die er morgen wiedersehen würde.

Spät erst und unbeholfen vor Erregung fand er ins Bett.

Paul v. Por und Eino v. Pohr – der Gleichklang hatte den Älteren mehr beschäftigt als den Jüngeren.

»Ich weiß, wer ich bin«, sagte Eino selbstbewußt. »Das genügt mir, Herr Professor. What's in a name?«

»That which we call a rose –« sagte Paul.

»– by any other name would smell as sweet«, sagte Eino und nickte.

Also holte Paul den Brief der genealogischen Gesellschaft nicht herbei, den er am Morgen erhalten hatte, den er mit dem Jüngeren hatte besprechen wollen; auch in der fünften Reihe ergab sich kein gemeinsamer Vorfahr, blieb die Schreibweise der Namen unterschieden. Dennoch –

Paul hatte damals den Studenten das zweite Mal bei sich zu Hause, zum Mittagessen.

Als Eino sich bald verabschiedete, begann Paul etwas in seinen Taschen zu suchen, fand aber nichts. »Hast du etwas verloren?« fragte Eugenie.

»Ich wüßt' gern, was«, sagte Paul ärgerlich. Er wußte es tatsächlich nicht und rieb sich mißgestimmt die Nase.

Daß Paul v. Por – Eino hatte sein Hauptfach bei ihm belegt – den jungen Menschen bald in sein Haus zog, war von diesem selbstverständlicher aufgenommen worden, als von jenem, der ihn einlud – der sich damit selbst überraschte. Eino nahm wohl freundlich an, aber mit einem Lächeln, einem Kopfnicken nur. Nicht einmal obenhin, nebenhin ging das vor sich.

Paul schrieb in sein Tagebuch: Ich weiß, daß Eino mit mir verwandt ist, denn ich liebe ihn wie mein eigen Fleisch und Blut.

Eugenie träumte.

»Wir holen unsere Hochzeitsreise nach!« sagte Paul, vergnügt den Oberkörper hin- und herwiegend.

»Aber die Kinder!« flüsterte Eugenie besorgt. Paul sah verändert aus, jünger, viel zu jung.

Er hörte sie nicht. Er saß über bunten Papieren. Er breitete eine Weltkarte aus. Er fuhr mit begeistert zuckendem Stift rote Linien entlang, bezeichnete die Stationen der Reise mit dicken Ringlein.

»Wann kommen wir zurück?« fragte Eugenie. Sie stand vorm Tisch, er saß am Tisch des Konferenzzimmers, wo die mündliche Prüfung abgehalten wurde; sie war als Letzte drangekommen. Ich bin zu alt, ich habe zwei erwachsene Kinder, erinnerte sie plötzlich; jemand hat einen Fehler gemacht. Sie hörte deutlich das warnende Flüstern von Helene und Stefanie, die draußen vor der Türe warteten. Sie horchte aufmerksam und konnte doch kein Wort verstehen, obwohl sie auf nichts anderes acht hatte.

Paul klopfte ungeduldig mit dem Bleistift. Sie sah ihn erschrocken an. Er hatte sich nochmals verjüngt, sah wie ein Zwanzigjähriger aus.

»Endstation Kapstadt!« sagte er zufrieden. »Du wolltest doch immer, daß ich deinen Onkel Eric kennenlerne? Er wird uns die Kalahari zeigen und die Buschmänner.«

»Er ist nicht mein Onkel. Ich habe keinen Onkel Eric«, sagte Eugenie.

»Erste Frage leider falsch beantwortet«, sagte Paul und schüttelte den Kopf.

Wenn er merkt, daß ich doppelt so alt bin wie er, dachte Eugenie, ist alles aus. »Ich will mit dem Schiff fahren«, sagte sie.

»Wir fliegen!« antwortete Paul streng. »Zweite Frage falsch beantwortet. Wir fliegen. Wie fliegen wir?« Er sah auf seine Papiere nieder, versteckte mit der Hand die Route und blinzelte listig. Sie öffnete verstohlen ihr Täschchen, blätterte die Tickets rasch auf, memorierte die Stationen.

»Nun?« fragte Paul ohne aufzusehen.

Eugenie sagte: »Frankfurt, München, Nairobi, Johannesburg, engine failure, crash, no survivors.«

Der Fußboden begann zu zittern; draußen heulten die Jets. Sie sah durchs Fenster, wie das Flugzeug am Tafelberg zerschellte. Helene und Stefanie begannen vorm Konferenzzimmer zu schreien; sie trommelten mit den Fäusten gegen die Türfüllung.

Paul, mit dem Rücken zum Fenster, hatte nichts bemerkt. »Du hast nachgesehen!« rief er. »Gib sofort den Schwindelzettel her!«

Aber nun sprangen lautlos die Türflügel auf, zerbrachen in immer kleinere Splitter, die langsam im Zimmer umherschwammen und sich, blinkend, fächelnd, überall niederließen. Die Mädchen schwebten graziös ihrer Mutter zu Hilfe, nahmen ihr die Tickets ab, zerrissen sie in Flocken, die sich, blinkend, fächelnd, verteilten. Die Luft hatte sich nun durchaus in Danziger Goldwasser verwandelt, das die Atmung stark behinderte.

»Ihr häßlichen Frösche!« gurgelte Paul, der selbst immer mehr einem Frosch zu ähneln begann.

Eugenie wollte sagen: Du bist durchgefallen, nicht ich! Aber sie konnte nicht mehr, sie glaubte zu ersticken und wachte davon auf.

Paul knurrte: »Blödsinn!« als sie ihm am Morgen alles erzählte. Er sah unausgeschlafen aus.

Aber beim Frühstück fragte er sie nach den unwesentlichsten Einzelheiten ihres Traums und versprach ihr ernsthaft, nie mit dem Flugzeug zu reisen.

In derselben Nacht hatte Eino v. Pohr der Frau, die er heiraten wollte, das Leben gerettet und sich damit lächerlich gemacht. So empfand er's. Denn sie war gar nicht in Gefahr gewesen.

Das Paar war im Fürstenhof abgestiegen, dem besten Hotel der kleinen Universitätsstadt, auch in diesem Punkt einer Route folgend, die, von einem erfahrenen Touristik-Büro als Hochzeitsreise entworfen, sich nun, nach verschobener Heirat, als zunehmend fürchterlich erwies.

Wegen der lästigen Storni von Doppelbetten. Sie mußten nun durch einzelne Schlafstätten in getrennten Räumen ersetzt werden.

Auch infolge all des umständlichen Hin und Her, welches sich daraus ergab, daß ein für »Mr & Mrs VonPawr« getroffenes Arrangement plötzlich von einem Herrn Doktor von Pohr und einer Miß Eileen Bingley ausgenützt werden sollte, wobei an der Namensform »VonPawr« die Eigenwilligkeit eines Clerks im Reisebüro, am mangelnden Ehebande indes die Eigenwilligkeit von Miß Bingley selbst ursächlich gewesen war.

Seiner selbst nur undeutlich inne neben einem Problem, das maßlos gedunsen war in dieser schlafarmen Nacht grotesker Blamage, gelangte er vom einsamen Frühstück so beiläufig aus dem Hotel, daß er's erst merkte, als er in Gassen und Gäßchen geriet, die ihn einst als Studenten gesehen – aber die dümmste Ansichtskarte, in irgendeinem Buch unversehens aufgefunden, ist stärker, erinnerungsträchtiger als diese herabgekommenen Reste des Einst.

Solche Erkenntnis ergab sich mit ohrfeigenhafter Schlüssigkeit.

Die ganze Vergangenheit, damit alle Prämissen wichtigsten Vorhabens, schienen in Frage gestellt.

Auch fand er die alte Parkbank nicht sofort, wo ihn Andrea immer erwartet hatte.

Und dann fühlten sich die Bretter unbequemer an durch seine dünne Sommerhose, anders als er's von früher erinnerte; von Tauben umnickt und umgurrt und unter bravem Blauhimmel, bei winzigem Wind im Gebüsch fielen Erwartetes und Erfahrenes vollends auseinander. Dies hier hatte er tausendmal gehabt, bewußter und unbewußter – auch anderswo und genausogut; aber die ganz besonderen Farben fehlten jetzt, und jener einzigartige Duft, von dem er nur noch wußte, daß es ihn gegeben hatte: der mangelte so deutlich, als wäre die Nase ertaubt.

Die Stadt war flach und grau, eine ganz schlechte, zu klein geratene Nachahmung des verlorenen Originals.

Sein Problem indes, das drüben in Amerika durch monatelanges sorgfältiges Planen zur Denkaufgabe verflacht war, verlor nun die mühsam erlangte Abstraktheit.

Alles war anders geworden.

Und ich?

Einos Zorn über sein, über Eileens Verhalten degenerierte zur bloßen Angst.

Doch fand er einen begehbaren Umweg.

Er holte den Professor nicht nur ab.

Sondern setzte sich zu Beginn der Vorlesung hinten in den kleinen Hörsaal. Mit ihm waren es zwölf in den Bänken. Vier lümmelten, fünf schrieben beflissen mit, zwei Mädchen gab es dazu, das eine war sogar hübsch. Eino stellte es gern fest.

Er stand bald an der Tafel, als er den Blick des Gelehrten, der rasch zur Tür hereingekommen war, rasch das Podium erklommen hatte, einmal fing. Das Gesicht des Älteren war zunächst wie erlahmt; aber der Jüngere gelangte geschmeidig über den Abgrund einer bis in die tiefste Vergangenheit gespaltenen Sekunde; leichtfüßig lief er die Stufen hinab, nach vorn, bot (nach halbem Gruß, fast eine Vorstellung verhindernd, die der Professor dann doch anbrachte und die von den Studenten mit mäßigem Pultgeklapper aufgenommen wurde) sofort ein passendes Stück Mathematik an: mit seinem Beitrag, der zum Thema gehörte, gehörte er nun einfach auch dazu.

Wieder dazu.

Ein gewisses Problem multivalorer Logik, Torbjörns neuer Ansatz, besorgte ihm das.

Nun hatten die zwei schon Kreide in der Hand, Professor und ehemaliger Student. Hastig wurden Symbole an die Tafel geknirscht. Schrieb der eine dies, schloß der andere weiter, triumphierend. Sie wußten Zug um Zug voraus; die Einfälle kamen gemeinsam; sie artikulierten ihre Schlüsse; kein Gedankensprung blieb unerläutert.

Die Studenten trommelten ihre Begeisterung.

Sie aßen in der »Schweinernen Glocke« zu Mittag. Das Lokal sah aus, wie es hieß: Tische, Bänke holzgeschnitzt. In den Fenstern Butzenscheiben. Allerhand schwarzgebeiztes Schmiedewerk.

Bier.

Sie lachten viel, und lachend konnte Eino auch sein Mißgeschick erzählen, das kleinere, das jüngere, das viel, viel unbedeutendere von heute: das ihn kaum mehr störte.

In der Nacht war ein harmloser Brand im Bankettsaal seines Hotels ausgebrochen, wo irgendein Tanzvergnügen stattfand. Die papierenen Dekorationen hatten durch Unachtsamkeit eines Rauchers Feuer gefangen. Die Sache war freilich rasch gelöscht, doch hatte es unmäßigen Rauch gegeben.

Niemand war in Gefahr gewesen, aber ihm, der früh zu Bett gegangen, hatte sich's anders dargestellt, als aufgeregte Gäste an seiner Tür vorbeipolterten. Aus dem Schlaf gerissen, hatte er sogleich Brandgeruch in der Nase; eilends und im Pyjama hinaus auf den Gang. Da wälzten sich die Rauchschwaden.

»Ich lief, wie ich war, treppab, brach die Tür ins Zimmer von Eileen auf, riß sie aus dem Bett, trug sie, die im Nachthemd war, hinunter ins Foyer – dort betrachteten uns Portier, Zimmerkellner und zwei ältliche Bedienerinnen mit Erstaunen. Mag sein, daß wir, mit einer brüllenden Feuersäule konfrontiert, ein heroisches Bild geboten hätten; jetzt, da man längst nicht mehr Lösch-, sondern nur noch Scheuerwasser kübelte, stellte ich bloß einen grotesken Trottel vor. Eileen war furchtbar wütend.« Eino lachte und schüttelte amüsiert den Kopf.

Paul v. Por fragte: »Du bist verheiratet?«

Eino nahm das »Du« nur mit heimlicher Befriedigung auf. Noch gab er's nicht zurück. Das sollte später kommen. Im Augenblick vermied er Anrede überhaupt. Das »Du« würde erst die schließliche Bitte verstärken, an der alles hing. Er disponierte jetzt sehr genau.

»Wir sind sogar auf der Hochzeitsreise.«

»Das ist schön«, sagte Paul.

»Aber verheiratet sind wir nicht.«

Paul blickte fragend.

Eino starrte, plötzlich ernst, in sein Bier. Er erzählte nun knapp und genau, ohne einmal aufzusehen. Der Ältere lief mit seiner Aufmerksamkeit neben dem Bericht her, neben seinen eigenen Gedanken dazu; er durcheilte große, hohle, taube Kammern seines Innern, in die grelle Beleuchtung getragen wurde, in denen sich Echo und Wiederecho von Einos Worten brachen.

Ruhig saß er da. Hatte rechtzeitig ein neues Bier herbeigewunken. Auch dieses mit richtigem Griff an die Lippen gehoben. Er trank auch weiterhin methodisch. Er vermochte es.

Jetzt war's an der Zeit; Eino fuhr fort: »Dir kann ich's sagen, du wirst mich verstehen. Ich habe Andrea geliebt, damals als Student.« Er legte die Hand auf das Knie des Älteren, preßte es. Paul wandte große Sorgfalt auf, um sich nicht zu bewegen. Eino ließ ihn los, fuhr sich durch die Haare, entzündete schließlich achtsam eine Zigarette. »Ich habe keine Ahnung, woher Timothy Baker von mir und Andrea erfuhr. Er wußte nicht einmal, daß Andrea Italiener war; Timothy kann deutsch; er nannte ihn ›Andreas‹. Ich hatte gewußt, daß Baker und Eileen einmal mehr als Freunde gewesen waren; aber die Sache war längst zu Ende, als sie mich kennenlernte; ja, ich traf sie zum ersten Mal sogar auf einer Party eines viel späteren Exverlobten. Ich weiß also wirklich nicht, warum. Aber eine Woche vor unserer Hochzeit erfuhr Eileen von Timothy Baker, daß ich mit Andrea Calmo – nur nannte er ihn eben ›Andreas‹ – lange Jahre, ja meine ganze Studienzeit hindurch ein Verhältnis gehabt hätte. – Dabei haben wir doch nur zweimal –« Eino unterbrach sich, nahm einen zimperlichen Schluck Bier, fuhr fort: »Eileen überraschte mich völlig – ich gab zu, was ich, überrumpelt, nicht leugnen konnte – ich gab alles zu. Wir saßen im Auto. Vorm Rotlicht einer Kreuzung. Ich hatte, glücklicherweise, nicht mehr Gelegenheit als zu einigen gestotterten Worten, die freilich genügten. Sie riß den Schlag auf, sprang hinaus und lief davon. Ich habe ihr später natürlich die nächstliegende Lüge erzählt; sie war mir, nachher, bald genug eingefallen. Nämlich, daß ich wohl ein Verhältnis mit jemandem namens Calmo gehabt hätte, daß diese Person aber ›Andrea‹, nicht ›Andreas‹ mit dem Vornamen hieße, und überdies eine Frau sei, keineswegs ein Mann. Eileen hörte sich schließlich meine Erklärungen ganz ruhig an, versicherte mir, daß sie mir glaube – die Hochzeit hat sie dennoch verschoben. Du kannst dir vorstellen, daß ich trotzdem immer wieder mit meiner Geschichte anfing – aber sie wurde bald ungeduldig und verbot mir, davon zu sprechen: ›Damit muß ich fertig werden, nicht du‹, sagte sie. Sie liebe mich, aber ich müsse mit ihr Geduld haben. Weshalb sie unsere gemeinsame Reise nicht absagte? Ich glaube, sie hat sie nur dazu benützt, um von zu Hause davonzulaufen. Ich konnte es gerade noch einrichten, daß wir auch hierher kommen würden. Paul, ich bitte dich, morgen bei dir – bring das Gespräch aufs Seminar, erwähne Andrea, mach ein Mädchen aus ihm – du rettest mein Lebensglück damit.«

»Prost!« sagte Paul und trank sein Bier aus, wobei er sich verschluckte und heftig husten mußte.

Eino klopfte ihm liebevoll den Rücken.

Eugenie, die nicht Englisch sprach, hatte sich bald zurückgezogen. Die Kinder waren mit ihren Vorbereitungen für den

Abend beschäftigt; Paul hatte Entwarnung gegeben; nun durften sie freilich auf den Ball; der Brand im Hotel war von ihrem Vater gleich berichtet worden.

So saß Paul v. Por allein mit seinen Gästen. Im tiefen, zähflüssigen Spätnachmittag. Um diese Stunde war der Raum schön. Eino hatte immer hierhergepaßt. Eileen Bingley, welche die Mitte einnahm, die ihr nicht zugehörte, sah hübsch, eigensinnig und fremdartig aus.

»Ach, Eino«, sagte Paul, »geh doch in mein Arbeitszimmer und hol das Gruppenbild von der Wand überm Schreibtisch. Vielleicht interessiert es deine Verlobte.«

Eino erhob sich schlank und schnell. Paul folgte ihm mit den Blicken. »Wann wollen Sie eigentlich heiraten, Miß Bingley?« fragte er.

»Vielleicht in Kapstadt«, sagte sie. »Vielleicht«, wiederholte sie leiser und hatte ein kleines Zucken am Mundwinkel, das Paul so widerwärtig fand, daß er erst nachher merkte, was sie eigentlich gesagt hatte. Indes, er hielt an sich.

Eino brachte die Photographie. Paul hatte sie am Vorabend noch in den Rahmen gesteckt, am unteren Rand des weißen Passepartouts mit winzigen, aber deutlichen Buchstaben die Namen hingeschrieben. Eino, ihm das Bild übergebend, dankte mit den Augen.

Paul verdeckte die Beschriftung mit der Hand. Seine Hand, schwergeädert, bebte kaum. Fünf Doktoranden umgaben ihren Doktorvater.

»Eino hat sich eigentlich überhaupt nicht verändert –« Eileen deutete mit ihrem gutgelackten, langen Zeigefingernagel prompt auf sein Abbild. »Finden Sie nicht auch, Professor?« Und: »Wer ist dieses hübsche Mädchen neben ihm?«

»Eifersüchtig?« fragte Eino. (Das Mädchen hatte Süß- oder Sauerbier geheißen, er erinnerte sich nicht mehr genau.)

Paul deckte die Namen ab, gab die Photographie aber nicht aus der Hand. »Sie hieß Andrea Calmo«, sagte er. »Schon bald nach der Promotion hat sie geheiratet. Ich höre, daß sie jetzt am Fermi-Institut ist. Eine hochbegabte Frau.« Er tat, als wolle er das Bild beiseite legen, aber Eileen zog's ihm rasch aus den Fingern.

Paul erhob sich, trat ans Fenster. Seine Spiegelbilder hingen, hintereinander, blaß und blässer, in den Scheiben. Er sah durch sie hindurch: breite Stirn voran, den Rest des Antlitzes zum kleinen Kinn verkürzt. Dieses umwölkt von schütterem, aber gespreiztem Bart, der einmal rötlich gewesen war. Nun hatte er dünnes Silber.

Der Raum war mählich in den Abend geglitten; das Dunkel hinter ihm schichtete sich wie aus weichen Teppichen. Bald wird sich Eugenie am Eßtisch zu schaffen machen. Er liebte seine Frau sehr, in diesen Augenblicken.

»Wir wollen in Kapstadt heiraten, Eino«, flüsterte Eileen. »Was meinst du, sollen wir Onkel Eric gleich ein Kabel schikken?«

»Ach, Eileen!« rief Eino.

Paul v. Por hörte das Geräusch eines raschen Kusses. Bedächtig zog er die Vorhänge zu, wandte sich um.

»Nun«, sagte er, »dann wünsche ich einen guten Flug.«

Kallisto

Man erzählt: Zu Lykaon, dem Sohn des Pelasgos, kam Zeus als Gast und umarmte seine Tochter Kallisto, woraus Arkas entsproß, der dem Land seinen Namen gab. Die Söhne Lykaons indes wollten Zeus auf die Probe stellen, ob er ein Gott wäre; sie vermischten Menschenfleisch mit anderem Fleisch und setzten es ihm beim Mahle vor. Als er es merkte, stürzte er voller Zorn den Tisch um und erschlug Lykaons Söhne mit dem Blitz.

Hyginus, 176. Fabel

Kallisto, Lykaons Tochter, wurde in eine Bärin verwandelt, wie es heißt, wegen des Zornes der Hera, weil sie mit Zeus buhlte. Später versetzte sie Zeus unter die Zahl der Sterne des sogenannten Großen Bären, des Sternbildes, das sich nicht von der Stelle bewegt und nicht untergeht. Denn Tethys, die Gemahlin des Okeanos und Pflegemutter der Hera, hindert es daran, in den Ozean unterzugehen. Von diesem Sternbild heißt es in den Kretika:

Du aus dem Schoße gezeugt der verwandelten Tochter Lykaons,
Die, vom eisigen Gipfel geraubt der arkadischen Berge,
Jetzt für ewige Zeit vom Bad im Ozean ausschließt
Tethys, weil sie es wagte, an Heras Stelle zu liegen.

Hyginus, 177. Fabel

11. Februar
Dreimal noch komme die Nacht: dann siehst du den Wächter der Bärin
Beide Füße zugleich strecken zum Himmel empor.
Mit Diana vereint auf der Jagd und den Hamadryaden
Lebte Kallisto, allein Glied dieser heiligen Schar.
Einstmals ergreift sie der Göttin Wehr: »Sei, Bogen, der Zeuge
Du meiner Jungfernschaft, wie meine Hand dich berührt!«
Kynthia lobt sie und spricht: »So halte getreu dein Versprechen,
Dann wirst die Höchste du mir meiner Gefährtinnen sein!«
Unverletzt blieb wohl der Schwur, wäre nur nicht so schön sie gewesen:
Menschen hielt sie sich fern – Jupiter bringt sie zu Fall!
Phöbe kam einst von der Jagd aus dem Walde mit riesiger Beute,
Mittag war es, vielleicht später am Tage bereits.
Als einen Hain sie betritt, mit Eichen dunkel bestanden,
Kühlendes Wasser entquoll tief einem strömenden Quell,
Ruft sie: »Hier baden wir, hier im Wald, Tegeäisches Mädchen!«
Die wird rot, weil das Wort »Mädchen« zu unrecht ihr klingt.
Auch für die Nymphen galt das Gebot. Es fallen die Kleider;
Sie nur schämt sich und weckt, weil sie so zögert, Verdacht.
Als die Tunica sinkt, verrät die Wölbung des Leibes

Allzusehr ihre Last, zeigt allen Augen sie dar.
»Fort aus der Jungfrauen Schar, meineidige Tochter Lykaons«,
Ruft die Göttin, »befleckt sei nicht das Wasser durch dich!«
Zehnmal hatte der Mond mit den Hörnern den Kreis dann vollendet,
Als die zur Mutter nun wird, die für ein Mädchen noch galt.
Jetzt rast Juno vor Zorn und verwandelt den Körper des Mädchens.
Ach, was tust du? Ihr Herz wollte von Jupiter nichts!
Wie sie häßlich als Tier nun des Gatten Geliebte erblickte,
Höhnt sie: »Jupiter mag, sie zu umarmen, nun gehn!«
Struppig durchstreift als Bärin sie nun die wilden Gebirge,
Sie, der der höchste Gott, Jupiter, liebend genaht.
Fünfzehn Jahre schon alt war der Sohn aus der heimlichen Liebe,
Als sich Mutter und Kind trafen auf einsamem Pfad.
Sie bleibt stehn, als erkenne sie ihn, und vergißt alle Vorsicht,
Brummt, und dies Brummen sind Worte der Mutter an ihn!
Ahnungslos hätte gar bald mit dem Jagdspieß der Sohn sie durchstoßen,
Trug man zum Götterpalast beide zugleich nicht empor.
Nachbarlich erstrahlen sie nun: zuvorderst die Arktos,
Arktophylax hinterher, gleichsam ihr noch auf der Spur.
Aber Saturnia zürnt noch jetzt: der mänalischen Bärin,
Flehte sie Tethys an, stets zu verwehren das Bad!

Ovid, Fasti – Festkalender Roms

Rudolf Lorenzen
Dämmerstunde

Mein Leben wenn ich Ihnen das erzähl, aber was solls. Hab ja nich immer gewohnt hier, wennse das vielleicht denken. Is ne Stiftung von der Stadt. Witwenheim. Gehör ja eigentlich nich rein, war ja nich verheiratet, aber wissense, wie das eben so kommt.

Nehmse noch ein Stück. Is zwar gekaufter, aber frisch. Hab ja früher auch nich selbst gebacken. Backen, Kochen hab ich nie gelernt. Son bißchen natürlich, paar Eier in die Pfanne und mal ein Kotlett. Was solls auch. Hätt ich meinen Sohn noch, wärs was anderes. Aber so, was solls, war ja immer allein.

Was guckense? Draußen is nichts zu sehn, nur die Mauer, dahinter die Straße, die führt in die Stadt, kommt aber nie was vorbei, nur wer hier ins Heim will, Besuch und so. Aber Besuch, wann is das schon mal? Die bessern Zimmer sind auf der andern Seite, da sehnse aufn Park und aufn See, und wenns nich diesig is, sehnse die Stadt, nur die Türme natürlich. Einmal war ich eingeladen von ner Nachbarin, daher weiß ichs. Sie hatn Balkon, wir saßen aufm Balkon, tranken Tee, holländische Plätzchen, hatte ihre Familie geschickt aus Amsterdam, das war im Sommer, nu auch schon sechs Jahre her, oder wartense, sieben – August wars.

Die Zimmer drüben sind ja auch viel teurer, diese hier sind preiswert. Sind ja viele Witwen, wo die Rente nich groß is. Ich selbst zahl ja garnichts, das weiß aber von den andern niemand sonst, redense auch nich darüber, nich? Wie das kommt? Nu, sowas gibts im Leben manchmal. Da sitzt du eines Tages plötzlich auf ner Behörde, sie lesen dir was vor und du mußt unterschreiben, verzichte auf jede weitern Ansprüche, dafür das Zimmer, was sollste machen, natürlich unterschrieb ich, hatt ja sonst keine Bleibe. So is das Leben.

Ach, da red ich wieder so viel. Wenn Besuch da is, red ich immer viel zu viel, hab ja sonst auch niemand all die Jahre. Hab ich von meinem Vater das Redselige, warn geselliger Mensch, hatn Restaurant gehabt, nich sone Pinte, richtig großes Etablissement, Küche, Speisekarte jeden Tag neu, Bier vom Faß, drei Sorten, Weine, französischen Cognac. Meine Brüder warn auch im Geschäft, haben immer alle fein gelebt, da hats an nichts gefehlt, immer aus dem vollen, hatten immer feine Gäste, abends

Konzert, drei Mann im Frack, einer sang, verstand damals ja vieles nich. Kennse noch, wartense, kennse noch: Drunten im Tale / Wo der Ostwind weht / Da stand Luise / Am Blumenbeet ...

Nein, das war später, das war in Brüssel. Ich war lange in Brüssel, paar Jahre. Kenn so einiges von der Welt, Nizza, Zürich, Paris natürlich, dann den Orient. Bin ich in Bukarest, komm an am Gara de Nord, nehm mir eine Birja, fahre die Chaussee Kissilew runter, da ist das Café Huyer, ich trug ein Hemdblusenkleid aus Georgette, den Gürtel ganz tief, fast unter der Hüfte, spricht mich einer an, sagt: Na, Nymphchen? Guck ihn mir an, alles korrekt, Anzug und so, Krawattenperle, Ziertuch, Gamaschen, sag ich mir, nu ja – also wir essen im Cismigiu, im Garten, Sommer wars, wir essen eine Ciorba, süßsauer mit Lammfleisch, weiß ich noch wie heute. Jetzt weiß ichs wieder, das Hemdblusenkleid war von Patou, hatt ich mir gekauft, wartense, ach was heißt gekauft? Wenn man jung ist? Bulevard Pache, Bulevard Carol, wo is das alles hin? Bukarest. ... Da sprach Luise / Ach schone mich, ja mich / Dann blüh ich morgen / Viel schöner noch für dich ...

Entschuldigense, wenn ich ein bißchen aufgekratzt bin. Wenn Besuch da is, bin ich anders als sonst. Is ja selten genug, daß Besuch kommt. Möcht Ihnen ja gern noch nen Likör anbieten. Früher, ja früher, da war immer alles im Haus. Kriegten ja sowieso alles billiger, aber darauf kams garnich an. Seidentapeten aus England, kam garnich drauf an. War ja ein erstes Restaurant, ein russischer Koch, der hatte gelernt auf der Krim auf der Datscha vom Zar. War schon ein älterer Mann, da saß ich manchmal in der Küche, so nachmittags, wenn nich viel los war, abends durfte ich ja sowieso nich ins Restaurant, war ja noch klein, da erzählt mir der Koch von den Gärten der Livadia, von den Schlössern und den Agaven und den Palmen. Später war ich dann selbst da, komisch, aber so wies der Koch erzählt hatte, wars ganz anders. Vielleicht weil man jünger war. Sicher. Wenn man jünger is, ist alles ganz anders – aber ach, was red ich.

Der Koch hat übrigens gelernt noch beim alten Zaren, bei Alexander, oder wars Nikolaus, ich bringe das immer durcheinander, wurden ja alle ermordet, da kann man schon mal was verwechseln. Da hatte er gelernt das Schaschlik Karski, das is vom Rücken, komisch, sowas merk ich mir. Für das Schaschlik warn wir bekannt, dafür kamen sie von weither. Die Offiziere von den Elisabethanern, das war ne ganz andere Gegend, aber für das Schaschlik kamense extra zu uns. Warn ja meistens in Zivil, aber Vater kannte sie alle auseinander. An ihren Mädchen erkannte Vater sie. Die Garde-Dragoner hatten ganz andere Damen als die Garde-Ulanen, verstand damals ja noch nichts davon, später verstand ichs, aber da gabs keine Garde mehr.

Komisch, an die Erzählung vom Koch von der Krim konnt ich mich jahrelang nich erinnern, mit einmal is es wieder da. Die Küche, da sitz ich auf nem Schemel, nachmittags wars, nur wenig Personal, die kamen ja erst abends, nur Fedor, der bereitete so alles vor, er machte ja nich mehr viel, nur abschmecken und so, und er erzählt mir von den Gärten der Livadia und den Agaven und Schlössern...

Ja, und da sitz ich wieder auf demselben Schemel, das war viele Jahre später, wieder erzählt der Koch von den Gärten auf der Krim, es war immer dasselbe, ich kannts schon auswendig, da kam der Kellner, machte sone Handbewegung, ich wußte ja, was das heißt, war ja schon Krieg, kein Fleisch mehr, aber sone Handbewegung, das hieß, da is einer, für den haben wir alles wie im Frieden. Da ging Fedor nach hinten, holte, wartense, wars ein Filet? Ich kanns nich beschwören. Krieg, was hieß Krieg, bei uns gabs kein Krieg. Da war immer alles da. Woher? Mein Gott, als Kind kümmert man sich nich drum.

Nachher ging ich vor ins Restaurant, war ja neugierig, war immer schon neugierig, schon als Kind. Auch später noch. Wenn ich irgendwo saß, in ner Hotelhalle oder so, und da saß ein schicker Herr, überlegt ich immer, Bankfach oder Waffenhandel oder Oper. Hatt nich eher Ruhe, bis ichs raus hatte.

Ich geh also ins Restaurant vor, sitzt einer in Zivil, stochert so rum in seinem Fleisch, jetzt weiß ichs wieder, ein gegrilltes Steak Châteaubriand wars, also er stochert so rum, ich denk mir, alter Gast von früher, mal auf Urlaub oder Heimatschuß, lange nicht mehr sowas gehabt, wundert sich vielleicht, war ja schon viertes Kriegsjahr. Also er probiert, ruft den Kellner, ruft meine Brüder, ruft meinen Vater, steht dann auf, mit ihm stehn noch zwei am Nebentisch auf, dann gehen sie alle in die Küche, nach ner Weile kommen sie zurück, Vater hatten sie in der Mitte, auch die Brüder, vor der Tür standen schon Autos. Die Kassiererin nahm mich dann in den Arm, brachte mich nach Haus.

Ich hab das Lokal nie wiedergesehn. Auf den Seidentapeten waren Papageien und Kolibris und Früchte, so wie Hagebutten vielleicht, nur größer und ganz afrikanisch. Das werd ich nich los, komisch, auch jetzt, wo ich alt bin, nich.

Vater haben sie dann erschossen. Auch meine Brüder. Da war nich nur die Sache mit dem Fleisch, da waren ne ganze Menge Schiebungen, auch noch Politisches, Zersetzung und so. Nu, war ja nich schön, war ja auch Krieg, andere haben gehungert, aber gleich erschießen? Mußte nich sein. Der feine Herr, der da im Fleisch gestochert hat, war ein Kriegsgerichtsrat. Hab mir ganz genau das Gesicht gemerkt, habs dann später doch vergessen. Wußte ja nich, daß ich ihn wiedersehen werde.

Doch was red ich trauriges Zeug. Rede immer nur von mir und so trauriges Zeug. Hab Sie noch garnich gefragt, ob Sie eine gute Fahrt hatten. Ich weiß, die Straße is schlecht, sollte längst ausgebessert werden, aber nur als Weg zum Witwenheim, das lohnt sich wohl nich.

Ich möchte Ihnen ja gern ein bißchen Musik vorspielen, aber das Grammophon is kaputt. Is noch ein Schwechten, den gibts nich mehr, repariert heut auch keiner mehr. Ich war ja früher sehr für Musik. Immerzu Musik den ganzen Tag. Hab ja auch getanzt, so richtig auf ner Bühne natürlich nich, aber so. Konnt ganz gut tanzen. Was gucken Sie mich so an? Heut natürlich nich mehr.

So is das Leben, rauf gehts und runter gehts, ich hab schöne Stunden gehabt und schwere, war oft allein, eigentlich war ich sehr viel allein, als Kind schon, jetzt natürlich sowieso, aber unglücklich? Nee. Mal kommt Besuch, mal kommt kein Besuch, dann sitz ich hier, trink meinen Kaffee, guck aus dem Fenster, wenns dunkel is, zieh ich die Vorhänge zu, dann sitz ich noch ein bißchen, guck vor mich hin, dann geh ich schlafen, morgen is wieder ein Tag.

Natürlich war ich nich immer so allein. In meiner Lehrzeit zum Beispiel. Hatt ja auch mal nen Beruf erlernt. Schneiderin. Nein, nich was Sie meinen, so Nähmädchen, nein, richtig Mode, erster Salon – ich könnte Ihnen Kunden nennen, aber was solls? Wertheim-Rochefort, Waldeck-Pyrmont, Eulenburg. Madame kannte unsere Familie. Als Vater starb, nahm sie mich auf, konnt bei ihr wohnen. Viele junge Mädchen nahm sie damals auf, auch Kriegswaisen und so. Das war ein lustiges Haus. Wenn Madame da war, wars nicht ganz so lustig, aber sie war oft weg, viel auf der Jagd. Sie hatte ja eigene Wälder, reiche Familie, sie und ihr Bruder.

Ich muß mal gucken, ob ich ein Bild von ihr hab. Ach, is mir alles weggekommen, Fotos und so. Damals warn alle Zeitungen voll von ihr, ach, ich hab Zeitungsausschnitte gehabt von ihr, aber alle verloren.

Viel später hab ich Madame mal wiedergesehen. Das war bei Budweis. Ich hatte nen Bekannten, netter Junge, nich sehr reich, aber nett, der war eingeladen zur Jagd von den Boguslavs, nahm mich einfach mit. Abends sind wir im Salon, nehmen noch nen Schluck, stehen da so rum, plötzlich mir gegenüber Madame! Madame und ihr Bruder. Sie sieht mich, sieht mich auch nich, guckt durch mich durch, kennt mich nich, oder will mich nich kennen. Nu, ich hab mich verändert, ziemlich sogar seit der Sache damals mit ihr, zugegeben, aber könnt mich doch kennen. Guckt mich an, als bin ich ein Tier.

Nach der Sache von damals fragense mich nich. Red nich gern davon, könnense sich denken. War ja noch ein junges Ding. Aber zu sagen: Ich zähl bis drei, dann hol ich die Hunde! – das war ein bißchen hart.

Konnts mir eigentlich denken, kannte Madame lange genug. War nich das erstemal, daß sie die Hunde holte. Da hatten wir mal nen Laufburschen, ziemlich dreist, immer Mädchen im Kopf, der hatte in den Umkleideräumen eigentlich nichts zu suchen, weiß auch nich, wie er reinkam. Plötzlich kommt Madame, er hinter den Paravent, guckt zu, wie Madame sich umzieht. Sie will ausreiten, zieht sich also um, Breeches, Stiefel. Ritt ja damals schon im Herrensattel, war ungewöhnlich für die Zeit, war eine der ersten damals, hat viel Aufsehen gemacht, war ihr aber egal. Zieht sich also um, Bluse, weiße Krawatte, Jacke tailliert, hatte den Jungen längst bemerkt, zieht sich aber weiter in Ruhe um, taillierte Jacke, die hatte lange Schöße, Reithut, son rundes Ding, hat man heut nich mehr, dann rief sie die Hunde.

Was soll ich sagen, der Junge schrie, wir alle stürzten hin, der Junge schrie, die Hunde waren ja scharf, er schrie, das Zeug zerfetzt haben ihm die Tiere, gebissen natürlich auch. Kam aber nie raus die Sache, wagte auch keiner was zu sagen.

Oder die Sache mit der alten Näherin. Das war gleich nachdem ich ins Haus kam. Die war schon zwanzig Jahre im Dienst, da irgendwann kocht ihr der Topf über, war ja Revolutionszeit, da wurden viele frech gegen ihre Dienstherrschaft. Zwanzig Jahre treu gedient, aber plötzlich wurde sie frech. Sagt also diese Näherin was gegen Madames Mutter, und daß die nur zwei Kinder hat, und eben nur solche wie Madame und Madames Bruder.

War ja ne komische Sache mit diesen Geschwistern, sie nie nen Mann gehabt, er auch nich verheiratet und immer zusammen die beiden, komisch, wurde ja viel gemunkelt. Sagt also die Alte was über Kinder, die einen werden, die andern werden nich oder so ähnlich, sie selbst hatte sieben Söhne, alles stramme Jungs, alle aus dem Krieg zurück, warn natürlich beim November dabei. Madame hört sich alles an, blieb ganz ruhig, wir alle denken schon, die Sache is vergessen, da plötzlich waren der Näherin ihre Söhne weg, hin waren sie alle, wie und wo weiß keiner, einen fand man später im Landwehrkanal. Madame hatte ja viele Verbindungen zu Freikorpsleuten und so, waren ja ihre Kunden von früher, Offiziere, ich kenn das ganze Pack, da kann ich Ihnen was erzählen. Die alte Näherin is dann verrückt geworden.

Grausam war sie, das kann man wohl sagen. Heute gibts ja Arbeitsschutz, aber damals, die Zeiten waren schlecht, wer nen Arbeitsplatz hatte war froh. Gegen uns minderjährige Mädchen hatte sie ja noch Erziehungsrecht. Kam was vor, packte sie uns, rüber über den Zuschneidetisch und die Reitpeitsche nehmen war eins. Aber andermal gab sie Geld für Säuglingsheime und Mütterheime. Ja, da gab sie viel Geld, Kinderwäsche und sowas hat sie verschenkt wie nichts, nich nur zu Weihnachten. Keiner wurde schlau aus ihr. Einmal hat sie mich verbimst, da konnte ich acht Tage nich sitzen. Aber hätten wir uns gesträubt, hätte sie die Hunde geholt. Es waren drei langohrige Jagdhunde, zwei gescheckt, einer fleckig. Die Ohren waren rot.

Ich selbst mag ja Hunde nich, könnense das verstehen? Hier im Heim sind ja auch Hunde verboten. Eine Dame hier hatte mal nen Mops. Möpse gibts ja kaum noch. Komisch, da gibts Tiere, eben wimmelts noch von ihnen und plötzlich sind sie nich mehr da. Die Dame mußte also den Hund abgeben, der kam in ein Tierheim, was meinen Sie wie die Frau gewimmert hat, schlimmer als der Hund, dem wars schließlich egal. Ich sagte zu ihr, so nen Hund aufm Zimmer, das is nich das rechte, im Tierheim, da hat er andere Hunde, aber hier aufm Zimmer, was hat da so ein Hund? Das sag ich so hin, natürlich hatte der Mops es nich schlecht hier, die Dame hatte ein Zimmer mit Balkon, auf der anderen Seite, das Vieh kriegte jeden Tag holländische Plätzchen, die kommen von der Dame ihren Kindern aus Amsterdam. Ich bin dort oft eingeladen, jede Woche, aber ich find es bei mir gemütlicher, drüben is die Aussicht nich so schön.

Das sagte ich damals auch auf der Behörde, ich möcht ein Zimmer mit ner schönen Aussicht, wo ich die Straße sehen kann.

Kann ja sein, daß mein Sohn mal kommt zu Besuch, und vielleicht sitz ich hier dann grad am Fenster, und dann seh ich, wie er langsam die Straße rankommt mit seinem Auto, vielleicht hupt er auch schon, wenn er noch weit weg is, und es is Sommer, da hab ich das Fenster auf, und ich hör das Auto lange vorher wenns dort um die Kurve kommt.

Lachense ruhig, alte Frauen reden manchmal dummes Zeug zusammen, lachense ruhig über mich. Meinen Sohn, ach, den seh ich nie wieder, weiß garnich wo er is. Er kennt mich auch garnich, wurd mir ja weggenommen gleich nach der Geburt, ich war ja minderjährig, hatt keine Verwandten gehabt, Vater, Brüder, alle tot, Madame hatte mich gefeuert, wo sollt ich hin mit dem Kind? Hats bestimmt dort besser gehabt wo es war, na ja, sehr feine Familie wars nich, der Sohn von seiner Ziehmutter war ein bißchen kriminell, vielleicht is mein Junge angesteckt worden, weiß ich nich, is auch egal, war auch damals egal, hatten ja damals die Wehrmacht, da konnte jeder was werden, Charakter Nebensache, Hauptsache Sport und Muskeln, Mut natürlich.

Ja, viel später hab ich meinen Sohn mal gesehen, ganz kurz nur, schöner Bursche, groß, kräftig, in Uniform natürlich, Feldjäger. Sonderbar, von der Jägerei komm ich wohl nich los. Konnt wirklich zufrieden sein mit dem Jungen, wer weiß, was aus ihm geworden wär, hätt ich ihn behalten. Konnt ihn ja garnich behalten, war ja immer unterwegs, Nizza, Frankfurt, Bukarest, war immer, wo was los war. Weltausstellungen, Messen, da kommt was zusammen an Leuten, da liegts Geld auf der Straße, könnense mir glauben, man muß nur alles nehmen wies is. Heut natürlich bin ich zu alt, aber damals hab ich das Leben genommen wies is.

Kennense Brüssel, war ich lange Zeit, war ich im Krieg. Ich war auch in Paris. Auch Rußland kenn ich, nich alles natürlich, aber doch ein paar Städte, Minsk, Kiew, Odessa, da kriegt man schon ne Menge mit von Land und Leuten. Ich reiste mit dem Fronttheater, selbst trat ich ja nich auf, hatt eigentlich gar nichts zu tun mit dem Theater, aber ich sagte mir, wo Fronttheater is, da sind die Soldaten lustig, und wer hat nich gern lustige Soldaten. Ich bin lustiges Leben gewöhnt, schon von meinem Elternhaus her, immer Trubel, immer Musik, meine Brüder, die hättense kennen sollen, immer nur Flausen im Kopf. Nu sindse tot.

Madame hatte keinen Sinn für sowas, sie lebt noch, aber was hat die gehabt von ihrem Leben? Immerzu auf der Jagd, reiten, schießen. Is das ein Leben für ne Frau? Aber was sag ich: Frau?

Ha, da traute sich kein Mann ran. Ich glaube, irgendwie war sie ein bißchen verklemmt. Mit Tieren kam sie zurecht, mit Hunden besonders, aber nich mit Männern. Deshalb war sie auch immer so nervös und wenn mal was war immer gleich böse. Heutzutage gibts ja Nervenärzte, da kann man das behandeln, aber damals war man noch nich so weit.

Von uns Mädchen hat sie ja auch ne Menge verlangt. Nich an Arbeit, das war auszuhalten, aber so im Privatleben. Wir durften ja nichts, rein gar nichts. Ausgang nur einmal die Woche, Sonntag nachmittag, von vier bis sieben, und nur in der Gruppe. Allein nie. Wie soll man da jemand kennenlernen? Zu Hause haben wir ja genug Vergnügen gehabt mit Madame und ihrem Bruder. Tanzen gelernt, Pfänderspiele, aber was is das alles, nur unter Mädchen? War für mich immer Kindergeburtstag, weiter nichts.

Natürlich haben wir Madame reingelegt, die meisten von uns haben Madame betrogen, heimlich, wehe, wenns rausgekommen wär. Nu, bei mir kams raus, nich sofort, erst später, sie hats mir angesehen, guckt an mir so runter, ich denke, nu schlägt sie dich, aber nein, sie guckt mich nur an, ganz kalt, sagt, nein, sagt eigentlich nichts, guckt nur auf die Tür, guckt wieder auf mich, guckt wieder auf die Tür, sagt: Ich zähle bis drei, dann rufe ich die Hunde. Und dabei hat sie mich immer besonders geliebt, hat gesagt, ich sei ihr Ebenbild.

Da stand ich nu auf der Straße mit nichts, nur was ich anhatte, Arbeitskittel, Bluse, Rock, eine Garnitur Wäsche. Wissense, was das heißt für ne Frau: Eine Garnitur Wäsche? Nu, das hat sich denn natürlich bald geändert. Nachdem das Kind da war, war ich ja frei, konnt viel rumreisen in ganz Europa, hatt ja überall Freunde. Das waren die Jahre, da war viel los in Europa.

Als ich meinen Sohn traf, grad zu der Zeit war ich schick in Schale. Jung war ich ja nich mehr, auch nich mehr sone gute Figur, aber schick in Schale. Kosmetik natürlich, gab ja viel aus für Kosmetik. Also treff ich da auf nen Feldjäger, großer schicker Junge, er guckt mich an, ich guck ihn an, wir kannten uns ja nich, hatten uns nie gesehen, sagt er: Mädel, trinken wir einen? Das war in Kiew. Nu, trinken wir einen, fragt er. Ich sag: Fürn Mädel bin ich wohl ein bißchen alt. Er sagt: Macht nichts, Mädel. Dann tranken wir einen.

Dann hab ich nen Fehler gemacht. Später als er schlief dacht ich, verdrückst dich, guckst vorher nochmal in seine Taschen. Mach ich ja sonst nie. Aber der Junge fuhr auf Urlaub, hatte sicher schon Lebensmittelkarten für zu Haus, kriegte ja jeder Urlauber, die Zeiten waren schlecht, viele haben gehungert, Karten konnte man gut gebrauchen, auf Geld war niemand scharf, war ich auch nich scharf. Also ich guck in seine Taschen, wär ja für ihn kein Verlust gewesen, ne Lebensmittelkarte, hätt den Verlust melden können, hätt ne neue gekriegt, denkense, ein Feldjäger!

Ich guck also in die Taschen, finde nen Wehrpaß, guck nur so rein, neugierig war ich schon immer, guck rein – was les ich? Geburtsort, Geburtstag, Name, alles stimmt, krieg nen furchtbaren Schreck. Da wacht er auf, sieht mich an seiner Jacke, denkt, jetzt müßt er ne Heldentat machen. Was weiß ich, was sich son Junge denkt in soner Lage, denkt vielleicht an Spione oder an Vaterland, er greift also zum Koppel, zieht die Pistole und schießt auf mich, dreimal.

Sie sehen, ich lebe noch, habe vier Monate gelegen, aber ich lebe noch. Was aus ihm wurde, weiß ich nich. War ein großer Skandal. Der Kommandierende hat sich eingeschaltet, war ja eigentlich garnich seine Aufgabe, hat sich aber verantwortlich gefühlt und alles geregelt. Der Junge wurde sicher strafversetzt, vielleicht Strafkompanie, haben ihn vielleicht fertiggemacht da, oder zum Minenräumen. Vielleicht hat er keine Beine mehr, keine Arme, vielleicht is er blind, lebt im Heim, vielleicht ganz in der Nähe. Manchmal denk ich dran, manchmal vergeß ichs wieder, dann anderntags kommts mir wieder. Der Kommandierende übrigens hat auch das mit dem Zimmer hier im Witwenheim geregelt, später allerdings. Das war nach dem Krieg, da hatte er das Wohnungsamt. Leiter vom Wohnungsamt, das könnense sich garnich mehr vorstellen, was das damals war. War wien Gott. Ich hab mich gewundert, daß er sich noch erinnerte an mich.

Ja, da sammelt sich was an in den Jahren. Schade, daß man soviel vergißt. Wenn Sie wollen können wir jetzt das Licht anknipsen und die Vorhänge vorziehen, draußen is nu nichts mehr zu sehen. Sonst sitz ich ja immer noch lange im Dunkeln, aber heute können wir ruhig Licht machen.

Hätt Ihnen ja gern ein Foto gezeigt von mir damals, aber leider alles verloren beim Umzug und im Krieg. Sie können mir glauben, ich war ein hübsches Ding, damals als ich noch bei Madame war. Madame nannte mich immer Schönste. War vielleicht übertrieben, vielleicht stimmte es auch. Ach, ich will ja nich prahlen mit damals, kann mir heut ja auch nichts dafür kaufen.

Eines Tages, ich war im zweiten Lehrjahr, kommt ne reiche Kundin, bestellt ein Promenadenkleid, ich darf mithelfen beim Maßnehmen. Der Ehemann war mitgekommen, sitzt im Sessel, schaut mich an, ich merks genau, tu aber so, als merkte ichs nich. Wir machen also den Fummel fertig, erstklassiger Sitz, zwei Anproben, packen ein, gebens dem Boten, da kommt ein Anruf, ich soll liefern. Das gabs eigentlich nie, daß eins von uns Mädchen ausliefert. Ich wollte Madame fragen, obs richtig is, aber Madame war wieder mal zur Jagd, da denk ich mir, gehst du ruhig, kommst wenigstens mal raus, petzen wird schon keiner.

Ich komm also an, es war ne Villa im Tiergarten, läute, werde reingebeten, da is der Ehemann, kommt mir entgegen, sagt Mademoiselle zu mir, bittet mich rein, ganz allein is er, er erzählt mir gleich von Madame, gerade hat er Nachricht erhalten, Madame will, er soll sich um mich kümmern, ein wenig Schliff gesellschaftlich tut den jungen Mädchen gut, im Salon verkümmern sie. Das war erfunden von ihm, erfuhr ich aber erst später. Er hatte nen kleinen Imbiß vorbereiten lassen, da war alles aufm Tisch, da fehlte nichts. Nu, bei Madame aßen wir ja auch nich schlecht, da fehlte auch nichts, aber hier, das war eben anders. Ich setzte mich also, ich hab mich ja so geschämt, war doch garnich angezogen danach, hatte Strümpfe an mit Löchern.

Sie sind ein Mensch von Welt – was soll ich weiter erzählen? Als ich in der Früh heimging, dacht ich nur, wird mich ja wohl niemand verpetzen. Hat auch niemand gepetzt. Nur eben später hat Madame es doch gemerkt. Sie wissen ja.

Hab garnich mal gewußt, wers war, dieser Herr. Habs später erst erfahren. Kriegslastenkommission, die haben sich reich gemacht, die saßen mal hier, mal in Paris. Ich hab ihn dann nie wieder gesehen, im ganzen nur dreimal: den Abend in der Villa, paar Tage vorher beim Maßnehmen, das war das zweite Mal. Das erste Mal war ein paar Jahre früher. Da war noch Krieg, er war noch nich bei der Kommission, da war er Kriegsgerichtsrat, saß bei meinem Vater im Restaurant, stocherte im Fleisch. Ich wollt mir das Gesicht merken, vergaß es dann aber doch. Sehen Sie, man soll sich eben Gesichter merken.

Na ja, gehört hab ich dann noch oft von ihm, aber gesehen – nie. Später im nächsten Krieg war er Kommandierender in Kiew, hat sich eingeschaltet in diese dumme Sache, mußte er wohl auch, war ja sein Sohn drin verwickelt. Meinetwegen sicher nich. Oder doch meinetwegen. Was interessierts. Er lebt heut noch. Minister. Manchmal seh ich sein Bild in der Zeitung, kaum älter geworden.

Ja, das sind diese Kerle, was auch kommt, immer fallen sie auf die Beine, überleben Generationen, werden nich älter.

Wenn Sie noch ne Tasse Kaffee möchten, sagense es ruhig. –

Ich hätte Sie ja gern zum Essen gebeten, aber Sie wissen, das ist heutzutage eine Frage des Personals. Vielleicht möchten Sie Musik, oder besser nicht. Wissen Sie, Grammophon ersetzt keine Kapelle. In meinem Elternhause spielten drei Musiker im Frack, einer von ihnen sang. Wir hatten seidene Tapeten, die kamen aus England, darauf waren Ananasfrüchte und Kolibris. So eine Tapete, dachten wir, ist für's Leben, aber Vater hat renovieren lassen, meine Brüder hatten einen anderen Geschmack. Besuchen Sie sie mal, wenn Sie nach Brüssel kommen.

Ich selbst reise selten, ich war auch lange nicht mehr bei den Boguslavs. Wissen Sie, ich liebe die Jagd nicht, mich stören immer die Hunde.

Freitags habe ich meinen jour fixe – kommen Sie ruhig, Madame wird sicher da sein, ich stehe mich gut mit Madame, wir hatten uns damals ja im Guten getrennt, sie hielt immer viel von mir, und nannte mich damals immer »Schönste« ... Waldeck-Pyrmont kommt auch öfter, der alte Eulenburg ist tot. Spielen Sie Bridge?

Immer im Juni gebe ich mein Gartenfest. Lampions, Musik: Wo der Ostwind weht / Da stand Luise / Am Blumenbeet, ja Blumenbeet... Aber mein Herr, was halten Sie von mir? Was denken Sie von mir. Mein Herr! Gewiß, ich habe leicht gelebt, aber nicht wie Sie glauben, immer sittlich, versteht sich. Leicht gelebt, ein schönes Leben. Glücklich, wer das von sich sagen kann. Ich kann es.

Schade, daß Sie gehen, mein Herr. Ich erwarte noch Besuch, ich hätte Sie gerne zum Essen gebeten. Wir hatten ein anregendes Gespräch, wirklich, wir haben zwei Stunden verplaudert, wirklich, zwei Stunden verplaudert. Gleich kommt mein Sohn, er kommt mit dem Auto, ich höre ihn schon hupen. Mein Sohn kommt oft, die Straße ist schlecht, aber das macht ihm nichts aus. Hören Sie das Hupen? Er war im Ausland. Brüssel, Amsterdam. Sicher bringt er mir holländische Plätzchen mit. Er weiß, seine Mutter ißt für ihr Leben gern holländische Plätzchen. Ich werde die Vorhänge aufziehen, dann sehe ich das Licht von seinem Auto. Ja, es ist dunkel geworden, wir haben die Zeit verplaudert, immer höre ich die Hupe lange, bevor ich das Auto sehe. Wir werden Tee trinken, wir werden Musik machen ... Ich blühe morgen / Viel schöner noch für dich / Drum sprach Luise / Ach schone mich, ja mich / Ach schone mich ...

Lamia

Duris sagt im zweiten Buch seiner ›Libya‹, daß sie eine schöne Frau gewesen sei, die in Libyen gelebt habe. Nachdem Zeus sie vergewaltigt hatte und sie die Zielscheibe von Heras Eifersucht geworden war, habe sie den Sproß getötet. Wegen ihres Kummers sei sie häßlich geworden, habe die Kinder anderer Menschen entführt und sie umgebracht.

Suidas, *Lexikon*, »*Lamia*«

Eng mit der Wirklichkeit sei unterhaltende Dichtung verbunden;
Denn nicht jede Geschichte verdient unsern Glauben: lebendig
Reißt man der Lamia kein gefressenes Kind aus dem Bauche.

Quintus Horatius Flaccus,
De Arte Poetica Liber,
338ff.

Sigrid Bauschinger
Die Entführung

Wenn man über die Schwelle des weißen Holzhauses trat, das in angenehmen Abstand zu der glatt asphaltierten Autostraße stand – auf der allerdings auch oft kleine schwarze Kutschen fuhren –, so konnte man leicht zu Fall kommen, denn das Zimmer unmittelbar hinter der Türe lag beträchtlich tiefer.

Ein merkwürdiger Raum fürwahr. Zum Wohnen gedacht, war daraus eine Handelsstube geworden, wie es die dünnen Buchstaben auf dem ovalen Schild meldeten, das über dem Eingang hing: »Markt von Kedron, Sarah Bontrager prop.«

Drinnen dämmerte es immer. Die kleinen Fenster verschwanden hinter dunkelblauen Vorhängen, die diagonal vor die Scheiben gespannt waren, und davor stapelten sich die Waren: Körbe voller Teetüten, von der bescheidenen Kamille zum allheilenden Universaltee, von der Decke hingen Petroleumlampen verschiedener Größen herab, mit und ohne Kupferreflektor, und auf den Regalen standen die dazugehörigen Flaschen voller Lampenöl, sei es in reiner Form als unvermischtes Petroleum oder auf künstliche Weise mit einem Duft versehen, wobei es auch eine hübsche Farbe erhielt. Hellgrün für Fichtenaroma, zartblau für Zederngeruch und bernsteinfarben für eine Komposition, die »orientalisch« hieß.

In Hongkong verfertigte Porzellanteller mit Haussegenssprüchen zierten die Wände, Ballen einfarbiger, dunkler Woll- und Baumwollstoffe lagen auf den Tischen, hohe Schnürschuhe aus schwarzem Leder ruhten in Pappschachteln, und an Stangen unter der Decke hingen kleine dunkelblaue Kinderanzüge oder hochgeschlossene Männerjacken mit Haken und Ösen sowie ganze Bündel schwarzer Kapotthüte.

Über allem waltete Sarah. Sie stand meistens an einem kleinen, mit Papieren, Hustenbonbontüten und einer Geldkassette beladenen Tisch bei der Tür, sehr groß und sehr hager. Ihre Nase bog sich ein wenig dem vorspringenden Kinn zu, und in ihren grauen Augen lauerte ein scharfer Blick. Oft löste sich eine lange, graue Haarsträhne unter ihrer weißen Battisthaube, die den Kopf wie ein Netz umschloß, und fiel bis über die Schulter, was ihr ein wildes Aussehen verlieh.

Seit langem führte sie ihr Geschäft allein und – so darf man mit Recht behaupten – lebte in der Gemeinde der Stillen Brüder und Schwestern am Ohio-Fluß ein ungewöhnliches Leben. Man sprach nicht viel darüber, aber alle wußten, daß die Schwester Sarah hart angepackt worden war im Laufe ihrer Jahre.

Sie stammte vom Hirschbergerhof am Walnußbach, einer einsam gelegenen Farm in einem kleinen, von Wald umsäumten Talkessel. Es war ein ansehnliches Gehöft mit fensterreichem Wohnhaus für eine vielköpfige Familie, immenser Scheune, in der auch das Vieh untergebracht war, Milch- und Hühnerhaus und dem Austraghäuschen, das auf der Hirschberger-Farm ebenfalls ein ungewöhnlich stattliches Aussehen hatte.

Sarah galt als gute Partie. Als sie siebzehn Jahre alt geworden war, konnte man an den Sonntagnachmittagen im Sommer die offenen Pferdewagen der jungen Burschen vor dem Hirschbergerhof stehen sehen, während ihre Besitzer drinnen im Kreis der Familie und anderer Besucher saßen, dünnen Kaffee tranken und ab und zu ein Wort an Sarah richteten. Sie war die älteste von neun Geschwistern und damals ein schönes Geschöpf, groß unter den anderen Frauen, mit sehr starken dunklen Augenbrauen und einer nicht gerade kleinen, aber wohlgeformten Nase und kräftigem Kinn. Lebhaft, ohne je ausgelassen zu sein, eher ernst, unterschied sie sich von den gleichaltrigen Mädchen beachtlich, und das Interesse, das ihr von den jungen Stillen Brüdern entgegengebracht wurde, war zu verstehen.

Der alte Daniel Hirschberger hatte es dagegen nicht so eilig, seine Älteste vom schwarzen Jungfernhäubchen unter das weiße der Ehefrau zu bringen, und fand darin bei seinem eigenen Weib eher Unterstützung. Sarah war eine kräftige Hilfe, und bevor ihre jüngeren Schwestern herangewachsen waren, wollten die Eltern sie nicht gern ziehen lassen.

So verbrachte Sarah die nächsten Jahre auf der väterlichen Farm. Mit häuslichen Arbeiten, Kinderaufziehen und auf dem Feld beschäftigt, dazwischen die Feste der Gemeinde, Versammlungen aller Art, Versteigerungen, Richtfeste, Hochzeiten.

Auf einer solchen war es – Sarah stand in ihrem neunzehnten Jahr –, als sie merkte, daß nicht nur die Blicke mehrerer junger, bartloser Burschen auf ihr ruhten, sondern auch die des Enos Schwarzentruber. Er war ein stattlicher Mann in den besten Jahren, Vater von fünf Kindern, die ihm seine tüchtige Frau Ida geboren hatte. An der Hochzeitstafel – sie bestand aus Sägeböcken und darübergelegten, mit weißen Tüchern bedeckten Brettern – kam er Sarah gegenüber zu sitzen. Lockiges, dunkelrotes Haar und ein prächtiger, leuchtender Bart umrahmten sein breites Gesicht. Nach dem stundenlangen Gottesdienst gab er sich zunächst mit größter Aufmerksamkeit dem Essen hin, den Schüsseln voll Huhn, Kartoffelsalat in sämiger Soße, den Bergen von Brot und Käse, den verschiedenen Marmeladen, Kompotten und Süßspeisen und den zahllosen Kuchen.

Als die Gemeinde nach dem Mahl gesättigt war, begann sie das alte Hochzeitslied zu singen, von Tobias, dem frommen Mann, zu Ninive gesessen. Enos Schwarzentruber sang es besonders gut und wurde deshalb zum Vorsänger bestimmt. Er hatte jeweils die erste Silbe jedes Verses allein zu singen, bei der zweiten fielen dann die anderen ein, und so schallte das Lied durch das ganze Haus. In der sechzigsten Strophe, die von Tobias' ehelichem Weib, Sarah, spricht, nickte Enos seinem Gegenüber auffällig zu, was im Grunde ganz unerhört war. Aber Sarah fühlte sich nichtsdestoweniger geschmeichelt. So begann es, und was daraus wurde, darüber spricht man heute in der Gemeinde nur ganz selten und in kleinstem, vertrautestem Kreise.

Es gelang nämlich Enos, Sarahs Gunst zu erlangen. Der Zufall wollte es, daß sie einander in der nächsten Zeit oft begegneten, bei Zusammenkünften, bei Geschäftsgängen in der kleinen Stadt, beim Begräbnis des alten Rufus Wengard, mit dem jedes Gemeindemitglied und folglich auch die Schwarzentrubers und Hirschbergers verwandt waren. Immer wußte Enos es so einzurichten, daß er Sarah einige Worte sagen konnte; sie waren meist scherzhafter Art.

Mit großer Schlauheit stellte er es dann im folgenden Frühjahr so an, daß er mehrmals sich während der Arbeit vom Feld stahl oder auf den Fahrten in die kleine Stadt seine Kutsche oberhalb des Hirschbergerhofs bei einem verfallenen Haus im Wald stehenließ, um dort auf Sarah zu warten, die fast täglich zu dem Lebensmittelladen in dem nahen Waldweiler ging.

Es kam wie es kommen mußte: Ida Schwarzentruber witterte zuerst Unrat, der kleine Levi Mast sah beim Pilzesuchen Enos aus dem ruinösen Haus kommen und erzählte es arglos zu Hause, worauf seine Mutter, eine Base zweiten Grades von Ida Schwarzentruber, beim nächsten Stadtgang vor Fogelmanns Gemischtwarenladen eine entsprechende Bemerkung machte.

Ida war als energische Frau bekannt und ging spornstreichs zum Bischof. Der, ein biederer Bauer, berief seine beiden Helfer, den Diener zum Wort und den Armendiener, und besprach zunächst die Sache mit ihnen. Aber dann mußte Enos erscheinen, und er bekannte.

Nun blieb nur eins: öffentlich Zeugnis abzulegen in der Gemeinde, abzuschwören und Reue zu zeigen, sonst würde er ausgestoßen, von Tisch und Bett seiner Frau verbannt, nicht fähig, ein Wort mit den Brüdern und Schwestern zu wechseln, jeglicher Hilfe und Unterstützung in Krankheit und Not beraubt.

Sarah blieb das Sündenbekenntnis nur aus dem Grund erspart, weil sie noch nicht getauft war und daher kein vollwertiges Mitglied der Gemeinde. Das rettete sie auch vor der immerwährenden Schande, erlaubte ihr im nächsten Jahr, nachdem sie die Taufe empfangen hatte, ein neues Leben zu beginnen und, drei Jahre später, den jungen Jonas Bontrager zu heiraten. Aber das Glück ruhte nicht auf dieser Verbindung. Vier Kinder starben, kaum waren sie geboren, und Jonas wurde eines Samstagsabends im August von einem angetrunkenen Städter auf der Landstraße zusammengefahren.

Von Rechts wegen hätte Sarah danach zu einem ihrer zahlreichen Verwandten ziehen können, sie war sowieso fast mit jedem Hof in der Nähe von Kedron versippt und verschwägert. Aber sie lehnte alle Einladungen ab. Stattdessen verkaufte sie das Land, das Jonas so fleißig bestellt hatte, und behielt nur das Haus mit der Wiese und dem Gemüsegarten, in dem sie auch Kräuter zog.

Ihren Lebensunterhalt verdiente sie sich durch die Herstellung gesteppter Bettdecken, die sie mit Sternen- und Rautenmustern versah, und durch den Ertrag des Ladens. Er war aus einfachen Anfängen zu beträchtlicher Blüte gelangt. Zunächst hatte Sarah nur im Sinn gehabt, Produkte aus ihrem Kräutergarten zu verkaufen, Pfefferminze, getrocknetes Dillkraut, sowie Dillsamen, Rosmarin und Thymian. Dazu lebkuchenähnliches Gebäck, das sie selbst in ihrem Petroleumofen backte, und eine Mischung aus Haferflocken, braunem Zucker und Nüssen, die, mit Milch angerührt, ein kräftiges Mus ergab. Aber als sie zum ersten Mal ein Pappschild an den Zaun hängte, um ihre Waren anzupreisen, blieben noch am selben Tag sechs Wagen mit Wochenendreisenden aus der Stadt stehen, und am Montag hatten sich ihre Bestände sehr verringert.

Der Handelsvertreter, der kurz darauf vorsprach und ein verwirrendes Sortiment der verschiedensten Dinge aus seinen Musterkoffern vor ihr ausbreitete und mit großer Beredsamkeit beschrieb, stieß daher auch nicht auf viel Widerstand, als er ein

Dutzend Pakete Sassafrastee und fünfzehn Dosen einer Heilsalbe absetzen wollte, die aus Schaftalg, Bienenwachs und Teeröl bestand und bereits seit dem Jahre 1900 im Handel befindlich war. Jedoch ließ Sarah Bontrager, der Form halber, eine Weile um ihre Gunst bitten und nahm die Ware nur mit dem Hinweis, dies sei lediglich zur Probe, etwas zögernd an.

Mit kühler Befriedigung konnte sie bald feststellen, daß sie das Richtige getan hatte. Was hätte es ihr wohl genützt, auf den Hof eines Bruders zu ziehen? Man mußte nur die arme Amanda Yoder ansehen, die sogar die Bücher studiert hatte und nun Schule halten durfte. Trotzdem lebte sie im kalten Hinterstübchen im Haus ihrer Schwester und mußte dafür zweimal täglich drei Kühe des Schwagers melken.

Im Grunde war Sarah Bontrager davon überzeugt, daß die Gemeinde ihr etwas für das schuldete, was ihr der Himmel versagt hatte, nämlich den Mann und besonders die vier Kinder, die, zu früh geboren, mit schwachen Herzen und Lungenfehlern, aus dem Leben geschieden waren, ehe es begonnen hatte. Bläulich schimmernd mit durchsichtiger Haut wie merkwürdige Wassertiere waren sie dagelegen und kurz darauf zu Grabe getragen worden in ihren winzigen weißen Särgen.

Seither hatte Sarah ein ganz eigenartiges Verhältnis zu Kindern. Obwohl sie ihnen keine Zärtlichkeiten erwies oder sie auf besondere Weise anlockte, suchte sie doch ihre Gegenwart und – das stand außer Frage – übte auf sie eine starke Anziehungskraft aus.

In der Gemeinde, die sich jeden zweiten Sonntag auf einem anderen Hof versammelte, saß sie bei den Witwen, in deren Mitte sie sich fast wie eine Fremde ausnahm, denn unter den rundlichen Matronen ragte sie herrisch hervor, auch trug sie als einzige keine Brille. Immer saßen Kinder bei ihr, meist kleine Mädchen in langen, schwarzen Kleidern und schwarzen Häubchen. Zwar nahm sie selten eines auf den Schoß, höchstens, wenn sie einschliefen während der zweiten Predigt, auch steckte sie ihnen nie ein Zuckerstück oder gar Spielzeug zu. Man konnte vielmehr eine gewisse Strenge feststellen, mit der sie die Kinder behandelte. Es schien ihr sehr daran gelegen, die alte Ordnung auf die Jungen zu übertragen, und ein gemustertes Tüchlein, ein weltlich gekleidetes Püppchen oder eine kleine bunte Tasche erregten ihren Unmut, den sie knapp und deutlich zu verstehen gab.

Sie ging im allgemeinen wenig aus. Der Laden erlaubte es

kaum, aber auch abends und an Sonntagen suchte sie selten die Gesellschaft der anderen, es sei denn, viele Kinder waren dabei. Zu einem gemeinsamen Deckensteppen war sie kaum zu bewegen, wenn an langen Winterabenden sechs oder acht Weiblein um den Holzrahmen saßen und Nadel und Faden führten. Auch ihre eigenen Decken verfertigte sie ohne fremde Hilfe. Wurde aber der letzte Schultag im Mai mit einem Picknick gefeiert, so war Sarah Bontrager sicherlich zu erwarten. Wie die anderen spannte sie dann ihr Pferd vor die kleine schwarze Kutsche, belud sie mit nahrhaften Gerichten, die sie selbst zubereitet hatte, einer Platte mit gefüllten Eiern, einer Schüssel Makkaroni-Salat und einem dick mit Schokoladenguß überzogenen Kuchen, und fuhr zu dem Schulhäuschen.

Dort saß sie mit den Frauen in dem einzigen Klassenzimmer und betrachtete aufmerksam die Vogel- und Pflanzenbilder an den Wänden, die die Kinder auf Vordrucken bunt bemalt und in Schönschrift mit ihren Namen versehen hatten. Später ging sie hinaus auf die Wiese, wo die Jungen Schlagball spielten und mit flatterndem langem Haar und heraushängenden Hemdzipfeln in ihren klobigen Stiefeln über das Gras stampften. Die Mädchen in hellen, ungemusterten Kleidern standen hinter dem Maschendrahtzaun und sahen zu. Sollten einige von ihnen im Lauf des Spiels den herausfordernden Rufen der älteren Burschen folgen und sich an dem Wettkampf beteiligen, so traf sie Sarahs Mißbilligung, die sie mitunter laut zu einem anderen Zuschauer äußerte, einem bärtigen Bauern vielleicht, der ernsthaft nickte und meinte, das müsse man einmal mit dem Bischof besprechen.

Wahrscheinlich war es ihr aber am liebsten, wenn die Kinder in ihren Laden kamen. Es geschah nicht häufig, daß sie ohne die Erwachsenen erschienen, denn von den meisten Höfen mußten die Bauern mit Pferd und Wagen nach Kedron fahren. Aber dann kam es doch öfter vor, daß die Kinder bei Sarah abgestellt wurden, während die Erwachsenen anderen Geschäften nachgingen, auf der Post, in der kleinen Bankfiliale oder, donnerstags, auf der Viehauktion.

Dann konnte man ein Trüpplein kleiner Kinder in der Tracht der Erwachsenen, in dunklen, mit Haken und Ösen verschlossenen Anzügen und knöchellangen Kleidern durch Sarah Bontragers Laden ziehen sehen. Da wurde nichts in die Hand genommen, kein Ding berührt, nur große Augen schauten rund über die Tischränder und in die Körbe. Nach einer Weile gab es zur Erfrischung Wasser aus einem Blechbecher, den Sarah immer wieder auffüllte und von Mund zu Mund reichte, und falls sich der Besuch noch länger ausdehnte, griff sie zu einem dicken, abgegriffenen und am Einband mehrfach geflickten Buch, das sie mit Genuß aufschlug, um ihren zarten Zuhörern daraus vorzulesen. Es war die Lieblingslektüre der Stillen Brüder und Schwestern, ein Märtyrerkatalog holländischer Provenienz. Sie wählte daraus anschauliche Geschichten und vermied die theoretisierenden Betrachtungen über die Taufe oder das Glaubensbekenntnis. Aber Beschreibungen wie die von Attalus, an dem Wasserstrome Rhône in einem eisernen Stuhle gebraten, vor die wilden Tiere geworfen, hernach ihm die Kehle abgestochen und enthauptet, ungefähr im Jahre 172, las sie langsam und mit lauter Stimme, während sie an dem Kassentischchen saß und die Kinder um sie herumstanden. Auch von Apollonia, einer betagten Tochter, nach vielen Tormenten in der See ertränkt, und von den vierzig Jünglingen zu Antiochien, in eine kalte Pfütze geworfen und des andern Tages lebendig verbrannt, wobei Sarah mit besonderer Betonung von dem kleinen Knaben las, der so jung war, daß er aus Mitleid seiner Mutter zurückgegeben wurde, sie ihn aber eigenhändig auf den Wagen zu den anderen setzte, damit er seinen seligen Lauf mit den Brüdern vollende.

Bei solcher Lektüre konnte sie eines gebannten Publikums sicher sein. Aber sie las nicht deshalb, sondern in der Überzeugung, daß dererlei Exempel der Vorväter den Kleinen einzuprägen seien, auf daß sie festhielten am Glauben und an der alten Ordnung.

An einem Donnerstagnachmittag im Mai hatte Sarah soeben die Geschichte von den zwei wiedergetauften Mägdlein zu Bamberg vorgelesen und gedachte die Kinder vor das Haus auf die Wiese zu entlassen, denn die Sonne schien warm. Ihre fünf Gäste waren Geschwister, Söhne und Töchter des Bischofs Benuel Schrock, jedoch keineswegs alle, denn insgesamt zählte er elf sein eigen. Der Bischof wohnte auf einem Hof in der Nähe von Kedron und war zur Viehauktion gefahren, um sich ein Pferd zu ersteigern. Da er außer der dreijährigen Betti und der vierjährigen Esther zwei ältere Buben mitgebracht hatte, Moses, der bereits sechs Jahre zählte, und Abraham, der acht war, sowie die elfjährige Anna, die schon als vollwertige Hausmutter galt, war für Aufsicht über die Kleinen gesorgt.

Moses und Abraham, der allerdings der Kürze halber Abe gerufen wurde, setzten ihre Strohhüte auf und folgten den Schwestern. Draußen sahen sie sich nach einem geeigneten

Spielzeug um und entdeckten unter der Holzveranda an der Seite des Hauses einen kleinen Holzwagen mit langer Deichsel. Ein zweispänniges Fuhrwerk war bald aufgestellt, die kleinen Mädchen saßen in dem Gefährt, die Brüder zogen und galoppierten und schnaubten dabei wie richtige Pferde, während Anna dem Spiel mit mütterlich duldsamem Lächeln zusah, als seien die Geschwister ihre Kinder oder gar Enkel.

In die Idylle brach ein Brausen, und unter gewaltigem Staubaufwirbeln blieb ein Auto in der Einfahrt neben der Wiese stehn. Es war ein feuerwehrroter Sportwagen mit heruntergeklapptem Dach, wohlgepflegt und funkelnd überall, selbst die schwarzen Ledersitze glänzten. Dazu drangen schwelgerische Töne aus dem Wageninneren, ein violinenreiches Orchester spielte zum Gesang eines Tenors, und – als gehöre diese sich im Finale zu noch höheren Höhen erhebende Stimme ihm – entstieg dem Wagen lächelnd ein junger Mann.

Er war von athletischer Statur und trug ausgebleichte Drillichhosen, einen längst lappig gewordenen Baumwollpullover und Tennisschuhe. Das rotbraune Gesicht über dem starken, ein wenig kurzen Hals lächelte in freundlichster Unbekümmertheit, und dabei zeigte der junge Mann das gesündeste, weißeste und ebenmäßigste Gebiß. Das dunkelblonde Haar trug er in noch schicklicher Länge, die zu dem Sportwagen – Kennzeichen konservativen und materiellen Erfolgstrebens – in keinem Mißverhältnis stand.

Die Kinder hatten sofort zu spielen aufgehört, als der Wagen einbog, und standen jetzt in züchtiger Entfernung, die von Furcht und Neugier bestimmt war. Auf Annas Gesicht zeigte sich deutliches Mißtrauen, wachsam hielt sie sich hinter den Kleineren, um gegebenenfalls Vorstöße in Richtung auf den fremden Wagen zu vereiteln. Moses und Abraham waren gänzlich von Neugier beherrscht, die nur durch die uralte, seit Generationen überlieferte Vorsicht im Zaum gehalten wurde, während Betti und Esther, Hand in Hand, mit großen Augen das Wunder bestaunten und bereit waren, auf das erste freundliche Anzeichen ihr lieblichstes Lächeln an den Fremden zu verschwenden.

»Hello«, sagte der junge Mann unbefangen, indem er auf das Haus zutrat und die Kinder anlachte, worauf Anna sofort drei Schritte zurückging, Moses und Abraham gebannt und leicht offenen Mundes stehenblieben, ihre Köpfe hoben, um dem langen Fremden ins Gesicht zu sehen, und Esther und Betti Anstalten machten, sich ihm zutraulich zu nähern.

In diesem Augenblick öffnete Sarah Bontrager die Tür. Wie ein Feldherr überblickte sie die Lage, bedeutete den Kindern mit einer Kopfbewegung, zurück auf die Wiese zu gehen, und ließ den jungen Mann auf sich zukommen.

»Hello«, sagte er auch zu ihr und stellte sich vor als John Nettlebeck. Er sei hier, so erklärte er, um für seine Großmutter, Mrs. Nettlebeck, die gesteppte Decke abzuholen, die sie bei Sarah in Auftrag gegeben hatte, falls das Stück überhaupt fertig sei. Sarah erinnerte sich. Mrs. Nettlebeck war eines Tages mit zwei anderen Damen in den Laden getreten, wo sich die drei Besucherinnen zunächst unter gedämpften Aufschreien des Entzückens über den Kamillentee und die kleinen Kochbücher gebeugt hatten, welche ›Rezepte aus der Küche der Stillen Schwestern‹ enthielten. Dann aber hatte Mrs. Nettlebeck den eigentlichen Zweck ihres Besuchs verkündet und den Wunsch geäußert, von Sarah eine Decke arbeiten zu lassen. Nachdem die Damen drei fertige Produkte von Sarahs Stepprahmen mit unverhohlener Ehrfurcht betrachtet hatten und man sich über Größe, Preis und Muster – es hieß »einsamer Stern« und zeigte einen aus sieben verschiedenen Schattierungen in Gelb zusammengesetzten Stern so groß wie ein Wagenrad auf weißem Grund – einig geworden war, fuhren die Besucherinnen, Dankesbezeugungen zwitschernd, wieder ab.

Leider sei die Decke noch nicht ganz fertig, sagte Sarah langsam, sie müsse sie noch am Rand einfassen, was einige Tage dauern könne.

»Das macht gar nichts«, erwiderte John Nettlebeck fröhlich, »ich habe das fast erwartet und komme ja auch ganz unvermutet. Aber das Wetter ist so schön, da wollte ich einen kleinen Ausflug machen, ich bin gerade bei meiner Großmutter zu Besuch. Ich fahre gern noch einmal zu Ihnen.«

Sarah nickte und fragte, ob er wohl einen Augenblick ins Haus kommen und sich die Decke ansehen wolle, sie sei noch auf den Rahmen gespannt. John Nettlebeck stimmte freundlich zu und bewegte sich hinter Sarah vorsichtig durch den Laden, um zwischen Körben, Tischen und Lampen, ohne etwas herunterzustoßen, in das Hinterzimmer zu gelangen, einen kahlen Raum, in dem außer einem großen Stepprahmen nur noch einige Stühle, ein Tisch und vier Kalender mit Reklameinschriften für künstlichen Dünger, Viehfutterzusatz, Heiltee und Milchprodukte zu sehen waren.

Der junge Herr Nettlebeck blickte auf den einsamen Stern in

dem Rahmen hinab und sagte Sarah einige Freundlichkeiten, denn er war von höflicher Natur. »Ein wunderschöner Stern, den Sie da gemacht haben, Mrs. Bontrager. Und es ist wirklich nicht schlimm, wenn ich nächste Woche noch einmal kommen muß. Vielleicht wieder am Donnerstag. Ich fahre gern hierher«, und damit verabschiedete er sich.

Draußen in der Sonne wartete sein Wagen, dem sich die Kinder doch genähert hatten. Moses und Abraham standen auf Zehenspitzen, um in das Wageninnere zu sehen, und Abraham sagte voll Andacht, »rote Maschin«.

»Wollt ihr mitfahren?« fragte John Nettlebeck, als er die Wagentüre öffnete, aber Sarah kam nun auch herbei, und da erübrigte sich jedes Wort.

Der junge Herr Nettlebeck drehte das Radio auf, und unter den Klängen einer heiseren, von elektrischen Gitarren begleiteten Männerstimme fuhr er von dannen in Richtung auf die große Stadt.

Der Besuch anderer Kunden hinderte Sarah, noch einmal zu dem Märtyrerbuch zu greifen, was sie eigentlich vorgehabt hatte, um damit die Gedanken der Kinder von dem roten Wagen und seinem Besitzer abzulenken. Jetzt mußte sie mit dem Meßstab dunkelblauen Kattun abmessen, und Malinda Stolzfus beim Kauf eines Paars hochgeschnürter Stiefel behilflich sein. Außerdem erschien nun auch Bischof Benuel Schrock, um die Kinder zu holen. Mit rundem Schädel und einem kräftigen Bart um Kinn und Wangen, breitschultrig und stämmig, ging er leicht vorgebeugt und sehr bedächtig auf Sarahs Haus zu. Das ersteigerte Pferd hatte er bereits an seine Kutsche gebunden. Sarah fand inmitten all ihrer Kunden kaum Zeit für ein Abschiedswort.

»Kommet bald wieder«, rief sie den Schrocks nach, und der Bischof erwiderte, »großen Dank«. Dann führte er die Kinder hinaus.

Die Kutsche war etwas klein für die ganze Gesellschaft. Neben dem Bischof fanden gerade noch Anna und Abraham Platz. Die kleine Esther und Moses standen zwischen den Knien der Sitzenden, und Betti saß auf dem Schoß der Schwester.

»Geh«, sagte der Bischof zu seinem Pferd, und damit setzte sich das hochrädrige Fahrzeug in Bewegung. Die Räder knirschten über den Kies, und auf der Straße trabte das Pferd munter davon, während das hinten an der Kutsche festgebundene widerstandslos folgte.

Sarah Bontrager machte indessen noch gute Geschäfte. Die Viehauktion am Donnerstag lockte jeweils viele Käufer nach Kedron, nur samstags konnte sie im allgemeinen noch mehr Kunden erwarten. Sonst verlief die Woche geruhsam, es sei denn, die Gemeinde traf sich am Sonntag auf einem Hof zum Gottesdienst.

Dann spannte Sarah, im schwarzen Kleid und Kapotthut, um halb neun ihr Pferd vor die Kutsche, stieg hinein und fuhr bald in einem Zug gleich aussehender Wagen die Straße hinab zu einem benachbarten Hof. Manchmal bogen auch alle Fahrzeuge in den Wald ab und rollten Wege an kleinen Bächen entlang zu stillen Tälern, in welchen die abgelegeneren Gehöfte zu finden waren, mit Wohnhaus, Scheune und Siloturm. Dort reihte sich dann Kutsche an Kutsche, und in den Stuben versammelten sich Männer und Frauen und ließen sich auf lehnenlosen Holzbänken nieder, die man in den ausgeräumten Zimmern aufgestellt hatte. Sarah saß im Witweneck, manchmal die Bischofskinder Esther und Betti, sittsam, still und großäugig, neben ihr.

Danach begann der Kreislauf der Woche von neuem, von neuem war der alten Ordnung ihr Recht geschehen und von neuem war Sarah gestärkt. Am Donnerstag erwartete sie schon früh die ersten Kunden.

Sie kamen in großer Zahl, bevor sie in das hölzerne Versteigerungsgebäude gingen, wo sie auf steil aufsteigenden Bankreihen im Halbrund um eine kleine Arena saßen, in welche die Tiere auf der linken Seite hinein- und auf der rechten hinausgetrieben wurden, während in einer Loge erhöht im Hintergrund der Auktionator in schnellem Singsang die Angebote ausrief, ehe er seinen Holzhammer auf die Rampe schlug. In den Holzpferchen draußen muhte und mähte es, grunzte und wieherte, schnatterte und piepste, und dunkle, bärtige Männer sahen abschätzend in die Verschläge, bevor sie das Gebäude betraten.

Nachmittags wurde es in Sarah Bontragers Laden ruhiger. Nur Bischof Benuel Schrocks Frau kam vorbei, um Kattun für Kinderkleider zu kaufen. Im Vergleich zu Sarah war sie geradezu klein. Ihre Brillengläser vergrößerten die Augen unnatürlich in dem blassen Gesicht, und trotz ihrer elf Kinder hatte sie ganz das Aussehen einer sanftmütigen Nonne. Lydia Schrock war von Abraham und Esther begleitet und wollte sie in Sarahs Obhut lassen, um zum Zahnarzt zu fahren, der am Ortsausgang von Kedron ansässig war.

Sarah hatte selbstverständlich nichts dagegen, obwohl sie nun mit einiger Unruhe dem noch ausstehenden Besuch des jungen Herrn Nettlebeck entgegensah. Aber ehe sie sich einen Plan ausdenken konnte, wie die Bischofskinder von dem Besucher und seinem roten Wagen fernzuhalten seien, fuhr er auch schon vor und blieb höflich stehen, als Lydia Schrock ihre Kutsche an ihm vorbeilenkte.

John Nettlebeck war diesmal wesentlich besser gekleidet, in Wildlederschuhen, hellbraunen Hosen und einem hübschen grünen Pullover.

»Da bin ich wieder«, sagte er fröhlich zu Sarah und den Kindern, die mit Lydia Schrock aus dem Haus gekommen waren. Dabei beugte er sich tief zu der kleinen Esther hinab, um ihr die Hand zu geben, in die sie nach einigem Zögern ihre legte. Abraham war kühner, ließ überhaupt keinen Blick von dem Besucher, als nun alle vier ins Haus gingen, wo die fertige Decke schon verpackt bereitlag. John Nettlebeck entrichtete den keineswegs bescheidenen Preis und sah noch einmal über die dämmrige Handelsstube.

»Darf ich mich ein wenig umsehen?« fragte er, und Sarah nickte. Langsam ging er an den Tischen entlang, sein größtes Interesse galt zweifellos den Petroleumlampen. Er nahm etliche von den Haken und untersuchte ihren Mechanismus.

»Ich glaube, ich nehme eine mit«, sagte er und erkundigte sich nach den Preisen. Endlich entschied er sich für die größte mit einem blankpolierten, runden Kupferreflektor, und Sarah packte sie in eine Schachtel.

»Es war sehr nett bei Ihnen«, sagte Herr Nettlebeck schließlich in seiner gewinnenden Art. »Ich bin wirklich froh, daß ich Sie kennengelernt habe. Meine Großmutter hat mir so oft von Ihnen erzählt.« Mit seinen zwei Paketen begab er sich darauf zum Wagen, legte sie auf den Vordersitz neben dem seinen und stieg ein. Er winkte Sarah, die mit Esther an der Hand ihm nachsah, herzlich zu, dann rollte er hinunter zur Straße.

In dem Augenblick, als er sie erreichte, sah man hinter ihm, zwischen Fahrer- und Rücksitz, einen gelben Strohhut auftauchen, der vom Fahrwind erfaßt und in die Luft gewirbelt wurde. »Hut! Hut!« rief die kleine Esther und deutete erstaunt mit einer runden Hand in die Luft, währenddessen entschwand ihr Bruder Abraham in dem roten Wagen Sarahs Blicken.

Sie stand starr. Doch dann packte sie die kleine Esther, hob sie auf, lief mit ihr zum Stall, setzte sie ziemlich hart auf einen

Holzstoß neben der Tür, rief ihr ein »da bleibst« zu, war schon bei dem Pferd, machte es los, zerrte es durch die Tür und auf die Seite des Gebäudes, wo unter einem vorspringenden Dach die Kutsche stand. Sarah arbeitete mit fliegender Hast. Sie stieß das Pferd rückwärts in die Deichselgabel, warf ihm klatschend das Zaumzeug über Kopf und Rücken, befestigte Schnallen, zog Zügel fest, dann hob sie die stumme kleine Esther auf den Bock und stieg selbst so heftig hinauf, daß der Kutschenkasten sich bedenklich zur Seite neigte. Sie hieb mit den Zügeln auf die Kruppe des Tiers und lenkte das Fahrzeug in einer scharfen Kurve auf den Kiesweg und weiter zur Straße. Dort nahm sie die hoffnungslose Verfolgung des roten Wagens auf. Eine graue Strähne hatte sich unter ihrem Häubchen gelöst und flatterte um ihr Gesicht. Die kleine Esther neben ihr wurde heftig hin und her geschüttelt, denn gewöhnlich saß sie in einer vollbepackten Kutsche, und wußte gar nicht, wie sie sich festhalten sollte.

»Hat sich fortgeschlichen«, stieß Sarah zwischen zusammengepreßten Lippen hervor. »Ist in die Maschin gestiegen«, klatschend fielen die Zügel auf den Pferderücken. »Das wüsterlich Ding!«

Da sah sie in der Ferne einen Wagen entgegenkommen, und bald konnte sie die Farbe erkennen: rot. Es war John Nettlebeck. Neben ihm saß Abraham Schrock, inzwischen sogar mit einem Sicherheitsgurt auf seinem Sitz festgeschnallt. Das Auto fuhr rasch auf die Kutsche zu, aber die Insassen unter dem Kutschendach waren erst auf kurze Entfernung zu erkennen. Als der junge Herr Nettlebeck bemerkte, wen er in dem Fahrzeug vor sich hatte, bremste er plötzlich und quietschend. Für das Pferd, sowieso aufgeregt durch Sarahs stetes Antreiben, war das zuviel. Es wieherte laut auf, stieg mit den Vorderbeinen in die Luft, man hörte noch einen Schrei, dann neigte sich die schwarze Kutsche unaufhaltsam auf die rechte Seite und kam mit einem dumpfen Knall jenseits des schmalen Straßengrabens auf die Böschung zum Liegen. Das Pferd lief, die abgebrochene Deichsel hinter sich herschleifend, klappernd weiter.

John Nettlebeck, bares Entsetzen im Gesicht, sprang aus seinem Wagen und hastete zu der Kutsche, aus der er leises Greinen vernahm. Nach einer Sekunde der Ratlosigkeit, wie er dem auf der Böschung liegenden Gefährt beikommen sollte, ohne es etwa wieder, diesmal nach der anderen Seite, umzuwerfen, kletterte er vor der Kutsche den Abhang hinauf und sah von vorne hinein. Drinnen lag Sarah auf der unter ihr verschwundenen, wimmernden Esther, bleich, zornfunkelnd, aber lebendig.

»Sind Sie verletzt?« rief John Nettlebeck, aber sie schüttelte nur den Kopf und versuchte, sich so weit von Esther zu erheben, damit das Kind zunächst aus seiner mißlichen Lage zwischen Kutschenwand und Sarah befreit werden konnte. Nach einigen Versuchen gelang es Sarah, sich hoch genug zu stemmen, und John Nettlebeck zog das Mädchen heraus. Auch Esther hatte keinen Schaden genommen, wie er mit grenzenloser Erleichterung feststellte. Mit Nettlebecks Hilfe kletterte dann Sarah aus dem Wrack und ging drohend auf das Auto zu.

»Es tut mir so furchtbar leid«, stammelte Herr Nettlebeck, »und ihn«, dabei deutete er auf Abraham, »habe ich wirklich nicht gesehen. Erst als er mich ansprach . . .«, hilflos blickte er auf den Jungen, der zwar gesenkten Hauptes, aber voll Trotz in dem Wagen saß.

»Warum hast du das getan?« fragte Sarah bebend, und nach einer Weile war die Antwort zu hören; leise, aber fest und entschlossen sagte das Kind: »Ich will mit der Maschin fahrn.« Sein hellbraunes langes Haar war vom Wind zerzaust, und seine Hände umklammerten den Sicherheitsgurt.

Sarah schwieg.

»Kann ich helfen?« fragte Herr Nettlebeck und erinnerte an das Pferd, es war nicht weit gelaufen und graste geruhsam am Straßenrand. Sarah sah unschlüssig auf Nettlebeck, das Auto und dann auf ihre zerstörte Kutsche. Schließlich sagte sie: »Die Kinder müssen heimfahren, ich hol den Gaul.«

John Nettlebeck hob Esther in seinen Wagen und setzte sie auf Abrahams Knie. »Halt sie schön fest«, sagte er, dann stieg er selbst ein, und während er ganz langsam vorausfuhr, folgte ihm Sarah, das Pferd am Halfter führend, nach.

Io

Von Argos und Ismene, der Tochter des Asopos, stammte Iasos, dessen Tochter nach der Überlieferung Io war. Kastor indes, der Verfasser der ›Geschichtsbücher‹ und viele Tragödiendichter nennen Io eine Tochter des Inachos ...

Zeus verführte sie, die Priesterin der Hera. Von Hera ertappt, verwandelte er das Mädchen, indem er es berührte, in eine weiße Kuh und schwor einen Eid darauf, er habe dieser nicht beigewohnt. Daher das Wort Hesiods: Liebeseide ziehen nicht den Zorn der Götter herbei. Hera ließ sich die Kuh von Zeus geben und stellte neben sie als Wächter den Allseher Argos ... Dieser band sie an den Ölbaum im Hain von Mykene. Hermes wurde von Zeus beordert, die Kuh zu stehlen, aber von Hierax verraten, und da er so den Auftrag nicht unbemerkt ausführen konnte, tötete er den Argos durch einen Steinwurf; daher kommt sein Name »Argostöter«. Hera jedoch versetzte die Kuh durch eine Bremse in Raserei. So kam sie zuerst an das nach ihr genannte Ionische Meer, dann nahm sie den Weg durch Illyrien und über den Haimos und setzte über die damals so genannte Thrakische Enge, den heute nach ihr benannten Bosporos* (Kuhfurt). Sie gelangte nach Skytien und Kimmerien, und nachdem sie weite Länder durchstreift und weite Meere in Asien und Europa durchschwommen hatte, erreichte sie zuletzt Ägypten, wo sie ihre alte Gestalt wiedererlangte und beim Flusse Nil den Epaphos gebar. Hera aber bat die Kureten, sie sollten ihn unsichtbar machen; da schafften sie ihn fort. Als Zeus es erfuhr, tötete er die Kureten. Io aber wandte sich zur Suche nach ihrem Kind. Sie irrte in ganz Syrien umher – denn dort, wurde ihr verraten, werde es von der Gemahlin des Königs der Biblier aufgezogen –, und als sie Epaphos gefunden hatte, ging sie nach Ägypten zurück und ward die Gemahlin des Telegonos, des damaligen Königs der Ägypter. Sie stellte ein Standbild der Demeter auf, die von den Ägyptern Isis genannt wurde; wie sie auch Io in gleicher Weise den Namen Isis gaben ...

Apollodoros, Bibliothek,
II, 5ff.

... Es ist, sagt man mir, doch etwas Großes und Bewundernswürdiges, den prächtigen Nil betrachten zu können. Gut, aber ist es nicht etwas Vorzügliches, den Euphrat, den Ister zu erblicken? Sind nicht der Thermodon, der Tigris, der Halys, der Rhein lauter große Flüsse? ...

Aus einem Brief Menanders
an Glykera

* der Bosporos am Asowschen Meer

Klaus Nonnenmann
Esplanade oder Die Spanische Takling

Maria
Christian

Früher sei die Sache anders gewesen – schön, er hat sich entschuldigt, es wäre absurd, ihm einen Vorwurf zu machen, was sollte ich sagen? Bezahlen, daß man bezahlen muß für einen Mann, der nie lügt und zärtlich ist, wie weh das tut, ich bin jung und schon erledigt

Christian, ich geniere mich, ich habe gewußt, so wird es sein, aber alles war neu und gefährlich auch, das mag ich, Du hast es gespürt, Du bist schön, Du hast eine Frau, sie sichert Dich ab, schön bist Du und fies und arrogant und gescheit, Du lachst, über alles kannst Du lachen, das macht mich klein. Ob Du ein Gesicht hast, eine Minute nur und es gehört mir? Trägst Du nicht eine Maske? Das war doch Dein Wort, immer und überall, es wurde, wie soll ich sagen, unerträglich, schon in Berlin

Berlin war Deine Chance, nicht wahr? Mein Kuhlein, Du hast mich gedemütigt, das wirst Du mir natürlich nicht abkaufen, weil ich zudringlich war und stolz und männlich. Immer hast Du gesagt, Du bist abscheulich, ein Mann bist Du, aber was wolltest Du eigentlich? Und ich habe gedacht: Maria wartet, sie verrennt sich

In Berlin war ich ihr unterlegen. Weiß der Himmel, wie Maria in den Osten kommt; sie hat zwei Pässe, gut, aber tausend Freunde auch, alle Wege sind ihr vertraut, und wenn sie weint, ist sie firm, kein Mensch wird sie zurückweisen. Ihre Augen natürlich! Niemals könnte ich sie beschreiben, sie sind nicht braun, nicht schwarz; traurig sind sie, man wird verrückt, wenn sie einem nahekommen; sie machen hilflos wie, ich weiß nicht, eine Art Religion oder so – was nur eine Formel wäre

Ein Genuß war es, Dich abzuweisen, plötzlich und irgendwo, ich war nicht glücklich aber frei. Das ist nicht ganz ehrlich gesagt. Ich hatte Angst, deshalb ließ ich Dich stehen. Christian, was solls, es tut mir leid

Es blieb mir nichts übrig, damals, ich kenne mich doch, und

so wurde ich infam und habe ihn enttäuscht und irgendwo stehen lassen, jeden Abend, weil er die Mauer nicht schaffen konnte wie ich; ein glatter Betrug

Ich hätte nicht gedacht, daß mich eine Frau so erbärmlich schikaniert; am schlimmsten war der Tag bei Kladow, als Du nein gesagt hast. Dabei habe ich am Contessa-Weg nichts verlangt als die Fahrt über die Havel, aber Du hast etwas gegen mein Boot gehabt, schon immer warst Du dagegen, und dann sind wir doch gefahren, und ich habe Dir alles gezeigt, Gatow und das Kuhhorn und den Pichelsee, aber schon in der Heerstraße wurdest Du wieder nervös und unausstehlich, Du wolltest sofort zurück, kein Wort hast Du mit mir gesprochen bis zum Savigny-Platz; es war, als hätte Dich der Bahnsteig dort retten können, und ich bin herumgelaufen, zum Tiergarten und über die Spree zum Hansaplatz und habe ein Bier getrunken, was ganz miserabel war, denn die Sache ist mir nahe gegangen, das kannst Du glauben

Weiß der Himmel, warum ich Maria haben wollte, sie war ja nicht meine erste Frau, tatsächlich sind es ihre Augen, die mich herausfordern, die braunen. Manchmal, vor allem in Berlin, dachte ich, es ist mein Ehrgeiz, es ist ein Abenteuer, das mir zusteht, aber Marias Augen sind voller Angst, und ich wußte, daß man sich Mühe geben müßte

Eine Ewigkeit warst Du fort. Auch Dein Vater hat sich Sorgen gemacht; ich war bei ihm in Lankwitz, wir haben über Dich gesprochen. Dauernd hat er versucht, Dich telefonisch zu erreichen, was ja eine idiotische Geschichte ist, über Prag, glaube ich, und dann saß ich zu Hause, ich hatte das Gefühl, Edith merkt alles, nur: ich kam nicht über den Berg und habe sogar geträumt, was mir selten geschieht, von ihren Augen

Schlimm war Bahnhof Friedrichstraße. Fast eine Stunde habe ich gewartet, und als ich meine Nummer hörte und rüberging, war mir übel. Ich dachte, irgendwo mußt du jetzt unterkommen. Ich bin wieder eingestiegen. Es war Nacht, als ich in Pankow ankam, zum Glück gab es ein Taxi in die Esplanade. Ich habe alles durchgedacht und überlegt, wie man sich wehrt gegen einen Mann, der mich nicht losläßt und verwöhnt wird, von allen, und bestimmt von seiner Frau. Man macht es ihm leicht. In der kleinen Wohnung bin ich stundenlang dagesessen – aber dann hat mich Vater angerufen; man kann ihn verstehen, er hat mich gefoltert und immer gesagt: du hast keine Ahnung, wie das war, dich zu erreichen, wir haben Angst um dich, komm doch, vielleicht fährst du bis zum Halleschen Tor, ich hole dich ab

Das war Ende Juli. Zwei Tage später warst Du in unserer Wohnung. Du kennst jeden Trick; Vater ist wie ein Kind, ich kann ihm auch nicht immer sagen, was ich denke, und meine Schwestern sind alle vernarrt in Dich

Man nennt es Tjalk, weißt Du. Wir haben doch Schwimmwesten genug, und wenn Du meinst, es wird zu viel, legen wir an, vielleicht in Nußdorf oder Birnau

Es macht mir nichts, ich kann schwimmen, Dein Boot ist gemütlich und wunderbar altmodisch

Also gut, wir halsen, dann haben wir noch Wallhausen. Dort können wir bleiben. Wir übernachten im Adler oder sonstwo

Ich habe ihr Geschichten erzählt; ich glaube, Maria war ruhig und stark, sie konnte lachen, oft, und frech auch – wie ein kleines Mädchen

Warum eine Kuh? Wie war denn das?

Irgend etwas mit Zeus, ich habe es schon fast vergessen, wir haben einen Lehrer gehabt in Griechisch, der hat uns immer geplagt mit Göttern und solchen Leuten, mit Heroen oder wie er gesagt hat. Argos hieß der Bursche, erinnerst Du Dich, ich meine: weißt Du, wer Argos war?

Nein

Siehst Du, drüben ist Wallhausen, Du mußt nicht ängstlich sein. Argos war ein Mann mit tausend Augen, und so auch damals schon. Man konnte ihn nicht betrügen, er hat alles gesehen. Oft hat er gespottet in unserer Klasse und gesagt: gebt euch keine Mühe, so leicht schafft mich keiner –

Wenn ich nicht irre, hatte Zeus, der uns nie interessiert hat, auch einmal eine Geliebte, und als er nicht weiterwußte, und weil er gemerkt hat, daß seine Frau, die Hera, so hieß sie doch? –

Schon möglich, auch Edith hätte sie heißen können

Gut, dann Edith, alles sieht, in Argolis oder am Bodensee – machte er das beste aus der Sache und hat seine Freundin, die natürlich Maria heißen könnte, in eine Kuh verwandelt. Es war ein wunderschönes Tier, und gehorsam, es hatte Augen wie Du, Maria

Wir sind auf dem Boot geblieben, ich müßte lügen, wenn ich nicht Freude an allem gehabt hätte; Christian hat mir gezeigt, wie man die Segel setzt, Christian weiß alles, er hat eine gute Art, Dinge zu erklären, das Schiff vor allem, er kennt den See, er kennt die Fische. Gleich hat er mich gezwungen, das Schleppnetz auszulegen, und als ich Mühe hatte, es einzuholen, lachte er laut; das ist es ja, was mich irritiert: sein Lachen, es gibt überhaupt nichts, was er ganz ernst nimmt – und dann sein komisches Boot! Ein Tjalk, dauernd mußte ich hören, daß es ein Tjalk ist, offenbar hat nur Christian ein so verrottetes Fahrzeug. Noch nie habe ich zehn Tage lang Fisch gegessen, Hechte und Karpfen und Blaufelchen und Saiblinge und Aeschen und Eglis und Weißfische, immer wieder, alles durcheinander; ich weiß noch, wie ich Angst hatte, einen Aal anzufassen, der mir durchs Netz gehen wollte, das war bei Romanshorn, Christian hat mir geholfen und hat nicht gelacht, endlich einmal nicht – auch gab er mir das Ruder, tagelang, und als ich einmal sagte: gib mir das Ruder, war er wieder arrogant und sagte: es gibt keines, es gibt eine Pinne, du kannst sie haben, überhaupt wir machen es so: du bist der Kapitän, und der Steuermann, und ich bin dein Sklave; wenn du mich brauchst bin ich da. Was macht man mit Fischen? Ich habe Christian gefragt und er hat gesagt, Hauptsache, man kann sie essen. Maria, schau mal, links haben wir einen Schrank, und immer nach rechts legst du den Fisch. Den kannst du braten oder kochen oder dünsten oder, wenn du es fertigbringst und es brennt nicht, nimmst du den kleinen Ofen am Beiboot, dann haben wir Bücklinge

Diese Burschen, notabene, das weiß ich genau, hat auch Zeus gerne gegessen. Argos hat es uns erzählt, und wenn seine Maria guter Laune war hat er gesagt: gegen Abend bin ich in Uttwil, dort gibt es die besten Pommes frites

Ob Du das lügst?

Auf Ehrenwort nein! Pommes frites bekommst Du dort in

jeder Kühltruhe, es ist auch egal, wo Christians Frau ihres Gatten Lieblingsspeise kauft

Maria hat es mir schwergemacht. Mein Boot war etwas Neues für sie, es hat ihr gefallen. Aber ich konnte sehen, was sie dachte; und gehört habe ich jede Nacht, daß es ein Unglück würde für sie

Darf ich einmal pathetisch werden, und Du versuchst, mir zu glauben? Gut, Berlin und der See hier könnten zu etwas taugen, auch für Dich. Alles ist auf Distanz eingerichtet, niemand würde mir widersprechen, so sehr ich auch im Unrecht bin. Du denkst jetzt, ich bin ein Mann, ich kann es mir leisten, auch denkst Du vielleicht an Edith

Das war es nicht, Edith ist mir gleichgültig. Und Distanz: klarer Fall, daß er recht hatte, nur: ich bin schwach, ich werde immer verlieren

Verlieren kann nur ich, ich bezahle den Preis, Deine Edith ist mir gleichgültig. Mag sein, daß ich stolz bin und es nicht wahrhaben will, was Du gesagt hast. Aber wer hilft mir später, wer bringt mich aus dem Boot, wer gibt mir das Wasser und die Fische und den Ofen, der nichts taugt, wer schenkt mir die Eignerflagge und zeigt, wie man sie hißt? Christian, du magst vielleicht denken, ich rede zu viel, ich habe kein Selbstvertrauen, aber woher soll ich es nehmen? Du hast Charme, das weißt Du, und wenn ich böse wäre, würde ich sagen: nie gibst Du Dir Mühe, eine Frau zu schonen, verstehst Du? Gestern zum Beispiel, bei Langenargen, hast Du mir einen Vortrag gehalten. Ich habe darüber nachgedacht

Die Takling, nicht wahr?

Ja, und zwar die schlimmste, die Spanische Takling. Sie etwa wäre mein Thema

Ein Tampen, der sich löst, man hat keine Zeit, ihn zu takeln, und es wird ernst, und er zerfetzt mir die Hand und ich sehe, er läuft durch den Block, ein paar Sekunden noch und ich schreie. Christian, schnell!

Deine Spanische Takling

Das Wort, oder was meinst Du?

Eigentlich das Wort, aber ich verstehe erst jetzt, warum es

mich erschreckt, obwohl, es hat doch gar nichts zu bedeuten. Eine Spanische Takling ist mir unheimlich, sie ist endgültig, schon als Kind bin ich erschrocken, das mag albern klingen, über Worte aus Spanien – das ist nicht gut gesagt, ich meine vielmehr den Begriff Spanien. Immer war er mir unheimlich

Warum sagst Du: das klingt albern? Wir kennen uns doch ein bißchen; Spanische Takling ist tatsächlich ein übles Wort. Nämlich, es hat fast mit dem Tod zu tun. Wirklich, Maria, ich will Dir keinen Gefallen tun und es wäre auch falsch, Dich anzulügen: Spanien ist grausam, glaube ich, vieles dort ist fremd und unerbittlich, schon die Sprache, und eine Takling, so oder so gesetzt, könnte immer ein spanisches Wort sein. Gestern habe ich Dir die Geschichte erzählt von der Kuh, Du erinnerst Dich? Wenn man sie ernst nimmt, als ein Exempel, als Märchen, dann wäre es absolut möglich, zu behaupten: jede Verwandlung tut weh – was jetzt sehr gescheit wirkt, aber ich meine, der Vergleich ist erlaubt, denn damals wurde Io oder Maria, gleichviel, verwandelt. Nie hätte sie gedacht, erlöst zu werden. Auch die Kuh hätte Dir Angst machen müssen; es war doch ein Seil, ein Tampen, geknotet um ihren Hals – für immer, wie es schien. Es gab keine Flucht, es gab nichts, Du warst verloren, und ausgerechnet Edith hatte Mitleid mit einem Tier, aber Du bist doch sicher, die Zeit bleibt nicht stehen. Es wäre ein Irrtum anzunehmen, Abhängigkeit oder irgendeine Art von Verwandlung sei schädlich, eine Krankheit, ein Defekt, etwas Unüberwindbares, findest Du nicht?

Ich gebe Dir keine Schuld, Christian. Ganz allgemein läßt sich etwas besprechen und wird nicht moralisch, weil es mit Liebe zu tun hat. Du liebst mich doch?

Es ist mehr und auch anders für mich. Unser Tjalk wird liegenbleiben, irgendwer in Meersburg wird die Schratsegel reffen und sie ins Bootshaus tragen, man wird die Persenning holen und es gibt keine Fische mehr an Bord. Maria?

Ich weiß schon

Du warst tapfer. Niemand kann kochen wie Du

Berlin ist trostlos. Vielleicht wird es mit dem Kind besser und ich habe etwas zu tun und es wird mir gehören. Es wäre gut, wenn es ein Mädchen würde mit grünen Augen. Dann ist es stärker als ich, aber womöglich sagt man das nur, und Augen haben gar nichts zu bedeuten.

Antiope

Auch Antiope sah ich hernach, des Asopos Erzeugte,
Die sich berühmt, es habe sie Zeus selbsteigen besuchet
Und ihrem Leib zwei Sprossen erweckt, Amphion und Zethos,
Welche zuerst den Sitz der siebentorigen Thebe
Türmten, sie konnten ja nicht im blachen Gefild von Thebe
Türme und Burg entraten, wiewohl sie beide gewaltig.

Homer, Odyssee, XI. 260ff.

Antiope, Nykteus' Tochter, wurde von Epaphos durch List geschändet und deswegen von ihrem Gatten Lykos verstoßen. Zeus umarmte sie, als sie verlassen war. Lykos aber nahm Dirke zum Weibe, die Verdacht schöpfte, daß ihr Gatte sich heimlich noch mit Antiope abgegeben habe. Sie befahl daher ihren Dienern, sie zu fesseln und in einem dunklen Raum einzuschließen. Als ihre Niederkunft bevorstand, floh sie nach dem Willen des Zeus aus ihrem Gefängnis ins Kithairongebirge; und da ihre Stunde kam und sie einen Ort suchte, wo sie gebären könne, zwangen sie die Wehen, unmittelbar an einem Zweiweg niederzukommen. Hirten erzogen die Zwillinge als ihre eigenen Söhne und nannten den einen Zethos, weil die Mutter nach einem Ort der Niederkunft gesucht hatte, den anderen aber Amphion, weil sie ihn am Zweiweg geboren hatte. Als sie aber erfuhren, wer ihre Mutter war, banden sie Dirke an einen wilden Stier und brachten sie so zu Tode. Aus ihrem Körper entstand im Kithairon die sogenannte Dirkäische Quelle, dank dem Dionysos, dessen Priesterin sie gewesen war.

Hyginus, 7. Fabel

Antiope war die Tochter des Königs Nykteus in Böotien; ihre außergewöhnliche Schönheit war die Veranlassung, daß Zeus sie umarmte. Als der Vater sie bestrafen wollte und ihr wegen der Schändung den Tod androhte, floh Antiope. Zufällig wohnte an dem Ort, wohin sie kam, der Sikyonier Epaphos. Er nahm die in sein Haus Verschlagene zum Weibe. Nykteus konnte das Geschehene nicht verwinden, und als er starb, beschwor er seinen Bruder Lykos, dem er nun die Herrschaft hinterließ, und trug ihm auf, Antiope dürfe nicht straflos ausgehen; nach seinem Tode kam Lykos nach Sikyon, tötete den Epaphos und führte Antiope gefesselt in den Kithairon. Dort gebar sie Zwillinge, die sie zurücklassen mußte. Ein Hirt zog sie auf und nannte sie Zethos und Amphion. Antiope war der Gattin des Lykos, Dirke, zur Bestrafung übergeben worden, aber als sich die Gelegenheit dazu bot, ergriff sie die Flucht. Sie kam zu ihren Söhnen, von denen Zethos sie für eine Entlaufene hielt und ihr die Aufnahme verweigerte.

In die gleiche Gegend verirrte sich Dirke gelegentlich einer Dionysosfeier; sie fand Antiope und wollte sie mitnehmen, um sie zu töten. Aber der Hirte, der die Jünglinge aufgezogen hatte, verriet diesen, daß es ihre Mutter sei, da nahmen sie in aller Eile die Verfolgung auf und befreiten sie; Dirke banden sie mit den Haaren an einen Stier und schleiften sie so zu Tode. Als sie auch Lykos umbringen wollten, verhinderte es Hermes, doch mußte Lykos auf Geheiß des Gottes die Herrschaft an Amphion abtreten.

Hyginus, 8. Fabel

Dirkes lodernder Haß! Schon gut, dir scheint er am Platze,
    Da für Antiopes Schoß Lykos die Wonnen gespart.
Weh, die verwegne Regentin versengte dem Mädchen die Haare,
    Schlug ihr mit grausamer Faust Blut aus dem bleichen Gesicht!
Lasten, die keiner bewältigt, auf schmalen Schultern zu tragen
    War sie gezwungen und schlief nachts wie ein Tier auf der Erd;
Oder, gesperrt ins Verließ, im eigenen Unrat verkommend,
    Hat man der Dürstenden gar einen Trunk Wasser verwehrt.
Zeus, wo bist du versteckt, in welcher Ecke des Weltalls,
    Daß du nicht hörst und nicht siehst, was mit der Liebsten geschieht?
Sie, die in Fesseln des Hasses nun büßt für die Fesseln der Liebe,
    Wen soll sie rufen, wenn du taub ihre Bitten nicht hörst?
Aber, von keinem bemerkt, begann sie die Fesseln zu schaben,
    Sammelte, was ihr an Kraft übrig geblieben, zur Tat:
Und mit dem Mut der Verzweiflung zerriß sie sie endlich und jagte
    Fort wie von Furien gehetzt über die eisigen Höhn.
Unter ihr rauschte der Fluß, sein nächtliches Lärmen erschreckte
    Sie, daß sie meinte, ihr nach käme die Quälerin schon.
Hart wies Zethos sie ab, doch flossen Amphion die Tränen;
    So von der Söhne Gehöft ward sie von dannen gejagt –
Doch wie die kochende Flut des Meers sich schlichtet und feiert,
    Wenn sich des Ostwinds Gewalt legte, vom Südwind gedämpft,
Und die Dünung verrinnt am Strand in bedächtigen Wellen,
    Sank Antiope hin, über die Maßen erschöpft.
Aber die Stimme des Bluts obsiegte im Herzen der Söhne,
    Daß sie den Irrtum bereut; du auch, würdiger Hirt,
Sprachst ein erlösendes Wort und gabst die verlorenen Rechte
    Wieder der Mutter zurück, Pfleger der Sprossen des Zeus.
Furchtbar rächten die Söhne die Schmach ihrer Mutter und schleiften
    Mit einem Stiere zu Tod Dirke und hackten entzwei
Fluchend die Glieder; ihr Aug beim grausen Handwerk spie Blitze,
    Daß du, Antiope, spät, Zeus, deinen Rächer erkannt! . . .

Sextus Aurelius Propertius,
Liebesgedichte, III, 12

Adolf Muschg
Zeus und Antiope oder Vom Handel mit Baumwolle

Antiope: die Überlieferung schwankt, wie zu erwarten ist, hinsichtlich aller wichtigen Einzelheiten. Ob Lykos, der Thebaner, nun Antiopes Onkel oder Gatte war: jedenfalls schätzte er, mildernde Umstände hin oder her, ihren Umgang mit dem Nachbarfürsten Epaphos nicht und überzog diesen mit Krieg. Epaphos kam um; statt nun aber seine Frau zurückzunehmen, verstieß Lykos sie und genoß bei diesem Schritt sogar die Zustimmung ihres leiblichen Vaters, seines Bruders, des Königs Nykteus von Theben. Erst jetzt gab Zeus der Verlassenen die Ehre, wobei er offenbar keinerlei Umstände machte: wir wissen von keinem Schwan, keinem goldenen Regen, keinem Identitätsproblem und keinen olympischen Zusicherungen. Antiope wurde darauf von ihrer Verwandtschaft wieder eingefangen, und Dirke, Lykos' neue Frau, aber seiner Treue offenbar nicht sicher, sparte keine Folter, Antiope das Geheimnis ihrer Schwangerschaft zu entreißen, das sie für irdischer hielt als es war. Für einen kurzen Augenblick stellte der Höchste der Götter die Verhältnisse klar, als er Antiopes Kerker zerbrach, aber niederkommen mußte sie wieder allein, auf einer Weggabel, heißt es, denn es wurden Zwillinge: Zethos und Amphion. Ob Antiope dann wieder in Dirkes Kerker verschwand, ob sie ihre Söhne in der Wildnis aufziehen durfte, muß offen bleiben; fest steht, daß Dirke, als die Zwillinge für große Taten reif waren, von ihnen auf einen wilden Stier gebunden wurde und so das verdiente böse Ende fand. Vor der männlichen Herrschaft scheint die Wut der Zwillinge Halt gemacht zu haben; sie besannen sich vielmehr auf das Konstruktive und gründeten am Fuß der alten Kadmeia das moderne Theben, bei dessen Aufbau die Leier des Handelsgottes Hermes eine wunderbare Rolle gespielt haben soll. Von Antiope bleibt zu berichten, daß sie, nach dem Schrecken mit Dirke, einen Arzt nötig hatte, Phokos, und diesem die Hand reichte. In einem Punkt scheinen sich alle Chronisten, Hyginus und Pausanias, Apollodoros und Apollonios Rhodios schweigend einig zu sein: unter den vielen Episoden des Zeus war Antiope die episodischste.

Wir haben ihnen Namen gegeben. Was für Namen haben wir ihnen denn gegeben? Ein einziger Name genügte in der Regel, wozu brauchten sie einen Familiennamen. Wir hatten ihre Familien auseinandergerissen, denn separat lösten wir bessere Preise für sie. Oh, wir gaben ihnen schöne Namen, die von unserer Bildung zeugten. Wir nannten sie klassisch, Sylvanus zum Beispiel, oder Cassius; so hießen Neger in Togo oder in Louisville, Kentucky. Wir nannten sie auch César oder Napoléon, denn sie waren so weit von der Herrschaft entfernt, daß wir uns den gutmütigen Spott leisten konnten, der in solchen Namen lag; auch unsere Hunde nannten wir so, auch zu unseren Hunden unterhielten wir ein anständiges Verhältnis. Wenn sie brav waren, bekamen sie sogar biblische Namen wie Rebecca, Baptiste oder Abigail; bei den Mädchen machte es den Herren auch nie so viel aus, wenn sie schlecht rochen. Als wir entdeckten, daß sie gute Musikanten waren, wurden wir noch generöser: wir sprachen es ihnen heiter nach, wenn sie einander Earl nannten, oder Count, oder gar King; hie und da gab es einen, der sein Glück gemacht hatte und sich Amethyste statt der Zähne in den Mund setzen ließ: was für ein Spaß, wenn er seine Lippen auseinanderriß und uns seine schönen Amethyste zeigte. Nun ist es freilich dahin gekommen, daß wir auf sie schießen müssen, aber wir tun es ungern und sind ehrlich erschüttert über sie. Hatten sie doch lange unserem Gott ihre Lieder gesungen, die so schön waren, daß sie uns selbst fast wieder an ihn glauben ließen; waren sie doch Jahrhunderte lang von einer Friedfertigkeit gewesen, die wir nur mit ihrer tierhaften Natur zu erklären wußten. Ob einer von ihnen Zeus geheißen hat? Es ist nicht ganz unmöglich, in Obadiah, Mississippi zum Beispiel, oder Montego Bay, Jamaica, oder Stanleyville im belgischen Kongo – wenn das aber möglich ist, dann ist vielleicht, allen Ernstes, auch die Geschichte mit Antiope wieder möglich, an der man, als Schreiber Mitte des 20. Jahrhunderts, sonst verzweifeln müßte. Vielleicht ist dann, allen Ernstes, diese Verzweiflung keine Metapher mehr und überhaupt nichts Literarisches. Vielleicht können wir dann, die wir aufgehört haben, an Zeus zu glauben, ihn wenigstens wieder fürchten lernen. Dazu gehört, daß wir diese Geschichte nicht zu sehr schreiben. Skizze genügt – die Furcht, und was hinter ihr steht, wird auch die flüchtigste Skizze überholen.

Sagen wir: Smartville, USA – oder, wenn das zu verfänglich klingt, darf es auch Speedsville sein, oder Deposit, oder Bethlehem, oder Berlin, oder Angola – diese Städtchen sind ohne Lupe fast in jedem US-Staat und auch in anderen Gebieten unserer Konföderation auszumachen. Unseres liege aus praktischen

Gründen in der Nähe New Yorks, damit wir die Gesellschaft mühelos übers Wochenende hinkriegen, die wir brauchen: eine Gesellschaft, deren Konventionen schon hinlänglich gelockert sind, um das Undenkbare, wie den Einbruch des Negers Zeus, denkbar, aber noch nicht locker genug, um es im gesellschaftlichen Sinn möglich zu machen. Sagen wir: ein Ehepaar, Tom (40) und Priscilla (25), fünf Jahre verheiratet, Stadtwohnung westlich Central Park, also gute, kreditwürdige Adresse, die man sich zwölfhundert Dollar monatlich kosten läßt. Landhaus am Hudson, Nähe Kingston, kolonial möbliert, ferner eine reizende Blockhütte in den Adirondacks, zu der man sich durch Freundin Jennifer inspirieren ließ, die dort schon vor Jahren gebaut hat, als es noch spottbillig war; billig ist es immer noch, angenehm verwunschen, aber acht Monate im Jahr mit dem Wagen erreichbar. Apropos Wagen: Priscilla fährt Mustang, Tom einen Imperial, fährt also eine Spur über seine Verhältnisse, womit er aber nur den Verhältnissen – er ist Rechtsanwalt, Juniorpartner in der bekannten Law-Firm seines Schwiegervaters – eine Chance gibt, ihn einzuholen. Drei Siamesenkatzen mit spanischen Namen pendeln zwischen Kingston und der City mit, im übrigen nimmt Priscilla die Pille, um Mobilität nicht zu gefährden, widersteht Pressionen der Gesellschaft, auch ihrer Eltern, die auf Familie drängen. Eine junge Frau, die nicht angebunden ist, stellt immer ein Sicherheitsrisiko für die Karriere ihres Mannes dar, besonders, wenn sie fünfzehn Jahre jünger ist und eine etwas rätselhafte Schönheit, ein bißchen frigide, unter uns, aber das kann auch an Tom liegen, denn Tom kann sich beim besten Willen nicht stärker zerreißen, die Wochenende gehören bei einem Mann wie ihm der Ruhe, er ist im Geschäft schon tüchtig genug. Sein Schwiegervater, den er außer George auch Sir nennt, anerkennt das, ihr Einvernehmen wäre selbst ohne den verwandtschaftlichen Hintergrund das bestmögliche, dafür sorgt schon das Geschäft, dem sich Tom, das ist wenigstens Priscillas Meinung, ein wenig zu ausschließlich widmet. Wir sehen da ein Problem kommen, aber unterschätzen wir Tom nicht zu rasch, der ist nämlich kein Spießer, kein bornierter Mann, das verbietet sich bei seiner Kundschaft von selbst, die natürlich, da Big Business, republikanisch stimmt, während sich Tom durchaus die Freiheit vorbehält, demokratisch zu stimmen, worin er wieder mit seiner Frau zusammentrifft; er hat sich »Futz!« ohne Wimpernzucken angesehen, Martin Luther Kings Ermordung hat ihn nicht weniger getroffen als

Priscilla, die sich damals einen Tag lang bei Freundin Jennifer ausweinen mußte, er hat das respektiert, sogar an jenem Abend eine wichtige Dinner-Party abgesagt, er erlaubt seiner Frau sogar, McCarthy (Gene) phantastisch zu finden, wenn es auch zu weit geht, daß sie McCarthy for President hinten und vorn auf ihren Mustang klebt. Damals gab es eine Szene, aber man versöhnte sich wieder, nachdem man sich einen Underground-Film zusammen angesehen hatte, mit guten Freunden, die man in der Dunkelheit nicht mehr so auseinanderhielt, mein Gott nein, Tom ist alles andere als ein Mucker, und Priscilla war dann ja auch vernünftig und kratzte McCarthy wieder von ihrer Stoßstange. Was lesen sie so, die beiden? Er Wall Street Journal, weil er beruflich im Bild sein muß, die New York Times hauptsächlich wegen der Theaterkritiken von Clive Barnes, wie manchen Abschluß verdankt er der Tatsache, daß er kulturell mitreden kann, ferner Time Magazine, um sich zu ärgern und, da ist schon ein bißchen Snobismus im Spiel, ein Comic-Strip-Heft zum Wochenende. Priscilla liest: den New Yorker, natürlich, Esquire, einiges andere in Tiefdruck, zum Durchblättern, anderes hält man sich eher zum Auslegen, je nach Art des Besuchs, das National Review für die Konservativen mit Schick, Ebony für die Liberalen (richtige Schwarze sind ja dünn gesät in der Business Community, Tom und Priscilla bedauern das aufrichtig), das New York Review of Books und den ›Realist‹, wenn Künstler zu Besuch kommen, und Playboy; letzteren übrigens wegen der vorzüglichen Kurzgeschichten. Ja, man hat Gäste, durchschnittlich zwei Dinner-Parties pro Woche, kann sich also schon aus diesem Grund nur eine funktionierende Ehe leisten; wenn sie zu knarren anfängt, ölt man sie mit einem kleineren Flirt, welcher den Partnern gewisse Spannungen zu lösen aufgibt, deren Kontrolle aber bisher keine Mühe bereitete. Nehmen wir an, das habe sich subtil geändert, als Roger in Priscillas Leben trat, was eine Umschreibung der Tatsache ist, daß Tom ihn selber nach Hause brachte, denn schließlich war Roger gerade in die Firma eingetreten, frisch von Rutgers Law-School, ein heller junger Mann mit Zukunft, Tom hatte sie selbst darauf hingewiesen, daß man ihn sich warmhalten müsse. Nun, Priscilla hatte ihn nicht warm gehalten, im Gegenteil, Tom hatte nach dem Dinner den Eindruck, daß sie dem Jungen ein wenig zu deutlich die dekolletierte kalte Schulter gezeigt hatte, was nur bewies, daß Tom, seiner Liberalität zum Trotz, ein miserabler Menschenkenner war, denn in Wirklichkeit hatte Priscilla das unangenehme Gefühl, daß Roger genau das war, was sie seit Jahren gesucht hatte, ohne geradezu zu suchen. Sie gestand es sich auch jetzt nicht ein, keiner sollte sagen, daß sie ihre Ehe leichthin in Gefahr gebracht habe, sie riskierte sogar Toms Unwillen, indem sie sich weigerte, den jungen Mann mit Zukunft wiederzusehen, aber wenn er darauf bestand, sein eigenes Pech ins Haus zu bitten, nun, eines Tages kam es eben dazu, daß er seinen Willen hatte, Priscilla hatte auf ungestüme Weise den ihren, und auch Roger war, wie er stammelnd gestand, ans Ziel seiner Wünsche gekommen, ja, wenn man ihn scharf befragt hätte, erheblich darüber hinaus. Denn Roger war es, der über seine Courage zu schlottern anfing, der Toleranz nicht traute, mit der Tom, von allen Weekends entlastet, dem Spiel zusah, mit dem er sich schon auszukennen glaubte und das einen stürmischen Sommer lang dauerte, verteilt einerseits auf Greenwich Village, wo man sich ein Zimmer gemietet hatte, anderseits auf das unvermeidliche Blockhaus in den Adirondacks. Priscilla und Roger wußten beide nicht, woher Tom die Kraft zu seiner Kavaliersgeduld nahm, mit dem Unterschied, daß es Roger bekümmerte, Priscilla aber nicht im geringsten. Priscilla war nicht nur verliebt, sondern auch Tochter eines mächtigen Rechtsanwalts, fuhr im übrigen fort, bei Toms Dinner-Parties liebenswürdige Hostess zu spielen, alles weitere würde sich finden. Roger, wer kann ihn tadeln, wußte nicht recht, was sich finden würde, wie er seinem Chef, dessen Ton vielleicht eine Nuance distanzierter geworden, aber nett geblieben war, in die Augen blicken sollte; daß er an der Universität verdorben reden gelernt hatte, bewies nichts gegen seine Unverdorbenheit, die Priscilla in so hungrigen Portionen verschlang, er sah nicht, wie er im Büro die Fälle Toms loyal bearbeiten und zugleich mit seiner Frau ins Bett gehen konnte, er schüttelte den Kopf, und selbst Priscilla gelang es nicht wie früher, ihn zurechtzusetzen. Der Sommer neigte sich zum Ende, die Adirondacks wurden unwegsam, Priscilla entschied, jetzt sei die Zeit gekommen, mit ihr durchzubrennen, sie stellte sich das alles ein bißchen einfach vor, schließlich hatte er an seine Zukunft zu denken. Er bat sich bei ihr, aber auch bei Tom, der volles Verständnis bewies, einen Monat Urlaub aus, um mit sich ins reine zu kommen, war damit aber, als der Monat um war, keineswegs fertiggeworden, und wußte sich jetzt keinen Rat mehr, als Tom in aller Form um eine Unterredung zu bitten. Die Situation war ein wenig schief, aber sie endete in einem wenigstens für Roger völlig überraschenden

Einvernehmen. Tom bot ihm nämlich nicht nur eine Verbesserung seiner Position an, wenn er ab sofort seine Hände von Priscilla lasse, was im Interesse der Optik und des Firmennamens in der Tat angezeigt sei; Tom gab ihm auch zu verstehen, daß er das Opfer, das er verlange, selber gebracht habe und vor drei Tagen von Priscilla geschieden worden sei. Roger, nicht wenig verdattert, wollte wissen, wie sich denn der Seniorchef, Priscillas Vater, zu dieser Lösung stelle, worauf Tom fein lächelnd bemerkte, daß sie beide, Tom und Roger, künftig auch in dieser Hinsicht ruhig schlafen könnten. George – wir nannten ihn George – habe in seiner alten gediegenen Art diesen Schritt nicht nur verstanden, er habe ihn empfohlen, ja darauf gedrängt, die Aufführung seiner Tochter habe den rechtdenkenden Mann ehrlich erschüttert, und da sein, Rogers, Anteil an der Affäre nicht ruchbar geworden sei, komme es jetzt nur darauf an, seinen Mund zu halten. Daß Priscilla ihn halten werde, dafür sei gesorgt, denn an diese Bedingung sei die Apanage geknüpft, fünfzehnhundert im Monat, mit der er sich die Dame künftig vom Leib zu halten gedenke. Was Priscilla, die glücklich Geschiedene, sich bei dieser Klausel gedacht hatte, muß dunkel bleiben, sicher ist jedoch, daß sie nun den Weg zwischen ihr und Roger für frei hielt. Wie trügerisch diese Annahme war, mußte sie leider schon bei ihrem ersten Rendezvous mit Roger erfahren, das sie, zu ihrer beginnenden Verstörung, nur mit äußerster Mühe hatte herbeiführen können. In einem Drug Store bei Gramercy Park hatte der junge Mann, ohne den Mantel auszuziehen, ihr nur in zwei Worten mitzuteilen, daß er ihrer beider Kinderglück, denn um so etwas, Hand aufs Herz, hatte es sich doch im Grunde gehandelt, hiermit als wunderbar, aber gewesen betrachte, daß sie jetzt erwachsen werden müßten, daß er ihr hierzu alles Glück wünsche und daß ihn dringende Pflichten leider gleich wieder an seinen Schreibtisch zurückriefen. Er konnte den flüchtigen Kuß, den er beabsichtigt hatte, nicht placieren, mußte so verschwinden, denn Priscilla war zu erstarrt, erstarrt nicht einmal in Schmerz und Schreck, sondern in schierer Ungläubigkeit. Dann folgte sie dem Bürschchen, wie sie Roger bereits in grimmig lächelnden Racheträumen nannte, auf dem Fuß, ohne allerdings sein Büro zu betreten, ebensowenig natürlich dasjenige ihres Ex-Mannes, das gleich dahinter lag, sie ließ sich gleich bei ihrem Papa melden, mußte sich aber von der Sekretärin sagen lassen, daß er verreist sei. Nun kam doch allmählich, müssen wir annehmen, Priscillas Zorn in Schwung, von einer Spur Angst beflügelt, und beides miteinander flackerte in Panik auf, als sie zu Hause den Brief öffnete, der eingeschrieben und mit »G.« unterzeichnet war. Papa, ohne diesen Titel zu gebrauchen, teilte ihr unter Firmenkopf mit, daß sie sich nicht wie seine Tochter benommen habe, sich also auch nicht mehr als solche betrachten dürfe, daß er im übrigen bereit sei, für sie zu beten und die Summe, die sie von seinem Partner zu erwarten habe, auf zweitausend aufzurunden, was seiner Ansicht nach ausreichend sei, in sich zu gehen, ohne dabei geradezu hungern zu müssen. Priscilla, müssen wir fürchten, brach daraufhin zusammen, saß zwei, drei Tage, ohne einen Gedanken fassen zu wollen, in einem ihrer leeren Häuser herum. Am Ende blieb ihr nur noch so viel Kraft, ihr Köfferchen zu packen, nur das Nötigste natürlich, das Collier und den übrigen Schmuck, das Scheckbuch nicht zu vergessen, und sich in ihren Mustang zu setzen, der sie, sie weiß heute noch nicht wie, stracks in die Adirondacks trug. Das war eine Fügung, aber keine gute. Denn Freundin Jennifer, an deren Hals sie sich ausweinen wollte, ließ ihr zwar den Hals eine Weile, zog ihn dann aber sanft zurück und verband diese Bewegung mit der nun nicht mehr zu unterdrückenden Mitteilung, daß Tom gestern in gleicher Sache hiergewesen sei, um sich auszusprechen, daß sie sich gezwungen gesehen habe, seiner Erinnerung mit Einzelheiten zu Hilfe zu kommen, denen sie, Jennifer, selbst lange genug, allzu lange habe zusehen müssen, daß dieser heikle Gegenstand sie und Tom einander unwillkürlich näher gebracht habe, als man habe voraussehen können, daß, kurz gesagt, Jennifers Hals aus diesem Grunde gewissermaßen nicht mehr frei sei, daß sie aber auch als Toms Ehefrau der Freundin weiterhin jenes Verständnis entgegenbringen werde, auf das sie alle in ihrer schwierigen Lage Anrecht hätten. Es gibt einen Grad der Erschütterung, der in merkwürdige Ruhe umschlägt. Priscilla lächelte nur, kratzte Jennifer kein Auge aus, nickte ihr nur langsam zu, was die Freundin unruhig stimmte, setzte sich wieder in ihren Mustang, drehte das Steuer um, senkte den Fuß aufs Gas und nahm ihn bis New York nicht wieder weg; die Polizeiwagen, die sie unterwegs einzuholen versuchten, beachtete sie nicht einmal. In New York ließ sie den Mustang irgendwo stehen, gewiß, daß die entsprechenden Bußen auf Tom zurückfallen würden, und tauchte eine Weile unter, wenn das die hinlängliche Umschreibung einer Lebensweise ist, die nach allem, was geschehen war, nur noch eine existentielle sein konnte. Priscilla löste ihr schönes Haar auf, ließ es wachsen, bemalte sich das Gesicht mit farbigen Streifen und genoß, mit nichts als ihrem Scheckbuch ausgestattet, volle vierzehn Tage lang die anstrengende Freiheit der Entwurzelten. Es muß angenommen werden, daß in dieser Zeit, in Nacht und Nebel verschiedenfarbiger Räusche, in den Kellern des East Village, der Entschluß in ihr reifte, ein Buch zu schreiben, und sie begann sich auch schon Notizen dazu zu machen; es ist wahrscheinlich, daß sie in dieser Periode mit Zeus zusammenkam, denn ein Neger gehört dann dazu; wetten wir, daß sie, um das Existentielle voll zu machen, bei dieser Gelegenheit sogar die Pille vergaß. Freilich: man kann sich von der Unterklasse auch dann noch ein falsches Bild machen, wenn man in ihren Armen liegt. Ich weiß nicht, ob die Notizen alle stimmten, die Priscilla dazu einfielen. Vielleicht entging ihr, daß das, was sie für Zeus' göttliche Vitalität ansah, seine Rache war oder seine Hilflosigkeit; er tat ihr, wie es in der Bibel heißt, dies und das, weil er sich anders nicht verständlich machen konnte. Sie demütigte ihn, indem sie ihn als Instrument ihrer eigenen Demütigung verwendete. Sie genoß es, ihn stöhnen zu hören, aber sie hörte nicht, was da stöhnte: der Verdacht, daß er wieder, immer noch Baumwolle pflückte. Sah er denn nicht, was sie ihm gab? Er sah nur, daß sie ihm nichts schenkte. Sklavenarbeit. Er hing ihr nicht an, sie mußte ihm nachlaufen, und auch darauf war sie stolz, denn es gehörte dazu. Er würde es nie lesen, ihr Buch, sie wußte nicht einmal, ob er lesen konnte, und auch das gehörte dazu. Sie besuchte einen literarischen Agenten, den sie von den Adirondacks her kannte; der nickte vorsichtig. Sie schlief mit ihm, da war er einverstanden, vorausgesetzt, es wurde ein Schlüsselroman. Sie mietete sich ein Penthouse beim Washington Square, wo denn sonst? Erst setzte sie die richtigen Namen ein, um nicht abgelenkt zu werden, Tom, Roger, und dann eine lange Liste: Tom und Roger würden Augen machen, und für Papa erfand sie noch ein paar Episoden dazu. Zeus: eine paradiesisch dunkle Andeutung, weiter nichts. Jennifer erschien auf dem Papier: eine dürftige Furie, ein blutarmes Gespenst. Der Agent nickte stärker. Er schaffte ihr neuen Stoff herbei: Tom hatte Jennifer geheiratet und Roger fallen gelassen, »ermordet«, wie der Agent sich ausdrückte. Priscilla lächelte. Was gingen sie die Manöver dieser verrotteten Gesellschaft an. Sie malte Papa in ihr Buch: ungenügend in den Armen einer exzessiven Geliebten. Priscilla war stolz darauf, daß sie schwanger war. Von wem konnte sie schwanger sein, wenn nicht von Zeus. Das deutete sie an. Ihr Stil wurde feiner, ihr Leib höher. Zeus ließ sich nicht mehr blicken. Aber, wie gesagt, das gehörte dazu.

Während Priscilla an ihrer Geschichte weiterstrickt, verliere ich die Lust, es ihr nachzutun. Nehmen wir an, der Buchskandal, von dem Priscilla zu leben und ihr Baby zu ernähren gedachte, sei Tom, oder George, oder Jennifer, die Wind davon bekamen, nicht so gleichgültig gewesen wie mir. Nehmen wir an, George habe seine Tochter, vielleicht mit Hilfe seines Vornamenfreundes, des Polizeipräsidenten, in ihrem Lotterviertel ausgehoben und aufs Land verfrachtet, es brauchen ja nicht schon wieder die Adirondacks zu sein. Nehmen wir an, die Zwillinge, die sie dort zur Welt brachte, seien ihr, da halbdunkel, weggenommen und auf irgendeine Adoptionsbank übertragen worden. Nehmen wir, um den Mythos vollzumachen, weiter an, die blutsaugende Jennifer habe sich, denn unter zivilisierten Menschen ist nichts unmöglich, der verlassenen Freundin angenommen, schwesterlicher hoffentlich als in der Vorlage, aber kaum weniger infam: vielleicht hat sie ihr, statt sie körperlich zu triezen, eingeredet, ihr Busen sei ungenügend entwickelt, und sie damit zu einem Psychiater geschickt. Nehmen wir ruhig an, Priscilla habe, auf der Couch liegend, die wohltuende Nähe dieses Medizinmannes schätzen gelernt und sei schließlich als seine Gattin aus der Kur hervorgegangen; wer das nicht schluckt, soll sich beim Mythos selbst beklagen, da steht es schwarz auf weiß, und Phokos hieß der Mann. Die Vorschüsse, die der Agent Priscilla auf ihren nun überflüssig gewordenen Roman gezahlt hat, wird ihm George oder Tom mit einem Schweigegeld zusammen gern erstattet haben, und wenn sich die Leute wieder trafen, George und Tom, Jennifer und Priscilla, der Agent und der Analytiker, so hätten sie sich etwas zu erzählen gehabt, aber sie erzählten sich nichts, sondern machten small talk, naschten ein wenig Salzgebäck zum Scotch, lasen die letzte Kritik von Clive Barnes und wußten es nur heimlich besser. Rogers freilich wurde nicht mehr gedacht in diesem Kreis: der hatte Steuerauszüge photokopiert und an einen Konkurrenten weitergereicht, und hier, das sah auch Priscilla ein, hörte allerdings der Spaß auf. Pflicht ist Pflicht, und Schnaps ist Schnaps. Und hier sollte man ausblenden dürfen, denn was weiß man im Grunde von reifgewordenen Menschen?

Nur der Mythos will weiter wissen. Er äußert ein indiskretes Interesse am Fortleben, an den Gewalttaten der Zwillinge. Dabei sind es Schwarze, oder beinahe – und beinahe Schwarze, von beiden Seiten Angefochtene, sind ja die gefährlichsten von allen.

Sind wir ganz sicher, ob Zethos und Amphion – woher sie wohl diese hochtrabenden Namen haben! – bei gottesfürchtigen Leuten aufwachsen durften? Wenn ja: woher wissen wir, ob sie die Gottesfurcht dieser Leute vertrugen? Standen sie nicht in ihrem fünfzehnten Sommer wieder auf der Straße, von der man sie in ihrem ersten aufgelesen hatte, und was taten sie auf der Straße, wenn es so heiß war? Wurde es nicht immer heißer? Roch es nicht irgendwo nach Brand? Wurden nicht manche Häuser schwarz, die einmal weiß gewesen waren, manche davon gerade frisch gestrichen? Geschah sie nicht endlich, die Gewalt, mit deren Gerücht man die Schwarzen so lange verfolgt hatte, bis sie glaubten, es bleibe ihnen tatsächlich nichts anderes als die Gewalt? Nahmen sie sich endlich, was sie sich nie hatten kaufen können? Seht ihr Zethos einen Fernsehapparat forttragen und Amphion ein Paar neue Schuhe probieren, frisch aus dem zerbrochenen Fenster gepflückt? Die Mythe will wissen, sie hätten ihre Mutter an ihrer Peinigerin gerächt: aber wissen wir denn, wen die beiden als ihre Mutter betrachteten? Werden sich Priscilla oder Jennifer bei dieser Hitze auf der Straße blicken lassen? Werden sie dann nicht wieder ganz froh sein um die Adirondacks, wo es kühl ist? Ich fürchte, die Zwillinge werden sich nicht bei den Rechnungen aufhalten, welche Damen der Gesellschaft untereinander zu begleichen haben. Das sind Delikatessen, an deren Genuß man hungrige Mägen nicht gewöhnt hat: eine weiße Frau wird ihnen so viel gelten wie die andere, und keine viel. Viele Ängste werden in Erfüllung gehen. Aber die Mythe ist optimistisch: sie redet davon, daß die Zwillinge nicht nur Städte angezündet, sondern am Schluß eine neue Stadt gegründet hätten. Und die Mythe ist zynisch: sie berichtet auch, daß die Rache der Zwillinge Halt gemacht habe vor George, dem Seniorchef. Hermes sei dazwischengetreten, der Gott des Vorteils und der Kompromisse. Wenn das stimmt, dann hat uns George ja nochmals losgekauft. Es wird kein Gericht, sondern ein Deal. Wir haben's verdient, aber seid getrost: wir werden's weiter verdienen. Daß wir unser Geschäft auf ihrem Rücken machten, war ein guter Zug: es hat sich ihrem Rücken eingebrannt, wie man ein Geschäft macht. Ihr wollt in unserm Himmel mit uns leben? Wenn's weiter nichts ist, warum dann gleich so laut. Unter euch sind doch ein paar Gesichter, mit denen können wir reden. Jede Macht hat ihre Last, aber wer's nicht glauben will, soll's fühlen. Wer weiß, ob ihr euch nicht einmal nach euren schlanken Tagen zurücksehnt. Aber bitte: da, ein Zückerchen vom Obersten Gerichtshof für dich, Zethos, die Tochter des Außenministers, Amphion, für dich. Es muß ja keine ganz große Hochzeit sein, leger, so habt ihr's am liebsten. Und jetzt ein Gruppenbild, Theben 1968: bitte recht freundlich! Seht nur, wie ihr lachen könnt, wir haben euch doch immer um euer unbeschwertes Lachen beneidet, Zeus, Cassius, Zethos und Amphion, oder wie ihr alle heißt. Und jetzt greift zu, es reut uns nicht, und Gericht ist Gericht! – Ja, wir sind auf ihn angewiesen, auf den zynischen Optimismus der Mythe.

Rasch! Rasch gebt ihnen, was sie haben wollen, solange sie es noch haben wollen! Ihr habt ihnen den Namen von Göttern und Heiligen gegeben im Scherz – wißt ihr, ob sie morgen im Ernst noch Lust haben, sich wie Götter oder Heilige aufzuführen? Und wie wollt ihr dann mit weniger als ihrer Gnade wegkommen? Verlaßt euch nicht darauf! Die Preise steigen mit jedem Sommertag – wenn ihr nicht fallen wollt, feilscht nicht, zahlt, solange eure Währung noch angenommen wird! Denn wenn sie dahinterkommen, daß da keine Deckung mehr ist, wenn sie aufhören, vor dem Ausmaß eurer Schulden Respekt zu empfinden, dann, mit Verlaub, seid ihr verkauft. Priscilla, Antiope, ich fürchte, Sie müssen sich nochmals anpassen. Mit der einen Psychoanalyse war es nicht getan. Sie müssen sich schärfer erinnern. Sie haben da einmal Kinder geboren, die Ihre Geschöpfe wären, selbst wenn Sie sie nicht zur Welt gebracht hätten. Es war ein Fehler – Sie sehen, ich appelliere an Ihren Geschäftssinn, nicht an Ihre Mütterlichkeit – es war ein Fehler, daß Sie die Zwillinge verdrängten, denn die haben nun einmal keine Lebensart und brechen, von der vorderen Tür vertrieben, durch die Hintertür wieder ein, und es ist dann nicht sicher, ob Sie nicht mit der bösen Stiefmutter verwechselt werden, die, laut Mythe, so plastisch zu Tode geschleift wurde. Erinnern Sie sich: haben Sie nicht Zeus, oder wie der phantastische Kerl hieß, gelegentlich um Erbarmen angebettelt, weil es Ihnen zu viel wurde? Das war ein Abenteuer, nicht wahr, Sie baten damals belletristisch um Erbarmen, es war, potentiell, ein literarisches Ereignis. Erinnern Sie sich genau? Dann vergessen Sie das Abenteuer, sehen Sie bitte nur noch die Qual in seinem Gesicht, damals wie heute, machen Sie sich rasch zur Komplizin dieser Qual und tun Sie etwas Präzises dagegen, denn sonst, Antiope, kommt der Tag, wo Sie nochmals um Erbarmen betteln müssen, und das wird mit dem Bett von Literatur nichts mehr zu tun haben, und niemand, Antiope, wird übrig sein, davon zu singen und zu sagen.

Danae

Die Söhne des Abas, des Sohnes des Lynkeus, teilten die Herrschaft; Akrisios blieb dort in Argos, Proitos erhielt das Heraion (Heiligtum der Hera), Mideia, Tiryns und die Strecke des Argivischen am Meere. Von dem Aufenthalte des Proitos in Tiryns sind bis auf den heutigen Tag noch Spuren vorhanden.

Pausanias, Korinthiaka, II, 16,2

Danae war die Tochter des Akrisios und der Aganippe.

Hyginus, 63. Fabel

Als Akrisios sich wegen männlicher Nachkommen an das Orakel wandte, beschied ihn der Gott, seine Tochter werde einen Sohn gebären, der ihn selbst töten werde. Aus Angst davor richtete Akrisios unterirdisch eine eherne Wohnung ein, in der er Danae gefangenhielt. Und doch wurde sie verführt: nach einigen von Proitos, wodurch es auch zu dem Zwist zwischen den beiden gekommen sei; andre sagen, Zeus habe sich in Gold verwandelt und sei durch das Dachgebälk herabgetropft in Danaes Schoß und habe sich so mit ihr vereinigt.

Apollodoros, Bibliothek, II, 36

Zeus aber kam in Gestalt eines goldenen Regens zu Danae, und aus der Umarmung entsproß Perseus. Da sperrte der Vater sie wegen der Schande mit Perseus in eine Lade, die er ins Meer stieß. Nach dem Willen des Zeus wurde diese zur Insel Seriphos verschlagen, wo ein Fischer mit Namen Diktys sie fand und aufbrach. Als er die Frau mit dem Kind erblickte, führte er sie gleich zu dem König Polydektes, der sich mit ihr vermählte und Perseus im Tempel der Athene erzog. Als Akrisios erfuhr, daß sie bei Polydektes weilten, machte er sich auf den Weg, um sie zurückzufordern; als er nach Seriphos kam, bat der König für die beiden, und Perseus gab seinem Großvater Akrisios das Versprechen, ihn niemals umzubringen.

Hyginus, 63. Fabel

Einige Zeit nachher erfuhr Akrisios, daß Perseus noch am Leben sei und große Taten verrichte, und zog sich nach Larisa am Peneios zurück. Perseus aber, welcher durchaus den Vater seiner Mutter sehen und ihn durch tüchtige Reden und Taten für sich gewinnen wollte, ging zu ihm nach Larisa; und in der vollen Jugendblüte und in der Freude über seine Erfindung des Diskus, zeigte er sich vor allem

Volke; durch ein unglückliches Geschick aber geriet Akrisios unversehens in den Wurf des Diskus, und so ging dem Akrisios die Vorherverkündigung des Gottes in Erfüllung, und alles was er gegen seine Tochter und seinen Enkel ersonnen, konnte nicht abwenden, was das Schicksal einmal bestimmt hatte.

Pausanias, Korinthiaka,
II, 16

Joachim Seyppel

Mord an einem Oberst

Ich bin unschuldig. Einen anderen Menschen, meine Herren Geschworenen, den Sie freigesprochen haben, weil er durch Nebel in der Sicht behindert, durch glatten Asphalt nicht zur erfolgreichen Anwendung der Bremsen gekommen, durch ungenügende Kennzeichnung des Zebrastreifens zu spät gewarnt und durch die Trunkenheit des Überfahrenen noch dazu selbst in Lebensgefahr geraten, den also immer noch der Vorwurf zu schnellen Fahrens treffen könnte und im besten Falle noch der des Leichtsinns – diesen Unfallfahrer mit Todesfolge haben Sie wieder in die Gemeinschaft der Menschen aufgenommen, und mich stoßen Sie aus? Unterscheidet sich denn mein Vergehen so sehr von jenem? War nicht auch ich in der Sicht behindert, durch Glätte beeinträchtigt, durch ungenügende Vorsichtsmaßregeln benachteiligt und durch das Verhalten des Opfers selbst in Gefahr geraten? Was habe ich denn getan, was mich dieser Strafe auslieferte? Besteht nicht mein ganzes Vergehen darin, im Verhängnis von Zeitläuften geboren zu sein, die mich meiner Freiheit beraubten? Niemand ist *mehr* Sklave, als der sich für frei hält, ohne es zu sein – ach auch ich!

Ich darf, hohes Gericht, nochmals auf meinen Lebenslauf zurückkommen, ja ich muß, obschon er aktenkundig ist. Was sind Akten! Was sind Papiere, Daten, Stempel, Signaturen, wenn nicht die lebendige Stimme des zu Papier Gewordenen, des Abgestempelten, des Datierten, des Gezeichneten selber spricht? Was wäre sonst ein Leben als ein Dokument aus Berichten anderer, die unter Umständen gelogen, erfunden oder sich geirrt haben?

Ich bin im Gefängnis gezeugt. Meine Mutter empfing mich in einem Verließ, weiß Gott durch wen, und die einzige ihr zugewiesene Person, eine Art Amme, behauptete später, schon im Wahnsinn, aber auch aus einer selbst noch im Wahnsinn behaupteten Würde und Verteidigung, meine Mutter habe mich als goldenen Regen in ihrem Schoß empfangen, als Regen, der durch das Dach gedrungen sei. Ach die Erniedrigungen eines solchen Verließes! Oben befand sich ein kleines vergittertes Fenster, durch das am Tag Licht fiel, doch nachts stellten sich hier die Beweise unserer Gemeinheit ein. Ich war vier oder fünf, als ich meine Mutter fragte, was das da oben immer für Schatten seien und was für Flüssigkeiten, die auf uns niederrieselten. Anfangs waren es wohl nur Betrunkene, die an der Mauer des Daches, das knapp über den Erdboden stand, ihr Wasser abschlugen, dann kamen auch Straßenmädchen mit ihren Käufern, die sich dort paarten, wie es sich gerade traf; jedenfalls regnete es außer Regen auch Urin, der manchmal goldgelb ist, und mit dem Urin fielen die Krankheiten ein und dazu noch ekelhafter Lebensschleim. Die Gegend, in der unser Verließ lag, verkam mehr und mehr, tagsüber fiel nun *kein* Licht mehr zu uns herunter, sondern Fäkalienauswurf von Gassenjungen und Eseltreibern und deren Tieren, man führte Maultiere und Esel zu dieser Stelle, um sie ihre Notdurft verrichten zu lassen, man wußte wohl auch von uns und machte sich den Scherz, Bullen hierher zu führen und auf uns wässern zu lassen, Bullen und Ziegen und Schafe und die wenigen Pferde, und man hielt Schwänze und den Phallus in unser Fensterloch und riß schmutzige Witze und lachte und spuckte auf uns herunter und erbrach sich – was, hohes Gericht, alles nicht in den Akten steht. Schließlich dachte man sich noch eine Pointe aus: führte nämlich die wenigen Touristen, die unser Land trotz des Bürgerkriegs besuchten, an das Fenster, erzählte ihnen die Mär, hier unten sei einst in grauen Zeiten die Geliebte des Zeus, Danae, gefangen gehalten worden, sei hier von Zeus begattet worden und habe hier den Perseus geboren – und wir hörten die Bettler dann mit den Touristen um die Drachmen feilschen.

Ich erzähle dies so ausführlich, um den Haß zu erklären, den Widerwillen und den Ekel, der in mir gegen meinen Großvater wuchs. Nach der Amme fiel auch meine Mutter in Wahnsinn oder halben Wahnsinn, denn sie erholte sich später wieder, und als ich sie, noch im Verließ, fragte, wer denn mein Vater sei – das Wort Vater hatte sie mir immer wieder erklärt, wie eine Ertrinkende, die sich an ein Wort klammert –, sagte sie mitunter, verwirrt und verworren, es sei ein Gott gewesen, der mich gezeugt. Ach die Verwirrung in einer einzigen Seele aus den Jahrtausenden her! Aber ich, ich sah immer nur Schatten dort oben, längere oder kürzere Schatten, dicke und dünne, Mannaschoten sah ich, braune längliche Mannaschoten voller Samenkörner und voller Biegsamkeit, Schatten, Schatten, Schatten ...

Man hat mich gerichtsmedizinisch auf meinen Geisteszustand hin untersuchen lassen, und obwohl ich für normal befunden worden bin, hat mir doch mein Pflichtverteidiger nahegelegt, für psychisch krank zu plädieren, um das Strafmaß damit zu mildern. Ich lehne dies ab. Ich bin unschuldig. Schuldig sind andere – wenn man schon von Schuld spricht. Als ich im Verließ steckte, tobte der Bürgerkrieg, und gerade vor unser Fenster stellte man dann die zum Tode Verurteilten, ich hörte die Stimme des Mannes, von dem meine Mutter mir später sagte, es sei mein Großvater gewesen, er verlas die Todesurteile, die Ablehnung der Gnadengesuche und gab auch die Kommandos der Exekution, und mit jeder Salve rann Blut, Urin und Samen herab auf unser Lager.

Und weswegen, hohes Gericht, befand sich meine Mutter überhaupt in einem solchen, allen humanitären Bedingungen widersprechenden feuchten und widerwärtigen Verließ? Worin bestand nun ihre »Schuld«? Wofür sollte sie büßen? Meine Unschuld, hohes Gericht, ist die Unschuld meiner Mutter, und ihre Unschuld ist die Unschuld ihres Vaters, meines Großvaters, den ich versehentlich und entgegen meinem Willen tötete. Schon mein Großvater war in einem Netz von Verhängnissen gefangen. Was hatte *er* denn getan? Seine »Schuld« hatte darin bestanden, keine männlichen Nachfahren zu haben – fürwahr für einen Offizier, er war damals noch Hauptmann, für einen Griechen, für einen, der den Aderlaß von Krieg und Bürgerkrieg miterlitten hat, eine schwere ›Schuld‹, ein großes Versäumnis! Aber er hatte eine Tochter, meine Mutter, die dort im Zeugenstand sitzt, in Trauer, mit dem Sack Zwiebeln und dem Brot im Beutel, denn sie kommt von weit her, von der Insel Seriphos in der Ägäis hierher nach Athen an den Obersten Gerichtshof, bis zu dem ich meine Sache getragen, weil man meine Sache zu einer *politischen* Sache gemacht: ich hätte angeblich den zu Larissa am Peneios als Militärbefehlshaber herrschenden Oberst Akrisios, meinen Großvater, aus Opposition gegen das Regime umgebracht ... er hatte, sage ich, eine Tochter, die er in das ihm unterstehende Militärgefängnis steckte, weil ihm ein gotteslästerlicher Pope im Verein mit einer alten klatschmäuligen Illustriertenastrologin aus Saloniki gewahrsagt hatte, seine Tochter werde einen Sohn gebären, der ihn töten werde. Deswegen, hohes Gericht, deswegen, meine Herren Geschworenen, steckte er meine Mutter ins Gefängnis, damit sie keinen Sohn gebäre. Man schuf eine Schuld, um eine andere mögliche Schuld zu verhindern, ach diese von alten und allen Zeiten her überlieferte Mistgabel des Verhängnisses! Aber eine solche Vorverfehlung, gewissermaßen, wäre kaum möglich gewesen, hätten bei uns nicht die Wirren des Bürgerkriegs geherrscht.

Da sitzt meine Mutter. Eine früh gealterte und doch eigentlich jugendliche Frau, in Trauer, mit einem Sack voll Zwiebeln und Brot für die lange Reise, denn auch ihr rechtmäßiger Mann ist inzwischen verstorben. Jung und modern war sie einst, eine junge moderne schöne Griechin, die sich noch im Gefängnis ihre Würde bewahrte und sich im tiefsten Verließ ihren Geliebten suchte. Die Freiheit, die erst in der Sklaverei zu voller Blüte treibt! Hohes Gericht, ich kann mich des Gefühls nicht erwehren, daß nun in meiner bescheidenen Person alles Unheil geahndet werden soll, das andere vor mir aufgehäuft haben. Ich bin machtlos. Ich bin jung. Ich bin Student. Ich bin mißraten. Bin ich mißraten? Weil meine Locken zu lang sind, weil ich Kordhosen trage, Wildlederschuhe, ein Hemd von vielen Farben, weil mir ein Bart wächst, männlicher und wilder als Männern mit Beruf, Familie, Geld und Ehre? »Langhaarige« schimpft man uns, geht euch doch lieber erst einmal waschen, arbeitet erst einmal, ja wenn's den General Metaxas noch gäbe, der würde euch schon Ordnung beibringen! Aber ich liebe meine Mutter wie jeder »ordentliche« Mensch oder sogar noch mehr, ich liebe sie doppelt, weil ich keinen Vater habe, den ich lieben könnte, und nichts wird mich zwingen, etwa noch zuzugeben, es wäre meine Mutter gewesen, die mich angestiftet hätte, den Oberst Akrisios zu töten.

Zwar hat uns dieser Unmensch, als ich vier oder fünf war, in einem winzigen Boot, einer Nußschale, auf dem Meer ausgesetzt, aber wir haben ihn trotzdem nicht töten wollen. Irgendwo trieben wir an Land und wurden endlich nur durch Delphine, diese *menschlicheren* Tiere, gerettet: sie umkreisten uns, als wir auf die Insel zutrieben, und als wir versuchten, von dem am Riff zerschellten Boot an Land zu waten, zu schwach, um zu schwimmen, zu krank, um noch zu hoffen, trug mich eins der klugen schönen Geschöpfe auf seinem Rücken – es hatte mich mit der Schnauze hochgedrückt – trug mich auf dem Rücken an Land. Ein Fischer fand uns am Strand und nahm uns auf.

Langsam begann ich auf Seriphos zu verstehen, was ein Schicksal sein kann. Meine Mutter heiratete Herrn Polydektes, den reichsten Weinbauern der Insel und Besitzer von Erzlagern. Akrisios hörte davon, kam uns besuchen, fürchtete die Erfüllung der Prophezeiung, und ich mußte ihm in die Hand versprechen, ihn nicht zu töten. Aber gerade daraufhin kam mir mein Haß erst voll zu Bewußtsein – aber auch die Einsicht, daß er selber ja nur ein Opfer böser Umstände. Man bedenke nun aber, in welche Zeit ich hineinwuchs und wie: mit einer noch immer jungen, schönen, doch allzu sanftmütigen und nachgiebigen Mutter, die der Liebe zu den Männern nachgab, mit einem eifersüchtigen Stiefvater, der mich lieber gehen als kommen sah, und inmitten der anhaltenden Nachkriegswirren der Ära – hineingeboren in Bürgerkrieg und mit zweiundzwanzig Jahren Teil und Opfer eines erneut ausgerufenen Belagerungszustands in einer Welt, die nur noch aus Belagerungen, Befestigungen, Verrat und Irrtum zu bestehen scheint. Die Jahre auf Seriphos waren Jahre der Verworrenheit, der Armut für mich, der ich kein eigentliches Zuhause hatte, des Hasses, der Denunziationen, verfeindeter Familien mit gefallenen oder verschleppten Söhnen, der Demütigung vor meinem Stiefvater, der mit dem Hohn des Neureichen gewisse Wundertaten von mir verlangte, voller Spott, wo ich kaum lesen und schreiben konnte, der Selbsterniedrigung, aber auch des Lernens. Aber was hätte mir mein bester Wille genützt, wäre ich nicht geliebt worden, hätte ich mich nicht in Andromeda verliebt – ach nein, nicht in Wolken und Sterne und Sternwolken und nächtliche dunkle Samtgluten ferner Milchstraßen, nein, sondern in ein Mädchen, Samtgluten von Augen. Andromeda Glezos, mit glühenden Augen und dem dunkellichten Haar und dem Luxus aller Griechinnen, der Üppigkeit, des Verzeihens, der Lust und auch ein wenig der Herrschsucht. Man legt mir zur Last, daß sie die Nichte des heute verrufenen und deportierten Nationalhelden von einst ist, jenes Glezos, der die Hakenkreuzfahne von unserer Akropolis holte und statt ihrer die griechische Fahne hißte – aber ich kenne nur Andromeda, von der Taverne am Meer mit der Music-Box und ›Zorbas le Grec‹, mit den Stühlen unter der schattigen Matte, Ziegenkäse und einem Uso für sie und Retsina für mich, und oben in den Bergen die Marmorterrasse mit den Eidechsen, wo du dir, Andromeda, barfüßig die Fußsohle ritztest.

Verzeiht, ich gerate ins Schwärmen. Aber dies ist vielleicht meine letzte Chance: zu schwärmen. Leb wohl, Andromeda, du meine leidenschaftlichste Zeugin! Auch mein Stiefvater starb. Er hatte Andromeda nie gemocht. Meine Mutter bat mich jetzt, ihren Vater, meinen Großvater aufzusuchen, damit er die Verbindung mit Andromeda gutheiße. Ich war verwirrt. Ich fuhr, gehorsam, mit dem Dampfer nach Piräus, aber ich blieb in Athen und studierte und ernährte mich von Fremdenführungen. Die

Fremden waren ja wiedergekommen – einer erinnerte mich durch seine Sprache an die Schatten einst über dem Verließ. Er war ein Deutscher. Groß, stark und sprach Altgriechisch besser als Englisch und wollte unbedingt das Grab eines gewissen Deutschen sehen auf dem Friedhof, wir fanden beides, er weinte, ich ließ mich bezahlen. Dann sagte er, hier an diesem Friedhof habe er als Offizier gestanden, damals, und Exekutionen befohlen und er habe geschworen, zurückzukehren, denn er habe Hellas lieben gelernt, und jetzt fuhr er einen Mercedes und zeigte seine Narbe auf der Stirn. Er war mir unsympathisch, dieser Herr Seuss aus Darmstadt, aber er zahlte. Ich konnte studieren. Und von fern behielt ich meinen Großvater im Auge, wie er sicherlich mich im Auge behielt, zwischen uns standen Haß und Rache. Er wurde nach Larissa versetzt, was ich nicht wußte.

Hohes Gericht, es wird gefragt nach *jenem* Tag. Ich selbst fragte mich danach tausendmal. Ich war inzwischen ein bekannter Diskuswerfer geworden mit Chancen auf die Olympischen Spiele, ich trainierte hart und hatte einen amerikanischen Trainer, der in Athen Archäologie mit Sport verknüpfte, er suchte nach Standbildern, Vasen und Reliefs mit Diskuswerfern und trainierte mich. Ich lernte viel von der neuen amerikanischen Wurftechnik. Zoose, hieß er, Mr. Zoose vom Princeton Institute of Advanced Studies. Man hat diesem Mr. Zoose von seiten der Staatsanwaltschaft nachgesagt, er hätte mit einer Untergrundbewegung gegen den Staat konspiriert – aber keine Foltern werden von mir ein Geständnis erpressen, das keines ist. Man hat den Tod des Oberst Akrisios auch mit diesem Amerikaner in Verbindung gebracht. Hohes Gericht, ich bin unschuldig, aber ich bin hilflos, und ich bitte Sie nur um eines: Gerechtigkeit.

Der Tag, hohes Gericht. Jener Tag, der immer *der* Tag bleiben wird, Kalenderblatt an einem Kalender, der nicht mehr abgerissen wird, stehengebliebene Uhr wie die am Hafen von Piräus. Ich war an jenem Tag in Larissa zu einem leichtathletischen Wettkampf eingeladen. Als ich aber hörte, dort sei jetzt ein gewisser Oberst Akrisios Befehlshaber, wollte ich absagen. Viel stand für mich auf dem Spiel, Teilnahme für unser Land an der Olympiade. Ich fuhr. Ich sagte schon, es war ein häßlicher Tag, der Boden war schlüpfrig, das Stadion schlecht eingerichtet, und es waren zu wenige Sicherheitsvorkehrungen getroffen, es fehlte die exakte Markierung des Wurffeldes, und die Zuschauer waren sachunkundig und undiszipliniert. Manche hatten getrunken. Es war am Fest Mariä Himmelfahrt, und an diesem Fest trinkt man bei uns mehr als gewöhnlich. Beamte und Offiziere befanden sich unter den Zuschauern, man hatte extra noch Stühle und Bänke auf die Aschenbahn gestellt, für die höchsten Offiziere, damit sie nahe daran säßen, sie und ihre Frauen und Kinder.

Wie frei, hohes Gericht, ist der Mensch? Oberst Akrisios, damals noch Hauptmann, folgte einem Schicksal, das keines war, und schuf sich selbst eins, das erst sein eigenes wurde. Indem er einem »Schicksal« zu entgehen suchte, lief er erst in ein selbstgeschaffenes hinein. Er wurde sowohl Ursache als auch Wirkung einer einzigen Entscheidung. Das Verhängnis, an das wir uns gewöhnt haben, zu gern zu glauben, sind wir ja selbst, und wir sind auch Ursache unserer eigenen Freiheit. Ich wurde zum Wurf aufgerufen. »Perseus Polydektes«, verkündete der Lautsprecher. Unter den Zuschauern entstand Unruhe, auch unter den Offizieren, ein paar Zivilisten liefen quer über den Rasen in mein Wurffeld hinein, und ich wartete. »Perseus Polydektes, du bist dran«, hieß es wieder durch den Lautsprecher, diesmal schon drohend. Trat ich jetzt nicht an, würde mein Start verfallen. »Perseus Polydektes«, tönte es ein drittes Mal durch den Lautsprecher, hoch von oben. Ich trat in den Wurfring, das ist ein Kreis von etwa zwei Metern im Durchmesser, man muß in diesen Kreis von hinten treten, muß dann werfen, im Kreis bleiben, bis die Scheibe aufgetroffen, die Wurfweite gemessen ist, und muß dann wieder nach hinten hinaustreten. All dies muß genau beachtet werden, sonst ist der Wurf ungültig. Ich ließ mir Zeit. Ich *demonstrierte* geradezu die richtigen Regeln. Ich wischte nochmals den Diskus mit der Handfläche ab, wischte mir die Hand an den Shorts und dann auch noch den Diskus an den Shorts ab. Ich wog die Scheibe in der Hand, wog sie ab, um das rechte Gefühl für die Scheibe zu haben, ich konzentrierte mich, Disziplin, Maß, Verinnerlichung ist alles und daneben im Moment des Wurfs höchste Leidenschaft, Wucht, weites Hinausreichen, Explosion und Sprengung seiner selbst – ich muß dies alles genau berichten, um Ihnen, meine Herren Geschworenen, um dem hohen Gericht die Art des Diskuswurfes nahezubringen. Ein solcher Wurf ist sowohl höchste Präzisionsarbeit als auch reines Glück, sowohl Fleiß und Genie als auch purer Zufall, Produkt langjähriger Übung und Freiheit als auch momentanen Schicksals; denn ein Weltrekord wird auch von den Zähesten meist nur *ein*mal aufgestellt, in einer einzigen glücklichen Sekunde. Ich habe als Ziel eine bestimmte Weite innerhalb des Wurfsektors, und diese Weite kontrolliere ich bis zu einem gewissen Maße – aber die

Zentimeter oder Millimeter, die über diese Weite hinausgehen, die sind Gnade. Oder Ungnade, wie an *jenem* Tag. Ich ging langsam in die Knie, ganz weich, wie mich Mr. Zoose gelehrt, federte, legte die Hand fest um den Diskus, prüfte den Griff, verbesserte, bis alles stimmte, drehte mich schwingend einmal um meine eigene Achse und noch ein halbes Mal bis vorn zum Eisenring, schleuderte den Diskus oder ließ ihn vielmehr von mir abplatzen, hinausexplodieren aus meiner Hand, bewahrte mich dann abbremsend vor dem Übertritt, der den Wurf ungültig gemacht hätte, fünfzig, sechzig Meter flog er, ich sah ihm nach, einerseits hoffend, zumindest auf neuen Landesrekord, andererseits fürchtend, denn flog er zu weit oder gar schief, konnte er jemanden auf der Aschenbahn treffen, und das Stadion von Larissa gehörte sowieso nicht zu den größten – ich glaubte zuerst, viel zu flach und kurz geworfen zu haben, doch dann ging ein Raunen durch das Publikum, der Diskus hielt sich länger und weiter in der Luft, als ich gedacht, ein Windstoß, eine Bö ergriff ihn und drehte ihn aus der Flugbahn, von seinem Ziel auf dem Rasen weg und in Richtung der Aschenbahn. Ein Offizier sprang auf, als wollte er entweder dem Diskus entkommen oder ihn aber von Frauen und Kindern abwehren, der Diskus traf ihn mit voller Kraft, der Offizier stürzte, und ich stand noch immer im Wurfring, gelähmt, bis mich jemand wegführte. Der Rest ist Ihnen bekannt. Ich wurde verhaftet und unter Anklage gestellt. Verschwörung mit Todesfolge, Mord – ich hätte Oberst Akrisios vorsätzlich getötet, ermordet.

Eines hat man wohl bei dieser Verhandlung versäumt, hohes Gericht, einen Experten im Diskuswurf danach zu fragen, ob ein solch gezielter Diskuswurf über sechzig, siebzig Meter mit einem ganz bestimmten Menschen als Ziel überhaupt möglich sei. Ich verneine es. Sie bejahen es. Bei meinem Talent, sagen Sie, wäre dies möglich, auf jeden Fall hätte ich es versucht, und es sei mir geglückt. Und auf dieser Annahme, auf diesem bloßen Verdacht, gekoppelt mit gewissen äußeren Umständen, wie dem Verschwinden von Mr. Zoose, wie mit der Anwesenheit meiner Mutter beim Sportfest in Larissa, wie dem ganzen unglücklichen Hintergrund meines unglücklichen Lebens, auf dieser haltlosen Beschuldigung beruht meine ganze Schuld. Reicht das aus, hohes Gericht? Reicht das aus für die Todesstrafe? Vollzogen durch den Blutrichter Megapenthes?

Hohes Gericht! Ich bin unschuldig. Der Brief, den ich vor dem Wettkampf an meine Mutter schrieb, ich würde nun allem

Volke zeigen, was ich könne, war nicht zweideutig gemeint, ich wollte wirklich nur zeigen, was ich konnte, den Diskuswurf, und ein Mord mit dem Diskus lag nicht nur nicht im Bereich meiner Fähigkeiten, sondern auch nicht im Bereich meines Willens. »Frau Danae Polydektes«, hat der Staatsanwalt gesagt, »Sie können das Los Ihres Sohnes erleichtern, wenn Sie zugeben, daß Sie ihn zu dem Mord angestachelt haben, ohne daß Sie dabei selbst strafrechtlich verfolgt werden.« Hohes Gericht, wir *beide* sind unschuldig.

Ein letztes Wort an meine Mutter – sollte das Hohe Gericht die Todesstrafe bestätigen. Du hast Vater, Ehemann und Sohn verloren, alle drei eines Geschickes wegen, dessen Vollstrecker wir selber waren. Nun brich dieses Geschick und nimm Andromeda zu dir. Nimm sie zu dir, frei, rückblicklos, ohne Aberglauben, nimm sie dir wie jene kühne Brise einst uns genommen und getrieben zur Insel Seriphos, wie die kühne Brise, die die Sonne übers Meer schiebt seit alten Zeiten und bis in alle Zeiten hinein, das Meer unserer Größe, nimm Andromeda zu dir und leb wohl, Mutter, auch du, Andromeda, Mutter selbst meines Sohnes, Frau du meines Glücks, und laßt Morgen um euch sein. Lebt wohl.

Ganymedes

Aber von Tros entsprangen die drei untadligen Söhne
Ilos, Assarakos auch und der göttliche Held Ganymedes,
Welcher der schönste war der sterblichen Erdebewohner;
Ihn auch rafften die Götter empor, Zeus' Becher zu füllen,
Wegen der schönen Gestalt den Unsterblichen zugesellet.

Homer, Ilias, XX. Gesang, 231 ff.

Einst für den Phrygiersohn Ganymedes erglühte der Götter
König in Lieb, und es war nun eins, was Jupiter lieber
Wünschte zu sein als das, was er war. Doch keinen der Vögel
Würdigt er, ihm die Gestalt zu leihen, als der ihm den Blitz trägt.
Ohne Verzug durchschießend die Luft mit erborgtem Gefieder
Raubt er den ilischen Sproß, der jetzt noch immer die Becher
Mischt und Nektar reicht dem Jupiter, Juno zum Trotze.

Ovid, Metamorphosen, X. Buch, 155 ff.

... An fünfzehnter Stelle veranstaltete Spiele Aeneas, Sohn der Aphrodite und des Anchises, in Sizilien bei seinem Gastfreund Akestes, dem Sohn des Flusses Crinisius; hier ehrte Aeneas die Gebeine seines Vaters, und mit einem Wettspiel erwies er den Manen die gebührenden Ehren: zuerst fand ein Wettkampf zur See statt, und zwar traten dazu an Cloanthus mit dem Schiff Skylla, Mnestheus mit dem Schiff Pistris, Gyas mit der Chimaera, Sergestus mit dem Kentauren. Es siegte aber Cloanthus mit seinem Schiff Skylla und empfing als Preis ein Talent Silber und einen goldenen Mantel, in welchen mit Purpur »Ganymedes« eingewirkt war. ...

Hyginus, 273. Fabel

Nun des Anchises Sohn einlädt die ganze Versammlung,
Läßt durch des Herolds Stimme Kloanth ausrufen als Sieger,
Setzt auf das Haupt ihm selbst den Kranz frisch grünenden Lorbeers,
Stellt drei Stiere zur Wahl als Geschenk für jedes der Schiffe,
Wein in Menge, zuletzt ein Talent an gediegenem Silber.
Dann den Führern bestimmt er noch an besonderen Gaben:
Für den Sieger ein Purpurkleid, durchwirkt mit Golddraht
Und umrahmet am Saum mit doppeltem Lauf des Mäander.
Ein ist gewebt Ganymed, der tief im Haine des Ida
Hirsche verfolgt mit dem Speer, im Lauf die schnellen ermüdet:
Schwer er atmet, so scheint's; ein Aar von der Höhe des Berges

Stürzt sich plötzlich herab und entführt zum Himmel den Knaben;
Zu den Sternen umsonst ausstreckt die Hände der Diener
Troß, schon lange bewährt, in die Luft nachbellen die Hunde.

Virgil, *Äneaslied*, *V. Gesang 244ff.*

Die Stadt Troia war gerade damals durch den Groll Apollons und Poseidons in großer Not. Apollon und Poseidon hatten nämlich den frevelhaften Laomedon versuchen wollen und in Gestalt von Menschen ihm zugesagt, gegen Lohn Pergamon mit Mauern zu umgeben. Als sie aber die Mauern errichtet hatten, blieb er ihnen den Lohn schuldig. Da schickte Apollon eine Pest, Poseidon aber ein Seeungeheuer, das mit einer Flutwelle kam und die Menschen auf dem Land packte und verschlang. Orakelsprüche verkündeten, Befreiung von dem Unheil werde dann erfolgen, wenn Laomedon seine Tochter Hesione dem Seeungeheuer zum Fraß aussetze; da gab er sie preis und schmiedete sie an den Felsen nahe beim Meer. So sah sie Herakles und erbot sich zu ihrer Rettung, wenn er von Laomedon die Stuten bekäme, die Zeus ihm als Buße für den Raub des Ganymedes gegeben hatte. Da Laomedon damit einverstanden war, erschlug er das Ungeheuer und rettete dadurch Hesione. Die Belohnung aber wurde ihm vorenthalten, weswegen er Troia Krieg androhte und wieder in See ging.

Apollodoros, *Bibliothek*, *II, 104*

Eos, die Göttin auf goldenem Throne, hinwieder entführte
Eurem Geschlecht den Tithonos*; er glich den unsterblichen Göttern.
Bittend ging sie zum dunkelumwölkten Kroniden: Tithonos
Sollte unsterblich werden und leben endlose Tage.
Zeus gewährte den Wunsch und nickte der Törin Erhörung;
Denn sie hatte nicht gründlich bedacht, die erhabene Eos,
Jugend auch zu erflehn, das verderbliche Alter zu tilgen.
Während er also in lockender Jugend erstrahlte, genoß er
Eos, die frühgeborne, die Göttin auf goldenem Throne,
Wohnte draußen am Rande der Welt an Okeanos Strömung.
Aber es kam die Zeit, da begann ihm die Fülle der Haare
Grau zu werden am edlen Kinn und am herrlichen Haupte.
So sein Lager zu teilen vermied die erhabene Eos,
Pflegte ihn aber, als wär er ein Kind, in ihrem Palaste,
Gab ihm ambrosische Speise und wunderschöne Gewänder.
Als aber schließlich das häßliche Alter ihn völlig erdrückte,
Als er kein Glied mehr bewegen konnte, keines mehr heben,

* ein Bruder des Ganymedes

Schien ihrem Herzen folgender Plan der beste: Sie ließ ihn
Sitzen im Ehegemach, versperrte die glänzenden Türen;
Endlos tönt sein Stimmchen, denn Kraft ist nicht mehr vorhanden,
So wie sie einstens wirkte in seinen lockeren Gliedern.

Homer, Hymnos an Aphrodite, 218ff.

Peter O. Chotjewitz

Wie soll ich euch Ganymedes beschreiben?

Als aber diese Geschichte erzählt war und jeder verstanden hatte, worum es ging, und dennoch einige Einzelheiten unerklärt geblieben waren, und einer gefragt hatte, wer das denn war, von dem die Rede gewesen ist, und er den Schluck genommen, den Schnauzbart gestrichen, das Haupthaar gekratzt, den Gürtel gespannt, das Ränzel geschnürt, einen Rest hart getrocknetes Pferdefleisch aus den Zähnen gepult hatte, nachdenklich geblickt hatte, so getan als überlege er, hatte, mit den Lippen geschmatzt als sei ihm ein Einfall gekommen, mit der Zunge geschnalzt, hatte, als wolle er vorweg die Kritik günstig in dem Sinne beeinflussen, daß eine schöne Erklärung der Welt harre, fing er noch immer nicht an und ich überlegte schon, was er gesagt haben könnte, hätte er angefangen, er hätte vielleicht etwa in folgender Weise gesagt:

Immer, wenn ich mir einen schönen Abend machen will, stehe ich nicht zu früh und nicht zu spät auf.

Ich erhebe mich langsam, bemühe mich, noch ein oder zwei Stündchen auf dem Bett oder im Liegestuhl oder neben dem Bett oder in der Badewanne herumzuliegen und den Tag langsam und ohne Erregung oder Irritation vom Wesentlichen ab aber nicht allzu ruhig zu beginnen oder sitze länger als nötig vor einer großen Tasse Milchkaffee, einem kleinen Marmeladenbrot, einem Firsich. Und beginne leicht in leichte Laken gehüllt, die ich auch über den Kopf lege und trage und mit einem großen, schwarzen, breitkrempigen wie sagte ich doch an den Kopf drücke, damit sie mich stets wie ein weiter Mantel kühlend umspielen, einen langsamen Tag, der hinwieder auch nicht zu ruhig sein darf und folglich auch ist. Dann, wenn ich noch einige Zeit untätig oder mit halben Gedanken gesessen habe, kann es beginnen. Der Alte streicht seinen Bart rot an. Ich beginne Stunden, in denen ich ruhige Arbeit körperlich tue, die meinem Körper einige Kraft anlastet, passe aber auch darauf, daß mein Körper als Ganzes nicht überspannt wird, sodaß ich vor allem regelmäßig und gut pausiere. Dann, später, am frühen Abend, höre ich auf mit dem Tun und nehme ein Bad, nicht ohne den Darm gründlich zu leeren. Ich lese Briefe, notiere Zeilen, die mir bei der körperlichen Betätigung nur zufliegen, lese Werbe- und Freiexemplare, rauche und nehme ein Bröckchen Haschisch, so kommt der Abend am liebsten, so gut lebte man einst im Schatten der Tamarinde.

Ich frage im Vorübergehen, vielleicht auf dem Weg in die Küche, zum Eisschrank, wo ich mir Planters Punch mische, meine Frau, die inzwischen hinreichend bekannt ist, ob sie später vielleicht mit mir schlafen würde. Und wenn sie *dann lieber gleich* pariert und wenn wir noch etwas im Gegenzug liegen und wenn wir aufgestanden sind von den Liebenden, uns an den Küchentisch gesetzt haben, um unser Brot mit Freudentränen zu essen, Schinken, Melone, und Käse, und ich mich abgeduscht und angezogen habe, gehe ich gleich, nehme kräftige Züge vom Kif aus einer selbstgebastelten Pfeife, drehe mir einen Joint mit viel drin, ziehe mir meine Jacke über, wähle meinen schwarzen Hut mit der breiten schattigen Krempe, und mache mich auf den schnellsten Weg in die nächste Bar, um einen kalten Kaffee mit Sahne zu trinken. Da, wenn ich da einige Minuten lang durch den Abend gehe, immer, seit frühem Morgen schon in der festen Absicht, mir einen schönen Abend zu machen, durch den Abend gehe, den Abendwind, der schon Abkühlung bringt, den Abendhimmel, an dem Sputniks fliegen, vor dem die Bäume sich leise wiegen, über den Kies, der knirscht, über die Kröten, die nicht immer rechtzeitig fort- und zur Seite springen können, die vielen toten Menschen im Sinn, die schon gestorben sind, die vielen ungeborenen Menschen im Sinn, die auch alle noch sterben werden, mit einer leisen Kreiselbewegung um Hüften und Hintern, die eine der schönsten Nachwirkungen des Beischlafs und eine der schönsten Nebenwirkungen ermüdeter Glieder, bekifter Nerven ist, mit dem Schiet innen drin, der langsamen, matten Müdigkeit in Waden und Fingern – habe ich tatsächlich mindestens fünf Minuten lang einen sehr schönen Abend, der aber mindestens fünf Minuten lang ist und gleich beginnt, wenn ich das Haus verlasse und langsam zu laufen beginne, und mindestens so lange anhält, wie ich durch den Abend gehe und den Abend fühle und alles was drin ist, daran wird man sich noch lange erinnern.

Wenn ich danach die Bar um die Ecke betrete ist alles wie immer. An der Theke sitzt vielleicht wieder der Stricher. Paramipepe, der kleine Stricher, sitzt an der Theke, sein zierlicher aber kräftiger Körper wird von einem schmalen, eleganten Anzug umspielt, sein Augenlicht ziert ein verdorbener Blick, wie alle ihn an lesbischen Frauen so lieben, seine Handbewegung ist sparsam und lieblich, er ist von seinem älteren Bruder und einer verdorbenen Frau mittlerer Jahre umgeben. Er sitzt nachdenklich unter der Tamarinde. Wie beschreibe ich Paramipepe? Ihr wißt, wie er ist?

Man kennt Paramipepe. Wer durch die tägliche Kleiststraße geht, sieht: Nichts als ihn! In den Schaukästen eines schwulen Lokals hängt sein Bild. Seine breiten Schultern und seine knabenhaft männliche Brust werden von kräftigen Ketten geziert, die hinab über den fast athletisch gewölbten Brustkorb am Körper liegen und trotzdem durchhängen, sodaß man sieht, wie wenig Druck sie auf ihn ausüben. Die Ketten sind auch schön über das flache Bauchfell drapiert, bis ans Glied, wo sie sich zu einer Art von eisernem Feigenblattfiligran verdichten und dann, auseinanderlaufend, hinter seinem After verschwinden und, in andere Richtung, seine Schenkel und Waden noch einige Zeit lang lianenhaft aufwärts und abwärts sich windend, schmücken. So bietet Paramipepe in Ketten im Schaukasten täglich ein liebliches Bild. Sein Mädchen kniet vor ihm, das zart ist, wie Aphrodite. Ihr sanft geschwungener, voller, weiblicher Mund steht nahe beim Glied, das von Ketten verdeckt wird. Es sieht aus, als versuchte das zärtliche Mädchen mit seinen zierlichen Lippen und schimmernden Zähnen und seiner naßfeuchten Zunge zwischen den Lippen, die Ketten, hier, wo sie zum schamhaften Knoten geschürzt sind, durchzubeißen und aufzulösen und dem scheu verharrenden schönen Jüngling womöglich vom Leib zu küssen.

Ist es ein Herm-Aphrodit, der hier dem Sinnbild der Schönheit die Ketten aufbricht, die Brust ist zart wie ein Bac-Stift, die Schenkel schließen bis hoch hinauf zu den Lenden nicht dicht, die Hüften sind schmal aber weiblich, die Schultern sind kräftig und dennoch rundlich, die langen Haare hängen Paramipepe tief ins Gesicht und bis auf die Schultern, so tief, wie die Schultern des Mädchens, das Perdido genannt wird, wie beschreibe ich Euch Aphro-Dite?

Man kennt Aphrodite. Sie ist die Frau, die sich mit schönen Männern umgibt mit ausgeglichenem Körpergewicht. Eine Frau betritt den Palazzo Spada, der nicht weit vom Palazzo Farnese liegt, das wollen wir auch nicht vergessen, ihre Blicke werden getragen vom Duft der Kakteenblüten und Oleander getragen vom Duft betritt sie den langen Gang, das ist ein dunkler Gang unter einem Seitenflügel des Palastes und schließt hinter sich langsam die Pforte, zu der es Zugang nicht gibt, und macht mir schmerzlich bewußt, daß nicht sie es gewesen sein kann, die Ganymed liebte, denn schön ist Ganymed wie Paramipepe, das ist es wonach ich die ganze Zeit lang gesucht habe, ich wußte doch gleich, warum ich erzähle. Er ist schön und verdorben, als hätte er etwas zu lange bei Göttern gelegen, zu lange mit Göttern geliebt, es lange genug mit Göttern getrieben, sondern Eos war es, die ihn entführte. Wie beschreibe ich Eos?

Sie ist schöner und nochmals schöner als Aphrodite. Aphrodite ist nur die Königin, während Eos zumindest Schneewittchen ist. Werden Mäntel mit Ganymeds Zeichen verziert, so ist sie diejenige, die des Hasses der Göttin gewiß ist.

Sie sitzt an der Theke umgeben von Paramipepe und einem anderen Jüngling, der schön und melodisch wie eine Zikade ihr Feuer für ihre Mercedes bietet.

Ist Paramipepe längst schon wie Ganymedes, mit dem er vergleichbar ist, ein Zeichen, das man gelegentlich einfügt so, wenn vom schnellen Lauf der Hirsche und ihrer Jäger die Rede ist, von Schnelligkeit schlechthin, von pansexueller Neugier, die mindestens bisexuell ist, und Gier eines Mannes, der beinahe göttlich zu nennen wäre, vom Schafehüten, vom Geiz seines Vaters und von Geiz schlechthin, von der Art wie jemand jemandem den verdienten Lohn für die Leistung nicht bietet, von Pferden, die beinahe fliegen, von den Werken des riesigen Herkules – nämlich im Film – von aeneischen Spielen, von der Art in der italienische Jünglinge, die weder homo- noch bisexuell sind, sondern einfach nur deshalb, weil es auf diese Weise leichter zu haben ist, mit älteren Männern eine Parknacht verbringen, so ist sie die Frau deren unüberlegter Wunsch so frei er auch ist keifsüchtige alte Männer großzieht und altmacht, die schließlich als Zikaden hinter der Hausbar sitzen, während sie sich mit jungen Männern vergnügt, die auch älteren Herren behilflich sind, weil man auf diese Weise den Schmutz leichter los wird, denn die Mädchen wollen zuallermeist nicht, wie Paramipepe.

Wenn ich nach einem schönen Abend die Bar betrete, so könnte er langsam beginnen und Ihr schweigt schön still wenn es auch noch so langweilig ist, ist deshalb alles wie immer. Die kleine, ältliche Nymphomanin sitzt an der Theke, wo sie von jungen Männern, die Sportwagen lieben und Moped fahren, die Whisky lieben und Cola trinken, umgeben ist. Man kennt diese Schönheit, man kennt den verlorenen Blick, man nennt sie Perdido. Ihre Figur ist schmal und schlank wie die eines Mädchens, ihr Haar ist voll aber prächtig und reicht hinab auf die Schultern, ihr Haar ist rötlich, nicht genug damit, daß ihr Haar rot ist, färbt sie ihr Haar auch noch rötlich, ihre Arme sind dünn, ihr Hals ist zu schmal, ihre Schultern sind eng beieinander, ihre Brust ist voll aber klein wie das Gesäß eines Kindes, ihr Gesicht ist winzig, ihre Augen sind riesig, ihr Mund ist üppig und wäre der Stolz jeder in wallende Kleider gehüllten Posaunenbläserin in den Spätbarockkirchen des Caspar David Friedrich, ihre Augenlider sind vielleicht grün geschminkt, ihre Haut wäre von zahllosen winzigen Falten umgeben, die man abends nicht sieht, ihre Lippen könnten üppig sein, zwischen den Schenkeln stelle ich mir vor, säße vielleicht das große unersättliche Tier, das schon viele Kilometer tief ist, und nur darauf wartet, daß jemand nachschiebt. Paramipepe würde am besten mit Ganymedes verglichen, Perdido aber bezeichnet als armes, glückliches Opfer der neidischen Aphrodite, die mehrmals aufs Damenclo ginge und selbst Heroin fixt.

Man kennt hier jeder die männersuchtsvolle Perdido.

Wer abends wie ich nach schönen Abenden hier in der Bar seinen Kaffee kalt trinkt, sieht sie gleich sitzen, die täglich hier sitzt, bei Planters Punch oder Cafe Granito. Schmal wie ein Reh, das es lieber davor als daneben bekommt, und umgeben von jungen Männern, denen sie Tuborg Bier oder Planters Punch oder kalten Kaffee ausgibt und von denen sie sich einen schönen Abend verspricht, der ihr endlich das ewige Jucken in Lendenwinkel, Brustspitzen und unterem Ende vom Rückenmark nimmt. Das ist der Punkt, wo der Alte schon spricht:

Ganymedes ist der verlorene Jüngling, an den mich der Stricher erinnert, der nie als Husar durch die Steppe ritt. Sein Vater ist König, dessen Reich noch so jung ist, daß seine Kinder in ihrer Schönheit an Schäferspiele erinnern. Er könnte die weißen griechischen Hirsche so lange zu Fuß so schnell und behende durch Griechenlands Wälder jagen, die heute ganz anders sind als sie es ehedem waren, bis sie ermattet und freundlich zu Boden sinken und sie zahm wie das trauliche Reh in den Garten des troischen Hauses entführen. O, Ihr Griechen, Ihr habt mehr als nur Troja auf dem Gewissen. Halt ihn fest, daß er nicht von Griechenland spricht, ruft ein Jüngling, während der Alte schon spricht:

Er könnte tagelang seine Zeit beim Spielen der Flöte in archaischen Gräsern bei Schafen liegen, er könnte mit seinem zikadischen Bruder die Nacht bei der Göttin des Morgens verbringen, er könnte so stark wie ein Junge, der dreimal am Abend sich der Ketten in einer Nachtbar entledigt, die rosenfingrige Eos nächtelang lieben. Er könnte den obersten Gott zu mannmännlicher Liebe erziehen, wäre der nicht sogar der Erfinder der Polygamie.

Wann immer ich das Lokal betrete und mich an das dunkle Licht gewöhnt habe und hinweg über die tanzenden Paare blicke und ferne die Lieder von Nico erklingen und fern nur die trinkenden Whiskypaare durch ihre verschränkten Finger und Wadenbeine die Liebe zu einem einzigen Geschlecht probieren, ich sehe nur ihn, Paramipepe, der niemals mich sieht. Der nur zur Tür auf die weitgeöffnete Straße im warmen Hochsommerabend blickt und den dicken Teppichhändler im weißen Anzug, den Großschlachtereibesitzer mit ringbesetzten Fingern, den soignierten Farmer aus San Franzisko im Prager Schneider, im Taubengrau der Via Veneto von Maestro Brioni, im Londoner Schnitt, mit gefräßigem Bauch und in göttlicher Omnipotenz beim nächtlichen Auftritt, oder wer sonst sind die Götter wenn nicht. Der Grundstücksmakler, der Zeitungsverleger, der Investmentberater, der Hähnchenbratereiringbesitzer, am Volant seiner ewig schönen, nachtblauen Limousine. Paramipepe, der sonst niemand mehr sieht, außer ihm. Ihm, der braven Familienvätern das Gil-Rais-Feeling, die Allgegenwart der irdischen Liebe zu Männern, zu Tieren, zu Frauen, die Päderastie mit dem Federmesser, zu Dingen wie Schaumgummiliegen, zu Blumenamphoren, zu Heizkörperritzen, zu Mädchen und Jungen, zu ganz kleinen Kindern, die präembryonale Päderastie, den Leichenverkehr mit halbverbrannten, vergifteten Witwen – bewies. Der ihn preiswürdig liebt.

Wie beschreibe ich ihn?

Er ist groß, er ist stark, er ist schön wie ich, er ist grün. Er hält Blitze und Donner in seinen Fingern. Er ist wahrhaft göttlich, wenn er die Blaue Grotte betritt. Er strahlt funkelnd und blitzt wie ein Saphir, der *all you need is love* auf dem Grammophon spielt. Mit einer Geste, die alles verspricht, umfaßt er die Brust der Serviererin. Er liegt bei Schwänen und liebt sich mit Stieren. Er hüllt sich am liebsten in goldenes Vlies. Über ihn gibt es abertausend Geschichten, die geistiges Futter für Kohlköpfe sind. Er raucht Kyriazi. Er erscheint in Posen, die niemandem fremd sind. Wir kennen ihn schon aus den Lesebüchern. Er ist der Mann, der das umliegende Land bewirtschaften darf. Er versorgt die Landschaft mit drei Sorten Bier, er besitzt zahllose Gehilfen, deren Einfluß ewig wie er ist, sein Einfluß ist ewig und unerschöpflich, er ist der sicherste Garant dafür, daß alles immer so bleibt, wie es ist, er ist ein wirklich entsetzliches Stinktier. Er ist reich, er ist klug, er ist schön, er ist über alle Maßen entsetzlich. Er ist wie ein Gott, den die Menschen lieben. Er betritt die Bar und er sieht uns sitzen. Er vergißt sofort seine große Liebe. Seine Liebe wird ewig und alles wird ewiger Gegenstand göttlicher Liebe durch Paramipepe. Er schwingt sich empor, er öffnet die Schwingen, er bestellt sieben Whisky, das ist hier totschick, er sieht nicht Perdidos schmachtenden Blick, er verspricht Paramipepe und sonstwem noch glänzenden Aufstieg, vielleicht, daß er ihm eine Rolle als Tankwart verspricht, vielleicht, daß er sagt: Du kannst gut singen, Du bist engagiert, vielleicht, daß Paramipepe rechter Verteidiger in der ersten Regionalliga spielt, er schreibt Schlagzeilen für zuständige Magazine: Wie schwule Götter ihre Knaben verwöhnen – ein Göttervater in Knabenliebe, er setzt wieder ein Beispiel. Der Mensch schuf die Götter nach seinem Bilde, er gab ihnen die Vollkommenheit und jenen Grad an Unvollkommenheit mit auf den Weg, die er sich wünschte und die er an sich selber noch feststellen mußte und zu ironisieren wünschte, er schuf sich Götter zum Ebenbild, damit er eines Tages wie sie werden würde, so schön und göttlich, damit er sich eines Tages ähnlicher würde so, wie wir uns selbst ähnlich geworden sind und immer mehr ähneln:

Er könnte Paramipepe entführen!

Er könnte als Adler vom Himmel kommen und wieder zurück zum Himmel fliegen. Er müßte nur einen Anzug besitzen, er brauchte nur ein Glas Kaffee zu trinken, er müßte nur Auto zu fahren wissen, er brauchte nur alte Filme zu lieben, er brauchte nur Kif zu handeln und alte Schußwaffen zu verschieben, er müßte nur fliegen und Techniker lieben und schwule Nobelpreisträger für experimentelle Physik nach Feierabend von hinten lieben, er müßte nur Batman-Plakate lieben, er müßte wissen, wer die Pink Floyd sind, er brauchte nicht einmal selber zu donnern, er brauchte nicht einmal selber zu blitzen, er könnte Theaterdonner benutzen oder den Start eines Düsenclippers vom Typ Boeing 747 beim Start auf Tonband registrieren und über die Lautsprecher am Petersplatz an die Menge urbi et orbi überspielen, die Music-Box im Eden-Salon müßte er noch drei Jahre später auswendig wissen. Er könnte alles und jedes lieben.

Er könnte den aufbegehrenden Vater des Jungen abfinden. Er gäbe ihm Pferde, die wie der Wind sind, die Getreidefelder in Wellen bewegten und das Meer wie die Brandung am Abend verließen. Er könnte ihm eine Goldschmiedearbeit als Geschenk darbieten: Einen goldenen Weinstock in Gestalt eines Korkenziehers für den Partytisch. Er könnte ihn damit in Schwierigkeit bringen. Er könnte Perdido einen freien Wunsch als Geschenk zur Abfindung bieten, für den Fall, daß sie auf Paramipepe nur ungern verzichtet. Er verschaffte ihrem ständigen Begleiter einen Job als Redakteur in einer Zeitung von Axel C. Springer. Er verspräche ihm ewiges Leben, achtete aber darauf, ihm nicht auch ewige Jugend zuzubilligen, sodaß er nun immer älter werden muß und in seinem umständlich keifenden Überalterungszorn ständig keift und schimpft und meckert wie eine Ziege, die in eine Zikade verwandelt worden ist. Er könnte ihn damit in Schwierigkeit bringen.

Der Vater des Knaben könnte zwei Einheimischen, Mehrwertsbesitzern, Käseherstellern, Bauunternehmern, die auch nur zu Gast sind, den Mehrwert vertrinken, mit Kaufhausnuttchen die Groschen verspielen, die ihren Angestellten gebühren, den Auftrag geben, ein neues Weltwunder zu errichten, einen riesigen Käse, eine Staatsdoktrin, ein Potsdamer Abkommen aus Papier, und ihnen als Lohn die Pferde anbieten. Er prellte sie später um den Gewinn. Vielleicht, daß die Männer wie Götter reagierten, daß einer von ihnen eine Sturmflut verhieße und sich nur durch ein Mädchenopfer beschwichtigen ließe. Vielleicht könnte Herkules Rettung bringen, wenn nicht gerade anderswo Not am Mann ist und der Vater des Knaben ihm Lohn verhieße, zum Beispiel als Dank den goldenen Korkenzieher in Form eines Weinstocks wie mein Hauswirt mir ihn zum Geburtstag schickt. Vielleicht, daß Apollon die Pest herschickte und alle armen Leute krepierten, während die Reichen eine Zeit lang die Stadt verließen. Vielleicht, daß Poseidon ein Seeungeheuer in einer Flutwelle kommen hieße und die Fischer an Land verschlingen ließe, was immer noch anginge, wenn das Ungeheuer nicht am liebsten die badenden Kinder der Patrizier verschlänge. Vielleicht, daß Orakel Befreiung verhießen, wenn die jüngste Tochter des Königs dem Seetier zur Mahlzeit vorgesetzt werden würde. Vielleicht, daß der König die Tochter an die Felsen am Meer schmiedete, vielleicht, daß Herkules sie befreite und das Seeungeheuer im Kampf bezwänge, vielleicht, daß auch Herkules nicht seinen Lohn empfinge, daß er zornig würde und Krieg verhieße und daß er zurück in die See ginge, um endlich das goldene Vlies zu finden. Vielleicht, daß die Wirklichkeit traumhaft würde, vielleicht daß die Träume Wirklichkeit werden, vielleicht, daß es möglich sein wird, sämtliche Grenzen beliebig oft zu verschieben oder auf Grenzpfähle ganz zu verzichten.

Vielleicht, daß der Schweinehändler oder wer immer den Jungen mit in sein Haus nähme, ihm leichte Arbeit anböte, vielleicht die Gläser einfüllen und putzen, den Gin gut kühlen, Orangen, werden von Hand zu Hand gereicht, Zitronen und Grapefruit auspressen, die Eiskübel füllen, mit Freunden des Schweinezüchters trinken. Die Freunde des Großgrundbesitzers lieben, dem lieben Gott an den Hoden spielen.

Vielleicht, daß Paramipepe mit einem alternden Gigolo namens Eros der als Portier eines Freudenhauses und Rausschmeißer in Striplokalen sein Bargeld verdient, mit Würfeln spielt und ständig verliert, weil Eros Fünf gerade sein lassen kann, weil Eros Vieren zu Sechsen emporstilisiert, weil er die Taschendiebsfingerfertigkeit aller Besitzenden, Göttlichen, Weltrekordhalter, Frauen mit riesigen Brüsten, Mercedesfahrer, von klein auf trainiert.

Vielleicht, daß ein ausgesprochener Göttervater, ein großer Verleger, der alles aufkauft, was ist, mit bunten Hosenträgern und hellem Anzug, dem nichts unmöglich zu sein scheint und der niemals zuviel verspricht, die Trittoria Da Alfredo in der Via della Scrofa betritt. Vielleicht, daß infolge der Drohungen des um seinen Lohn geprellten Herkules ein grimmiger Krieg beginnt, der dreißig Jahre lang dauert oder die Spätheimkehrer erst zwanzig Jahre nach Kriegsschluß nach heime schickt.

Vielleicht, daß die Liebe des reichen Verlegers dem Vater des Dichters Geschenke ins Haus bringt, die er nicht versprechen könnte und um die er andere nicht betrügen könnte, ohne die Liebe des abendfüllenden Stammgastes, sodaß ohne die Knabenliebe der Krieg nicht angedroht worden wäre, sodaß Aeneas nicht über Karthago, den Golf von Messina, Italien erreicht hätte, um hier olympische Spiele durchzuführen, sodaß nie eine Wölfin seine Nachkommen mit Flasche und Lebergemüse aus Frischhaltebüchsen von Nestle und Hipp hätte aufziehen können, vielleicht, daß nie seine fischfangenden Nachkommen an den Hängen des damals noch schiffbaren Tiber ein Weltreich gegründet hätten, ohne die Liebe.

Vielleicht, daß man sagen könnte: Ein Mann verliebt sich in einen Knaben. Vielleicht, daß es sich zunächst gut anließe: Er beschenkte die Geliebte des Knaben und dessen Vater. Vielleicht, daß der Vater verspräche, die Geschenke als Lohn für geleistete Arbeit weiterzugeben, vielleicht, daß er sein Versprechen nicht hielte. Vielleicht, daß, zum Fünften, geprellte Götter die Stadt bedrohten, vielleicht, daß man in der zeitraffenden Übersicht sieht, wie Geschichte spielt. Vielleicht, daß dem großen Erfinder als sechste Wirkung der Knabenliebe einfiele: Der Vater verspricht demjenigen ein schönes Geschenk der Götter (das er infolge der Knabenliebe erlangt hat), der Rettung bringt. Die Stadt wird abermals gründlich beschützt. Der Vater hält sein Versprechen (abermals) nicht. Vielleicht, daß als neunte Wirkung bliebe: Der geprellte Gehilfe bedrohte die Stadt mit einem entsetzlichen Krieg und ginge später in See zurück.

Vielleicht, daß, zehntens, die Stadt wirklich in großen Krieg fiele und völlig zerstört würde.

Vielleicht, daß Überlebende wirklich den Namen des Jünglings mit dessen Liebe es anfing in purpurne Mäntel wirkten und diese Mäntel Olympiasiegern umhingen.

Vielleicht, daß die Liebe des alternden Mannes zu schönen Knaben auch heute noch nachwirkt.

Vielleicht, daß es alles nicht wahr ist.

Vielleicht, daß es stimmt.

Semele

Töchter des Kadmos waren Autonoe, Ino, Semele, Agaue, ein Sohn war Polydoros. Ino ehelichte Athemas, Autonoe Aristaios, Agaue Echion. Für Semele entbrannte Zeus und kam ohne Wissen der Hera zu ihr, doch wurde sie von dieser überlistet. Als Zeus ihr jeden Wunsch zu erfüllen versprach, bat sie ihn, er möchte einmal so zu ihr kommen, wie er als Werber zu Hera gekommen sei. Zeus konnte sein Wort nicht zurücknehmen, und auf einem Wagen, unter Wetterleuchten und Donnerschlägen, kam er in ihr Gemach und schleuderte den Blitz. Vor Schreck schwanden Semele die Sinne, sie brachte ein Sechsmonatskind zur Welt, das Zeus aus dem Feuer riß und in seinen Schenkel einnähte. Nach dem Tod der Semele streuten die übrigen Kadmostöchter das Gerücht aus, sie habe mit einem Sterblichen Beilager gehalten und die Vereinigung mit Zeus erlogen, und deswegen sei sie vom Blitz erschlagen worden. Als die Zeit fällig war, trennte Zeus die Naht auf, brachte Dionysos zur Welt und übergab ihn Hermes.

Apollodoros, Bibliothek, III, 26ff.

Von Dionysos nun, der da heißt ein Sohn der Semele, der Tochter des Kadmos, bis auf meine Zeit sind ungefähr tausendundsechzig Jahr . . . Nun sagen aber die Hellenen, daß Zeus den Dionysos, als er geboren, in seine Hüfte eingenäht und ihn nach Nysa gebracht, das da liegt oberhalb von Ägypten in Äthiopien . . .

Herodot, Geschichten, II, 145f.

Ins Land von Theben kam ich hier, der Sohn des Zeus,
Dionysos, den einst Kadmos' Tochter Semele,
Umflammt von heller Blitze Glut, geboren hat.

Euripides, Die Bakchen, 1ff.

Ernst Herhaus
Verzauberung

Für U. K.

Mit einem Intercontinental-Jet der Lufthansa landete Mao auf dem Rhein-Main-Flughafen bei Frankfurt.

Ulyssa erblickte ihn in der Ankunftshalle. Er war, wie stets, allein. Geräuschlos kam er näher. Die Mütze, das volle Gesicht, die Warze auf dem Kinn, der hochgeschlossene Leinenkittel, die weiten Leinenhosen, als einziges Abzeichen die Füllfeder in der linken Brusttasche, die schwere Gestalt, der ganz und gar unmilitärische Gang, die wunderbare Scheu und Befangenheit und hinter dieser Ruhe die große Ungeduld.

Mao lächelte.

Frauen kreischten, Kinder betrachteten den fremden Gott mit Interesse, und einige Bürger erbleichten, weil sie die Wahrheit dieser seltsamen Lebensstunde fühlten: Das Lächeln des Chinesen von den Reisfeldern der Provinz Hunan erklärte ihnen ihre städtische Passion, in der ihre einstigen bürgerlichen Ideale (die Würde des Einzelnen und das Recht auf Erkenntnis) nur um den Preis des Verzichts auf das Verdikt der Selbsterhaltung wieder zu erobern waren.

Kein Entsetzen, Stille.

In der Ankunftshalle erstarben die Mikrofonsignale.

Als Ulyssa fassungslos auf Mao zuging, hörte sie die Stimme eines Jungen:

»Den werden sie nicht mit Tränengas fertigmachen!«

Mao küßte Ulyssa sehr lange und sehr sanft auf beide Augen.

»Du bist wirklich gekommen«, flüsterte Ulyssa.

»Ich habe dich überall gesucht, es war fast undenkbar, aber schließlich wußte ich, daß wir uns begegnen würden«, sagte Mao.

In dieser verzauberten Scheinwelt, in der Unwahrheit und Kausalismus, Menschenverachtung und Profitgier, Unterdrükkung und geistlose Taktik reißende Ausmaße angenommen und einen gespensterhaften Zustand der Ohnmacht herbeigeführt hatten, bewirkte die Ankunft Maos weder eine Erschütterung noch gar eine Veränderung. Nach dem Schrecken der ersten Überraschung glaubten die Zeugen seiner Ankunft an eine

Sinnestäuschung, an eine Verwechslung; ein besonders cleverer junger Reisender äußerte amüsiert die Vermutung, es handele sich wohl um Takes einer Werbe-Crew. »Immerhin, zugegeben, dieser Mao ist phantastisch! Das ist ganz harte amerikanische Perfektion!« rief der Reisende aus und schlenderte fort.

Ulyssa führte Mao zum Ausgang der Halle.

Sie öffnete ihm die Tür zum rechten Vordersitz ihres Thunderbirds, Mao stieg ein, Ulyssa ging um den Wagen herum, nahm neben Mao Platz und streckte ihren Arm aus, um seine Seitentür zu verschließen. Mao wollte ihr behilflich sein. Seine Ungeschicklichkeit rührte Ulyssa.

»Laß nur, schon geschehen«, sagte sie.

Mao lächelte.

Ulyssa fuhr an; sie erreichten die Autobahn.

»In zehn Minuten sind wir in Frankfurt. Ich habe ein Appartement in der Stadt. Du kannst bei mir wohnen«, sagte Ulyssa.

Mao lächelte.

Der Fahrtwind trieb seine Mütze hoch, die sich aber nicht vom Kopf löste, obschon sie weit aus der Stirn geschoben war.

Als Ulyssa den Tee brachte, nahm Mao eine Zigarette aus der Schachtel. Er überlegte, dann zündete er sie an. »Früher war ich ein starker Raucher«, sagte er, »ein Dreck war mir die Gesundheit. In jenen Jahren, in denen meine Kameraden und ich im Hochwald der Fünf-Brunnen-Berge an der Grenze zwischen Hunan und Kiangsi den Partisanenkrieg anfingen, rauchte ich so stark, daß meine Zähne schwarz wurden. Während des Langen Marsches habe ich, fast wie ein Botaniker, alle möglichen Pflanzen und Kräuter auf ihre Verwendungsmöglichkeiten für Raucher untersucht.«

Bequem, fast liegend, ruhte der Gott und Herr über China und über den Geist der Jugend der restlichen Welt in Ulyssas Sessel, seine Strümpfe waren ihm auf die Knöchel gerutscht, er zog den Zigarettendampf mit einem schmatzenden Geräusch ein und spottete:

»Ich bekenne, daß ich in den Jahren der bittersten Not, zwischen 1940 und 1944, an der von mir verordneten Großen Produktionskampagne teilnahm, indem ich Tabak vor meiner Haustür pflanzte.«

Ulyssa zog ihn am Ohr.

»Ich liebe dich«, sagte er und fuhr sich über die Augen. Dann nahm er eine neue Zigarette aus der Schachtel.

Das Telefon klingelte in unregelmäßigen Abständen.
Ulyssa stellte den Apparat ab.
Mao betrachtete sie. Mit Sicherheit wußte er von Ulyssa nur, daß sie schön war.
Ulyssa wirkte vollkommen sicher.
Schönheit, Verstand, Gefühl, Aufrichtigkeit, dachte Mao. Am meisten ergriff ihn Ulyssas Stimme.
Bis in die Strümpfe voll Marihuana hörte sie sich an, eine Stimme, die einem Mädchen gehörte, das kein Marihuana brauchte, um zu verstehen, daß der Tod kommen würde.
Ulyssas Jadeaugen (ein bestimmter Lidschnitt, eine bestimmte Wölbung der Brauen, eine künstliche Tönung der Wimpernhöfe) betrachteten Mao.
»Ich liebe dich«, sagte der Chinese.
»Sonderbar, dir glaube ich es sogar«, sagte Ulyssa, während Mao sie immer noch anschaute:
Französische Lippen.
Britisches understatement.
Deutsche Sinnlichkeit.
Grünes Mantelkleid im Mailandlook und Schuhe von Bandini.
Ihr langes Haar, das die helle Stirn freilegte.
Ihr warscauwiczischer Gang, als sie neuen Tee brachte.
Eine wunderbare europäische créature!
Jede Minute mit ihr eine APOkalypse.
Ulyssa sprach zu ihm, während seine Ankunft in der Stadt die ersten Gerüchte auslöste. Der damals noch ziemlich unbekannte Manfred Müller veröffentlichte in der ›Frankfurter Rundschau‹ eine »Mitteilung an die Bürgerschaft über die Erfordernisse der Gastfreundschaft«. Der hagiographische und apokryphe Charakter der Veröffentlichung wurde zwar nur von wenigen Kennern verstanden, aber das genügte, um weitere Vermutungen auszulösen.

Ein Gott in der Stadt! Man muß entweder sehr stark oder sehr schwach sein, um diese Nachricht aushalten zu können.
Ein Gott in Menschengestalt!
Hier, in dieser Stadt, in dieser Zeit!
Ein Chinese am Main!
Menschsein ist unmenschlich, und Göttlichkeit kann nur beanspruchen, wer vollkommen menschlich ist.
Mao, die Rote Sonne, der Retterstern, der Geschichtsgott dieses Jahrhunderts, leibhaftig in unserer Mitte – Frankfurt und seine Bevölkerung waren auf dieses Ereignis nicht vorbereitet.

Der Mann, dessen Lehre von der Einheit von Wissen und Handeln den theoretischen Geist aus der Schande seiner Selbstaufhebung befreite und dessen einst wahnwitzig anmutender Kampf mit einer Handvoll entschlossener Leute gegen die Gewaltherrschaft in China mehr als ein Drittel der Menschheit wiederbelebte, ruhte auf seiner die Welt erschreckenden Suche nach Erlösung und Dauer in einem Sessel im vierten Stock eines Frankfurter Appartementhauses.

Der Mann, immer Revolutionär und niemals Reformer, der, bereits älter als siebzig, unlängst die junge Intelligenz seines Weltreichs erneut zur Revolution aufgerufen und seinen eigenen mächtigen Partei- und Verwaltungsapparat erneut auseinander gerissen und zerstört hatte, saß Ulyssa gegenüber und rauchte kleine Zigaretten mit goldenem Mundstück.

Einige meinten einiges zu wissen über ihn; von dem wahren Grund seiner Ankunft ahnte keiner etwas.

Mao, der sein Reich bisher nur zweimal verlassen hatte, im Winter 1950 und sieben Jahre später noch einmal, um am 40. Jahrestag der Oktoberrevolution in Moskau die merkwürdige Prophezeiung zu tun, daß der Ostwind den Westwind besiegen werde, Mao hätte diese dritte Reise gern schon früher gemacht, aber er meinte, daß er immer noch nicht genug von China gesehen hätte. Überall und seit Jahren hatte er Ulyssa gesucht. Seine vierte Frau Chiang Ch'ing war zur politischen Prominenz aufgestiegen; er war seit Jahren allein; die Einsamkeit des Kämpfers und Philosophen ertrug er seit einem Menschenleben mit Geduld, aber das Alleinsein verachtete er mit seinem untrüglichen Wissen von der Schlechtigkeit des Lebens ohne Liebe. In seinem Landhaus in den Bergen bei Peking, wo er sich selten aufhielt, träumte er von Europa und von einer Chungblüte. Als er erwachte, wurde ihm klar, daß Ulyssa ihn jetzt erwartete.

Ich bin alt, dachte er, zwar ein Gott, spottete er, ein Gott über allen, aber was einmal und jedesmal in meinem Leben eine Tragödie war, könnte dieses Mal leicht wie eine Farce enden.

Mao hatte die Furcht auch jetzt bezwungen und als er bei seiner Ankunft in Europa Ulyssa sah, verstand er noch einmal, daß vor allem ein Gott Glück braucht, daß Glück aber nichts anderes ist als das Ergebnis von Entscheidungen, die auf durchgreifendem menschlichem Verstehen beruhen.

Als Paradoxon zur Nähe und zur Verständlichkeit dieser glücklichen Begegnung der Liebenden in unserer Stadt wirkten die

Utopie und die Ferne dieser Liebe. Die schauerliche Lüge von Zerbrochenen und berufsmäßigen Schwätzern, daß die Liebe blind mache, geschenkt, machte diese Liebe zumindest Ulyssa in nahezu unerträglicher Weise sehend. Ihre Vernunft und frühgeschulten Kenntnisse über das Leben in dieser verzauberten Scheinwelt sagten Ulyssa, daß die Liebe, von der sie träumte und die sie jenem fremden Gott nur ahnungsvoll entgegenbrachte, unmöglich unter den Bedingungen einer Wirklichkeit, in der als höchster Wert das Geld herrschte (einschließlich aller sich daraus ergebenden Lügen, Vorurteile, Schandtaten und Erniedrigungen), gelingen und sich läutern könnte. Wie der Tod das sinnlose Resultat dieser täglich rapider veraltenden Welt war, so war die aussichtslose Liebe zu ihrer dunkelsten Fackel geworden. Und Ulyssa fürchtete sich vor dem unsichtbaren Schein dieses Lichts, in dem das Geschäft der Verderber florierte und in dem die Suchenden wehrlos vergingen. Sie fürchtete sich umso mehr, als sie fühlte, daß Mao, der aus einer anderen Welt zu ihr gekommen war, um ihre Liebe zu erobern, keine Schonung kannte. Er würde sie wieder verlassen und daran würde sie sterben; er hatte eine halbe Welt erobert; er hatte eine Revolution verwirklicht, und das war etwas anderes gewesen als Gäste zu Tisch zu bitten, oder einen Aufsatz zu schreiben, oder ein Tuschbild zu malen. »Die Revolution ist ein Akt der Gewalt, eine brutale Aktion, bei der eine Klasse eine andere stürzt«, hatte er einst seinen Landsleuten erklärt. Schonung, Milde, Geduld und Güte waren, das erkannte Ulyssa sofort, die deutlichsten Merkmale seines Wesens, aber sie alle waren doch nur die einzelnen Tugenden eines gemeinsamen ungebeugten und bedingungsfernen Willens zur Erlösung der Schwachen aus dem Elend der bisherigen Geschichte. Ulyssa war bereits sehend geworden, bevor der phantastische Gott in ihrer Gegenwart und Nähe das Drama dieser Liebe nur auch ahnen konnte. Sie weinte. Sie weinte, aber die Tränen, die aus ihren Lidwinkeln rollten, tasteten ihr Make-up nicht an. Mao wurde plötzlich sehr schüchtern.

»Ulyssa«, sagte er hilflos.

»Oh, nichts«, sagte Ulyssa, schon wieder lächelnd, als Mao sich zu ihr vorbeugte, »ich bringe nur eben mein Leben in Ordnung.«

Dieses Mädchen, Fotoquin auflagenstarker westlicher Magazine, Protegée und Belichtungsobjekt einer Reihe hochspezialisierter Verzauberungskünstler aus der Modebranche, Ulyssa, war an die verschiedensten Plätze der Erde gereist und dort von Kameralinsen angenagelt worden, um verführbaren Zielgruppen von Käufern das Abbild ihrer verlorenen Ideale der Schönheit und der Seligwerdung zu liefern. Je deutlicher die Verwundeten und die Getöteten sich als die letzten und typischsten Markenartikel der spätkapitalistischen Ära erwiesen, desto raffinierter und zauberhafter überlagerten die Farbkreationen der Traumbildner die Nachrichten und Reportagen von den Schauplätzen des Leidens fremder Bevölkerungen und desto höher waren Ulyssas Gagen geklettert.

Die Käufer verlangten Schönheit. Da die Käufer aber anfingen, hier und dort zu merken, daß trotz aller Schönheit im Hintergrund der Szenerien Unrecht und Chaotik herrschten, verlangten die Käufer der großen Magazine zusätzlich noch jene feineren Ingredienzien von Vergeistigung und selbständig scheinender Intelligenz. Die Zeiten dummer Sexbomben waren vorbei; die Zeit der Napalmbomben bedurfte zur Beschönigung neben körperlichen Reizen einer Unzahl hirnlicher Vor-Bilder. Erst wenn auch Intelligenz und offensichtlich kritisch veranlagte Schönheit einen anlächelte, konnten sich Zweifel noch einmal beruhigen.

Ulyssa wurde immer begehrter.

Nichts war ihr in der ersten Zeit so widerwärtig wie Leute, die sich nicht benehmen konnten.

Nur allzu bald ekelten sie diejenigen, die ihre Gemeinheiten hinter erstklassigen Manieren verbargen, beträchtlich mehr an. Ulyssa hatte Abenteuer erwartet. Ein Haufen schmutziger Konventionen, das war alles gewesen. Mao trank immer noch Tee.

»Du solltest Frankfurt bevorzugt behandeln«, sagte Ulyssa fast ernst.

Mao lächelte.

Ulyssa sah ihn verlangend an. Plötzlich stand sie auf und sagte:

»Du kommst jetzt mit, wir fahren fort, irgendwohin, und ich wollte eigentlich jetzt mit dir schlafen, mein Gott, und was für Probleme!«

Da begann Mao laut zu lachen. Dieses Gelächter erinnerte Ulyssa an Francisco de Quevedo, dessen Name sie einmal nach Spanien verschlagen hatte, weil ihr die Notiz eines Gesprächs, das Felipe Morales mit dem Dichter García Lorca geführt hatte, vor Augen gekommen war: ». . . während einer Reise durch die Mancha bin ich in dem Städtchen Infantes geblieben. Der Platz lag verlassen da, der Juan-Abad-Turm und die dunkle Kirche mit den Masken der österreichischen Häuser. In der Kirche hörte man das Jaulen eines Mädchens aus dem Volk, das entsetzlich sang. Ich trat ein. Und dort war Quevedo, einsam, begraben, das Unrecht seines Todes verewigend, sein satirisches Gelächter im Panzer seiner Prosa verewigend. Mir schien, als hätte ich gerade seinem Begräbnis beigewohnt, ja, ich hatte ihn in einem Trauerzug von Gerichtsleuten und leichten Mädchen begleitet.«

Am Morgen frühstückten Ulyssa und Mao im Taunus. Später standen sie vor der Evangelischen Akademie in Arnoldshain. Mao erkundigte sich, ob von diesem wertvollen komfortablen Haus Wirkungen ausgingen?

Ulyssa zuckte die Achseln.

»Ich habe keine Ahnung«, sagte sie, »hin und wieder liest man etwas über Tagungen. Irgendwie macht man dort Versuche, den lieben Gott für die Leute noch einmal interessant zu machen, oder sowas in der Art.«

»Was hätten wir, damals in Yen-an, mit einem solchen Haus angefangen!« sagte Mao.

»Die militärpolitische Akademie in Yen-an, an der ich zum erstenmal die reale Möglichkeit erkannte, daß der Sieg erkämpft werden konnte, befand sich in Lößhöhlen und einigen baufälligen Baracken«, setzte er hinzu.

Ulyssa wollte mehr wissen, aber Mao schien keine Lust zu haben, diese alten Geschichten aufzuwärmen. Als sie weiterfuhren, bemerkte er noch:

»Besser eine Lößhöhle und eine richtige Idee als ein komfortables Haus und eine veraltete Idee. So einfach ist das, wenn man Erfolg gehabt hat.«

Ulyssa wollte am Schwimmbad von Schmitten halten, aber Mao hatte keine Lust zum Schwimmen. Einige Sommer zuvor hatte er den Yangtse, den Zehntausendmeilenstrom unter dem weiten Himmel Südchinas, durchquert; an einer Stelle, wo eine der wagemutigsten Brückenkonstruktionen der Welt gelungen war (bei der Brücke von Wuhan), war er durch den schnellfließenden Strom geschwommen. Fotos davon waren um die Erde gegangen; man hatte an eine Täuschung geglaubt.

In Mauloff aßen die beiden im Gasthof zur Rose zu Mittag. Es gab Rindfleischbrühe mit Reiseinlage, Rumpsteak mit Zwiebeln, dazu Apfelwein.

Mao verlangte nach rotem Pfeffer. Es gab nur gelben.

Als Schokoladenpudding gebracht wurde, zögerte Mao. »Ich weiß nicht«, sagte er, aber Ulyssa sah ihm an, daß er den Pudding sehr gern verspeist hätte.

»Ich bin doch sehr fett«, sagte er skeptisch.

»Du bist sehr sexy, iß nur«, sagte Ulyssa.

Dann aßen sie Hefekranz mit Rosinen und tranken Kaffee.

Der Gastwirt, ein alter Mann mit zäher kleiner Statur und einem zumindest sechseckigen großen Kopf, kam an ihren Tisch und fragte, wie es geschmeckt habe?

Mao lächelte.

»Jetzt ist bei uns zum Glück noch alles normal«, sagte der Gastwirt.

Mao lächelte.

»Die Jugend ist unruhig«, stellte der Alte fest und ging.

Sie gingen im Weiltal spazieren. Mao dachte an den Langen Marsch und an die spätere Hundert-Blumen-Kampagne. Auf den alten Gastwirt zurückkommend, sagte er zu Ulyssa, während sie durch das frische Gras neben dem Flüßchen hergingen: »Niemand weiß, was die Jugend einmal tun wird. Vielleicht werden unsere Söhne und Töchter die Revolution fortsetzen, vielleicht werden sie sie auch ablehnen und vergessen. Das Kommende wird von den Kommenden entschieden. Sie werden unser Werk nach ihren neuen Maßstäben messen.« Mao wirkte bei diesen Worten sehr jung.

Er bemühte sich, die Worte »Spaziergang im Weiltal« nachzusprechen, es kam ein schlimmes Gezwitscher dabei heraus.

Ulyssa konnte sich später die naheliegende Frage nach dem Unterschied zwischen dem »Langen Marsch« und einem Spaziergang im Weiltal nicht versagen.

Mao reagierte heftig; mit einer ruckartigen Kopfbewegung, die seine große Unruhe hinter der äußerlichen Gelassenheit und fast femininen massiven Lässigkeit hervorbrechen ließ, sagte er, an diesem sinnlosen unverbindlichen Gehüpfe durch eine westliche Natur könne man sehr deutlich die Sinnlosigkeit des Lebens in der kapitalistischen Gesellschaft erkennen.

»Was in China ein Langer Marsch war, der die Welt veränderte, ist hier, eben, ein Spaziergang durchs Weiltal, der nichts verändert, weil alles von vornherein sinn- und zwecklos ist, weil ihr, so oder so, am Ende seid!«

Ulyssas Frage hatte ihn so erregt, daß er, um seiner Verachtung Ausdruck zu geben, »Spaziergang im Weiltal« auf deutsch nachzuäffen versuchte. Es hatte sich angehört wie Cha-Chi-Cha-Chi-Cheita und das Letztere wie Shaitan, das orientalisch-asiatische Wort für »Teufel«.

Ulyssa lachte ihn aus, was ihm seine Fassung wiedergab.

Als sie auf der Heimfahrt an der Nervenheilanstalt Hohemark vorbeifuhren und Ulyssa ihm das Gebäude erklärte, bestand Mao darauf, einen kurzen Besuch in dem Hospital zu machen.

»Eine Nervenheilanstalt, wunderbar!« sagte Mao, »da möchte ich ausprobieren, ob sie wirkt!«

Er spazierte mit Ulyssa in der Eingangshalle umher, erkundigte sich nach Einzelheiten und nahm schließlich in einem Strohsessel Platz.

Den kommenden und fortgehenden Besuchern fiel er weiter nicht auf.

Nach einer Weile erhob Mao sich und sagte:

»Ulyssa, ich spüre keine Wirkung, so sehr ich mich auch anstrenge. Diese Nervenheilanstalt wirkt nicht. Laß uns weiterfahren!«

Er sagte es so ernst wie ein Minister, wenn er lügt.

Als Ulyssa in Frankfurt ihr Appartement betreten wollte, fand sie die Tür geöffnet. Handwerker waren dabei, einen unwahrscheinlichen Desordre zu machen. Ulyssas Möbel und ihre persönliche Habe standen bereits beiseite geschoben, wie lästiges herrenloses Gut in allen Ecken des Zimmers. Zwei kräftige Kerle bohrten mit einem Preßlufthammer riesige Löcher in eine Wand. Ein Lärm wie bei den Baustellen der U-Bahn! Andere herumlungernde Handwerker betrachteten Ulyssa und Mao wie unverschämte Eindringlinge. Was ist denn los! hätte Ulyssa fast geschrien, aber sie brachte lediglich ein »Oweh« heraus.

»Stören Sie uns nicht«, sagte ein Arbeiter.

»Ich verstehe, Notstand oder so«, sagte Ulyssa gefaßt.

»Quatsch«, sagte der Arbeiter, »wir sprengen.«

»Sprengen?«

»Wir sprengen das Haus in die Luft und dieses Appartement eignet sich am besten für die Ladung«, sagte der Arbeiter.

»Aber das ist mein Appartement!« wendete Ulyssa ein.

»Setzen Sie sich mit dem Hausbesitzer in Verbindung«, sagte der Arbeiter, »wir führen unseren Auftrag aus. In einer halben Stunde fliegt die Bude in die Luft.«

»Wie siehst du denn aus?« fragte der Arbeiter Mao.

»Verdammt«, sagte der Arbeiter, »irgendwie kommst du mir bekannt vor.«

Mao lächelte.

»Also gut«, sagte der Arbeiter, »jetzt geh mal aus dem Weg, Junge, wir sind hier schließlich nicht zum Vergnügen, das kracht hier gleich ganz schön.«

Ulyssa ging ans Telefon und wollte den Hausbesitzer anrufen, aber das Kabel war schon aus der Wand gerissen. »Helfen Sie mir wenigstens, meine Sachen auf die Straße transportieren?« fragte Ulyssa.

»Sag dem Dicken, er soll dir helfen, ist gut für seine Linie«, antwortete der Arbeiter und die anderen lachten. Ulyssa verstand nicht, daß sie die einzige war, die ausziehen sollte.

»Wir haben dieses Appartement für die Ladung ausgesucht. Mehr brauchen wir nicht, um den Kasten in die Luft zu jagen«, sagte der Arbeiter.

Ulyssa wurde die Sache allmählich unheimlich.

»Und die anderen Leute? Sind die schon ausgezogen?«

Der Arbeiter zuckte mit den Achseln.

»Sagen Sie bloß, daß Sie das nicht wissen!« schrie Ulyssa.

»Kindchen«, sagte der Arbeiter und betrachtete Ulyssa wie einen luxuriösen Einrichtungsgegenstand, vor dem man sich etwas geniert, »wir haben den Auftrag, das Haus zu sprengen. Wer hier auszieht oder nicht auszieht, geht uns nichts an. In einer Stunde geht der Kasten hoch, und damit ist der Fall für uns erledigt.«

»Aber die Leute!« sagte Ulyssa resigniert.

»Die Leute? Die Leute kümmern sich heutzutage doch bekanntlich um gar nichts mehr«, sagte der Arbeiter.

Er bot Mao eine Zigarette an. Mao nahm sie und ließ sich Feuer geben.

»Verdammt. Irgendwo habe ich dich schon mal gesehen, Kollege, ich weiß nur nicht wo, du bist doch, wenn ich mich nicht täusche, irgend so ein Demonstrationsheini, mein lieber Freund, ihr habt vielleicht Nerven, ihr habt doch keine Ahnung, was hier läuft!«

Mao lächelte.

Ulyssa und Mao gingen in der Dunkelheit durch die Stadt. Niemand beachtete sie. In der Weserstraße führte Ulyssa den Abgott in den Tetrarchenkeller. Der Pächter, ein Mann aus Venedig, hatte an die Kellertür einen Posters befestigt, die Abbildung Kaiser Diokletians und der Tetrarchen, seiner

Mitkaiser. Im Keller saßen die Gestrandeten. Ulyssa wählte zwei Plätze auf einer kleinen Holzempore und bestellte für Mao Mokka und für sich einen Schnaps. Sie ahnte, daß dies die Nacht der Liebe werden mußte, und sie fürchtete sich. Ulyssa konnte sich nicht vorstellen, wo sie sich dem Gott, der von so weit herbei geflogen war und den sie längst erwartet hatte, in dieser Stadt anvertrauen würde. Mao hatte es abgelehnt, in ein Hotel zu gehen. Ulyssa war müde geworden und Mao sah es und konnte es doch nicht ändern. Er gebot über ein Drittel der Erde und konnte nichts tun, um Ulyssa von ihrer Müdigkeit zu befreien. Sie bestellte einen neuen Schnaps. Der Alkohol wirkte nicht.

Mao ging an den Musikautomaten und drückte einige Knöpfe; da er kein Geld eingeworfen hatte, bewegte sich nichts in dem Behälter. Er blieb stehen und betrachtete den Raum und die Musikmaschine.

Ulyssa vergaß für eine Sekunde alles.

Mao kam so leise an den Tisch zurück, daß Ulyssa ihn nicht bemerkte: Sie fühlte sein Lächeln und erst da blickte sie auf und sagte:

»Oh, was für eine Geschichte . . .«

Mao ließ sich neben ihr nieder. Nach einer Weile sagte er zu ihr:

»Ulyssa, ich möchte jetzt gerne mit dir schlafen «

Ulyssa schaute ihm in die Augen.

»Ich weiß nicht, ob es für uns beide gut wäre, wenn wir miteinander schliefen«, sagte sie.

Mao überlegte.

Dann küßte er sie auf beide Augen.

Ulyssa bot ihm ihre halb geöffneten Lippen, aber Mao wich ihnen aus und küßte ihre Schläfe sehr lange.

»Wir sollten es tun, jetzt, wir sollten auf diese Erfahrung nicht verzichten«, sagte er.

Als sie den Tetrarchenkeller verließen und um Mitternacht auf die erleuchtete Straße hinaustraten, hatte sich Mao plötzlich in einen Bäckerburschen verwandelt. Er sah jetzt aus wie ein europäischer junger Bäckerbursche, der sich nachts ausnahmsweise in ungewohnten Gegenden umhertreibt, der einen billigen Anzug mit Rückenschlitz trägt, um seine Unsicherheit im Nachtleben zu überspielen.

Nur die Augen erinnerten von fern an den Roten Gott.

Die Studenten von Frankfurt hielten seit Tagen das Rektorat der Universität besetzt. Mao und Ulyssa betraten die Vorräume, in denen eine beträchtliche Unordnung herrschte. Der Bäckerbursche und seine Freundin fielen unter den herumhockenden Studenten nicht auf.

»Das Wichtigste in meinem bisherigen Leben, weißt du, was es war?« fragte Mao Ulyssa leise und fuhr fort: »Es war die Erfahrung im Organisieren oppositioneller Studentengruppen.« Sie gingen durch einen langen Gang und kamen ins Rektorat. Es sah wüst aus.

»Sie sind im Recht, sie haben ein Recht, so zu handeln«, sagte Mao. »Als ich ungefähr dreizehn Jahre alt war, lud mein Vater fremde Gäste in sein Haus. Es entstand ein Streit zwischen meinem Vater und mir. Mein Vater nannte mich vor den Gästen faul und nutzlos. Das versetzte mich in Zorn, ich verfluchte ihn und verließ das Haus. Mein Vater verfolgte mich, ebenfalls fluchend, während er mich zur Rückkehr aufforderte. Ich erreichte aber den Rand eines Teiches und drohte, hineinzuspringen, wenn er mir auch nur einen Schritt näher käme. In dieser Situation wurden Forderungen und Gegenforderungen ausgehandelt. Zuletzt stimmte ich zu, zurückzukehren, und mein Vater versprach, mich nicht zu schlagen. Ich lernte aus diesem Vorfall, daß, wenn ich mein Recht in offener Rebellion verteidigte, mein Vater nachgab, wenn ich aber demütig und gehorsam geblieben wäre, er mich nur um so mehr verflucht und geschlagen hätte.«

Beschriftete Wände, leere umherliegende Flaschen, offene Schränke, beschmutzte Polstergruppen, brennende Kerzen auf einem Mahagonitisch, zerbrochene Fenster, diskutierende Studenten, die sich nach und nach in die Vorräume entfernten, weil man jederzeit mit dem Eintreffen der Polizei rechnen mußte.

Mao und Ulyssa blieben allein im Rektorat. Die Kerzen waren abgebrannt. Mao umarmte Ulyssa und küßte sie auf den Mund. Schon eins sanken sie auf eine der Polstergruppen. Morgens gegen sechs Uhr besetzte die Polizei das Rektorat der Universität und verhaftete dort einen Bäckerburschen und seine Freundin, die schlafend vorgefunden wurden.

Als Ulyssa in ihrem Appartement mit dem Haus Nr. 73 in der Westendstraße in die Luft flog, donnerte ein Intercontinental-Jet durch den Himmel über Frankfurt. Mao kehrte in sein Land zurück. Er war allein in Frankfurt angekommen und er würde allein heimkehren, ohne Begleitung und ohne einen Erben.

Götter brauchen keine Erben.

Sie werden Nachfolger finden.

Alkmene

Perseus Kinder mit Andromeda waren ... in Mykene Alkaios, Sthenelos, Heleios, Mestor und Elektryon ...

Der Verbindung des Alkaios mit Astydameia, der Tochter des Pelops, entstammte Amphitryon ..

Elektryon nahm die Tochter des Alkaios, Anaxo, zum Weibe und zeugte eine Tochter Alkmene; ihre Söhne waren Stratobates, Gorgophonos, Phylonomos, Kelaineus, Amphimachos, Lysinomos, Cheirimachos, Anaktor, Archelaos; nach ihnen hatte Elektryon noch einen unehelichen Sohn Likymnios, von einem phrygischen Weibe, Mideia.

Sthenelos und Nikippe, die Tochter des Pelops, zeugten Alkyone und Medusa, nachher noch Eurystheus, der später Herrscher von Mykene wurde ...

Als Elektryon König von Mykene war, kamen die Söhne des Pterelaos (von Taphos) mit Taphios und forderten das Reich Mestors, ihres Ahnen mütterlicherseits, zurück, und da Elektryon sie nicht beachtete, trieben sie ihm die Rinder fort. Seine Söhne leisteten Widerstand, und so führte die Forderung dazu, daß sie einander erschlugen. Von den Söhnen Elektryons blieb nur Likymnios am Leben, der noch jung war, von denen des Pterelaos einzig und allein Eueres, der die Schiffe bewacht hatte. Taphier, die dem Blutbad entronnen waren, fuhren mit den weggetriebenen Rindern zurück und stellten sie bei dem König der Eleier, Polyxenos, ein; Amphitryon erwirkte bei diesem ihre Freigabe und trieb sie nach Mykene zurück. Da Elektryon Rache nehmen wollte für den Tod seiner Söhne, gab er Amphitryon das Reich zugleich mit seiner Tochter Alkmene, indem er sich einen Eid geben ließ, er müsse sie bis zu seiner Rückkehr unberührt lassen, und wollte dann gegen die Teleboer (= Taphier) ziehen. Aber während er noch die Rinder in Empfang nahm, riß sich eines los. Amphitryon warf ihm den Knüppel nach, den er gerade zur Hand hatte. Der prallte aber von den Hörnern ab und traf Elektryon so unglücklich am Kopf, daß er tot umfiel. Das nahm Sthenelos zum Vorwand, um Amphitryon aus ganz Argos zu vertreiben und die Herrschaft über Mykene und Tiryns selbst zu übernehmen ...

Amphitryon begab sich mit Alkmene und Likymnios nach Theben, wo Kreon ihn entsühnte; er gab seine Schwester Perimede Likymnios zur Ehe. Alkmene aber erklärte, sie würde sich mit ihm nur vermählen, wenn er den Tod ihrer Brüder räche. Da versprach ihr Amphitryon, gegen die Teleboer zu ziehen, und forderte Kreon auf, ihm dabei zu helfen ... Mit diesen Bundesgenossen also, Kephalos aus Thorikos in Attika, Panopeus aus dem Phokerland, Heleios, dem Sohne des Perseus, aus Helos im Land der Argeier, Kreon aus Theben verheerte Amphitryon die Inseln der Taphier ...

Bevor aber Amphitryon in Theben ankam, war Zeus in der Nacht gekommen, und indem er die eine Nacht auf das Dreifache ausdehnte, hatte er in Amphitryons Gestalt Beilager mit Alkmene gehalten und ihr vom Zug gegen die Teleboer erzählt. Dann fand sich Amphitryon ein, und als er sich von seiner Gattin nicht besonders freundlich aufgenommen sah, fragte er nach dem Grund; auf ihre Erklärung, er sei ja schon in der Nacht vorher nach seiner Ankunft bei ihr gewesen, erfuhr er von Teiresias, daß Zeus seine Gattin aufgesucht habe.

Apollodoros, Bibliothek,
II, 50ff.

Von Proitos in Theben stammte eine Tochter, Galinthias. Dieses Mädchen war Gespielin und Gefährtin Alkmenes.

Antoninus Liberalis,
29. Verwandlungssage

Christa Reinig
Amphy

Man nannte sie die Unsterblichen. Wohlgemerkt, unsterblich ist nicht ewig. Ihre wunderbare Geburt oder Erschaffung bedeutete aller Anfang der Zivilisation. Da die Menschen die Zivilisation als einen fortlaufenden Prozeß verstanden, war das Ende der Unsterblichen nicht abzusehen. Es wäre das Ende der Zivilisation gewesen. Kaum waren die Unsterblichen erschaffen, äußerten sie ihre törichten Launen. Es begann am frühen Morgen. Sie wollten einfach nicht aufwachen, dann gingen sie unausgeschlafen und griesgrämig an ihre Geschäfte und machten alles falsch. Menschen mußten eingreifen, den Weltlauf in Ordnung zu halten – und die Menschen waren entzückt. Sie sind fast unseresgleichen, philosophierten sie, sie haben dieselben Unarten und spielen einander dieselben Streiche. Nur, sie werden bleiben und wir vergehn. »Wir sind wie die Blätter im herbstlichen Wald, sie aber . . . usw.« Wie gesagt, früher nannte man sie die Unsterblichen, heute heißen sie Komputer.

Alkmene spielte mit Amphy Schach und bemerkte nichts. Zum Schluß ließ sie sich pattstellen und schaute Amphy triumphierend an. Sich patt stellen zu lassen, wenn man fast verloren hat, ist mehr, als die Partie doch noch unentschieden zu beenden, es ist ein moralischer Sieg. Aber Amphy schlug nicht die Hände vors Gesicht und schrie auch nicht: »Diese Schande! Jetzt habe ich meine eigene Frau pattgestellt.« Amphy sagte nichts als: »Verzeihung.« Alkmene riß die Tür zum Herrengemach auf. Da lag Amphitryon auf einer Liege und erwachte. Alkmene rief: »Amphitryon!«

Amphitryon gähnte: »Ist was passiert?«

»Er hat mich pattgestellt.«

»Ja, so, ich habe die Endspiele nicht programmiert. Es war einfach bisher keine Zeit dazu, weißt du. Und eigentlich ist es auch nicht seine Aufgabe. Er soll doch nicht mit Mälzels Schachautomaten konkurrieren können. Er soll einfach eine abgerundete Allgemeinbildung bekommen und dazu gehört, daß er ein paar Gesellschaftsspiele kann. Außerdem ist es gar nicht gut, wenn er im Schachspiel gewinnt. Die Leute sind ja so eitel. Man schafft sich Feinde und weiß es nicht. Ich glaube, ich werde die

Endspiele auch gar nicht mehr programmieren. Er wirkt doch soviel menschlicher, wenn er mir nichts dir nichts seinen letzten Turm verliert.«

»Genau das wünsche ich mit dir zu bereden. Wie stellst du dir dieses Leben zu dritt eigentlich vor. Wenn ich dir sage, daß ich überhaupt nichts bemerkt habe bis zu dem Augenblick, wo er den Mund auftat und sagte: ›Verzeihung!‹ Ich sage dir, ich hatte das Gefühl, daß ich mit Stuhl und Schachtisch und Palast und Park schnurstracks in einen tiefen See getaucht bin und der Rest meines Daseins spielte unter Wasser weiter. Da kannst du natürlich nur zynisch lachen und sagen: Ich habe ihn testen wollen und das Beste ist, ich lasse ihn von meiner eigenen Frau testen. Amphitryon, wie weit willst du das Spiel noch treiben?«

»Gestatte, daß ich dich unterbreche, ehe du das Problem über eine falsche Kausalkette abwickelst. Wenn du in dieser Richtung weiterdenkst, wirst du noch einmal behaupten, ich wolle ihn dir ins Bett schieben. Ha, genau darauf wolltest du hinaus. Hab ich dich wieder mal durchschaut! Ist jemals ein Gatte in entscheidender Staatsposition von seiner Gattin so böswillig mißverstanden worden! Du willst mich ja mißverstehn.«

»Und ich weiß genau, worauf du hinauswillst. Du willst Streit vom Zaune brechen. Und dann rennst du in den Keller, schraubst die Sicherung für die Türschließer heraus, knallst im ganzen Haus die Türen, und ich soll denken, du bist endgültig verkracht, und soll mich an den häuslichen Herd zurückziehen. Aber das, was endlich einmal geklärt werden muß, soll weiter wie eine finstere Wolke zwischen uns schweben.«

»Alkmene! Kein Mensch wird eine Frau, die sich von einem Komputer patt stellen läßt, an das Armaturenbrett ihres häuslichen Herdes fesseln. Ich habe nichts dergleichen auch nur angedeutet. Du bist frei. Frei wie ein Vogel. Du bist gleichberechtigt. Keine Verfassung garantiert mir das Bürgerrecht, meine Sklaven zu rufen, die dich von der Tür wegreißen und in den Keller zu den Türknallsicherungen sperren. Du darfst unermüdlich in der Türe stehen und mich in aller Öffentlichkeit und vor allen Dienstboten verunglimpfen und meine Staatsgeheimnisse herausschreien und mich daran hindern, dieses Zimmer zu verlassen und im Park spazieren zu gehen.«

Alkmene trat von der Tür weg ins Zimmer und sagte: »Geh nur, aber nimm zur Kenntnis, daß der Chauffeur auch gekündigt hat.«

»Was ist denn in diesem Hause los; was hab ich ihm getan?«

»Er meint, er habe dich gesehen, wie du die Garagentür aufgeknackt hast. Außer dem Schreck, den er davon bekam, seinen eigenen Generalinspekteur als Dieb zu sehen, fühlt er sich desavouiert. Du hast sein Vertrauen gebrochen.«

»Ich konnte doch nicht auch noch meinen Chauffeur in das geheime Staatsprojekt Amphy II/27 einweihen.«

»Nein, das kannst du nicht. Aber gestern nacht wurde der Kühlschrank leergeräumt. Alles aufgefressen von oben bis unten. Ein einsamer Wurstzipfel und ein paar Käserinden. Und einige Fingerabdrücke. Galinthias hat sie sichergestellt. Sie nahm eine Rolle Silly-Putty-Knete und rollte die Fingerabdrücke darauf ab. Damit wollte sie den Beweis erbringen, daß sie es nicht gewesen sei. Was soll das alles. Unordnung, wohin ich schaue. Nächtliche Überfälle, aufgebrochene Schlösser, vergrämte Dienstboten. Das nennst du das Staatsprojekt Amphy II/27.«

»Ich habe dir das alles hundertmal erklärt. Aber all meine Erklärungen scheitern an deiner Verständnislosigkeit. Amphy muß diese Dinge lernen. Denn er wird als Kriegsgefangener programmiert.«

»Und ich dachte, ihr wolltet den Krieg gewinnen. Ich dachte, der Staat baut einen Komputer, der die Böoter aus dem Vaterlande vertreiben soll.«

»Gott im Himmel, gib mir einmal im Leben den Mut und die Kraft, sagen zu können: Alkmene, davon verstehst du nichts! Dieser Komputer wird für den Eventualfall programmiert. Das heißt, ein Krieg besteht nicht einfach nur aus Krieg, wie sich das die Leute auf der Straße vorstellen. Ein Krieg besteht vielmehr zumeist aus Eventualfällen, die niemals eintreten. Zum Beispiel, der argeiische Generalinspekteur Amphitryon gerät in Kriegsgefangenschaft. Folglich muß der Komputer, der ihn vertritt, Schlösser aufbrechen können, Essenrationen stehlen, Skatspielen oder anderes und durch Stacheldrähte kriechen.«

»Und auf bötische Tellerminen treten. Das ist nicht mehr der Wahnsinn einer einzelnen Regierung. Das ist der allgemeine Weltuntergang. Die Gemüsepreise sind um fünfzehn Prozent angehoben worden. Die Ursache der allgemeinen Teuerung, unter der das Volk seufzt, wälzt sich hier in diesem Hause herum, zu keinem anderen Zweck, als durch Stacheldraht kriechen zu lernen und in Fetzen zu gehen. Die teuerste Maschine der Welt. Dann sollte man sie lieber in die Hände des Feindes fallen lassen. Da hat doch wenigstens einer was davon.«

»Ich muß es weit von mir weisen, daß Amphy einfach eine Maschine genannt werden kann. Selbstverständlich ist Amphy kein Mensch wie du und ich, aber ich selber kann die Grenze, die ihn vom Menschsein trennt, kaum mehr erkennen. Wir müssen uns daran gewöhnen, mit Amphy zu leben, und wenn ihm etwas passiert, werde ich sehr traurig sein. Für dich aber sollte es doch eine Rolle spielen, ob dein Gatte Amphitryon auf eine böotische Tellermine tritt oder nur die teuerste Maschine der Welt. Übrigens, können wir über diesem Problem nicht einen Tee bekommen?«

»Ja, klingle nur, Galinthias hat auch gekündigt.«

»Was hat er denn nun wieder getan? Hat er sie vergewaltigen wollen?«

»Dafür hätte sie vielleicht noch Verständnis aufgebracht, zumal sie ja vermuten mußte, er sei ihr Arbeitgeber. Nein, schlimmer. Auf der Silly-Putty-Knete waren gar keine Fingerabdrücke, jedenfalls keine menschlichen, sondern nur stumpfe, schmutzige Fettflecke ohne Rillen und Schleifen. Galinthias sagte, sie hätte schon einmal in einem Hause gearbeitet, in dem es spukte. Die Herrschaft hätte sie beruhigt und ihr die Historie des Gespenstes erzählt und gemeint, sie solle als moderner Mensch keine Vorurteile gegen die jenseitige Welt hegen. Galinthias hat sich beschwatzen lassen. Dann aber geschahen schreckliche Dinge in dem Haus. Und sie will das nicht noch einmal durchmachen. Darum hat sie gekündigt.«

»Meine Schuld, ganz meine Schuld. Alkmene, ich habe vergessen, Amphy meine Papillarlinien zu programmieren.«

Am anderen Abend kamen Gäste. Amphy tat, was ihm programmiert worden war, er machte sich unsichtbar und ging ins Bett. Die Gäste erklärten sich bereit, das fehlende Personal zu ersetzen. Tante Nikippe trug die leergegessenen kalten Platten ab. Eurystheus, der Vetter aus Mykene, ließ es sich nicht nehmen, sogleich den Fernsehapparat zu zerlegen, um die neue 3-D-Konstruktion zu erläutern. »Einen Komputer müßte man haben«, sagte Eurystheus. Alkmene zuckte zusammen. Eurystheus schüttete die Teile, die beim Wiedereinbauen im Gehäuse keinen Platz mehr gefunden hatten, in eine Tüte aus Zeitungspapier und fuhr fort: »Sogar für die Kriegführung haben sie schon Komputer.« Amphitryon zuckte zusammen. Der Fernsehapparat war natürlich hin. Aber Eurystheus war König von Mykene und Amphitryon nur argeiischer Generalinspekteur.

Eurystheus fuhr fort: »Doch der Mensch ist unersetzlich. Es gibt Beschäftigungen, die kann uns kein Komputer abnehmen.« Dabei sah er Alkmene mit geradem Blick in die Augen. Alkmene starrte zurück. Tante Nikippe sagte: »Als ich seinerzeit im Musée Grévin war, nahm ich mir fest vor, mich nicht mystifizieren zu lassen. Gleich hinter der Kasse stand ein Billetabreißer und streckte mir seine Hand hin. Mit einem Blick entlarvte ich ihn als Wachsfigur. Was sie mir auch in den Weg stellten, zeitunglesende Museumswärter, herumstehende Besucher, ich durchschaute die Situation und ließ mich nicht auf den Leim führen. Als ich den Greuelkeller hinter mir hatte, stieg ich in den ersten Stock hinauf, wo den Besuchern eine besondere Überraschung verheißen wurde. Es gab aber keine Überraschung, sondern oben arbeiteten die Handwerker und bauten um. Ich schaute von der Brüstung hinunter in den Eingangssaal. Da sah ich eine Menge Figuren, die hatte ich noch gar nicht besichtigt. Plötzlich bewegten sich die Figuren und gingen hin und her. Es waren die Besucher.«

Eurystheus war dazu übergegangen, die Hausbar zu demontieren. Er schwenkte, kostete, und seine Miene verhieß einen erlesenen Genuß. Er sagte: »Ja, Tantchen, aber die Täuschung war doch nur vorübergehend. Wenn dir so ein Scheusal in die Arme gesunken wäre, hättest du dich schnell gefaßt und ihm seinen Wachskopf heruntergeohrfeigt oder seinen unabreißbaren Menschenkopf an deinem Busen drangelassen. Als uns damals die Böoter am Hintern hatten, opferten wir unsere Mäntel, obwohl es Winter war, und unsere Helme und bauten ihnen eine Reihe Pappkameraden hin, die haben einen halben Tag lang die Stellung gehalten. Für uns hat's natürlich gereicht, und wir waren entwetzt, als die Böoter endlich in die Stellung einbrachen. Was die wohl – haha, was die wohl damals für Gesichter – haha. Ja, die Böoter, denen haben wir's gegeben.«

Alkmene sagte: »Es kommt alles sehr viel anders, als wir Menschen uns das vorstellen mögen. Die Roboter, die wir heute haben, leiden an technischen Entwicklungsschwierigkeiten. Früher oder später gibt es den Komputer, den selbst sein Erbauer nicht mehr von einem lebenden Menschen unterscheiden kann. Und was dann? Werden wir Menschen nicht vor dem Werk unserer Hände erröten müssen? Werden wir uns mit ihm messen können? Dieser Komputer der Zukunft wird ein Genius sein, allen Menschen an Geist und Kraft überlegen.«

»Wir wollen doch nicht übertreiben«, sagte Amphitryon, »es gibt eine Schranke, die der Apparat nicht übersteigen kann. Er wird immer jenseits vom Menschen verbleiben, fühllos in seinen Gedanken. Und das ist gut so, denn wenn er über seine Lage nachdenken könnte, würde das Ergebnis sehr schmerzlich für ihn sein. Ein moderner Tragödienstoff, der Komputer, der seiner selbst bewußt wird und an seinem Nichtmenschsein leidet.«

Tante Nikippe meinte: »Diese modernen Tragödien liegen mir nicht. Früher bekam man doch noch was zu sehen für sein Geld. Heute lassen sich die Schauspieler bis zum Hals in den Sand eingraben, und wenn du genau hinschaust, Alkmene, sind's unter dem Sandhaufen dieselben Dreieckskonflikte wie ehedem. Und wenn eines Tages im Programmheft zu lesen steht, der eine dieser eingegrabenen Helden sei nicht der Hausfreund, sondern ein Komputer, was tut's. Damals, als wir auf Godot warteten, sagte Komaitho zu mir, warum treffen wir uns eigentlich immer im Foyer, treffen wir uns doch das nächste Mal bei mir. Das taten wir denn auch in Zukunft. Solch eine Party, das ist eigentlich nichts weiter als die große Pause, um die herum man die Tragödie weggelassen hat. Und was sollen uns heutzutage noch Tragödien. Ich bitte dich.« Alles in allem war es dennoch ein gemütlicher Abend gewesen.

Am anderen Tag mußte Amphitryon ein Tonband dechiffrieren. Er tippte es nach dem Gehör in die Entschlüsselmaschine und bekam mehrere Lösungen heraus. Er rief nach Alkmene: »Hör dir das mal an. Ich verstehe: Enef anef unobimu kontheremi. Das heißt wörtlich: Oberstleutnant Kommissar grillt Rebhuhn auf Packeis. Das ergibt natürlich keinen Sinn. Es ist nie eine Instruktion erteilt worden, die Wörter Rebhuhn und Packeis anders zu verstehen als nach ihrer Bedeutung. Oberstleutnant Kommissar ist ein Understatement und soll doch wohl heißen Generalinspekteur.«

Alkmene sagte: »Soviel ich verstehe, handelt es sich wieder einmal um einen allergeheimsten Geheimbefehl. Wenn es dir recht ist, halte ich mich aus der Sache heraus. Sonst heißt es wieder, ich schrei Staatsgeheimnisse in die Öffentlichkeit.«

»Sei doch nicht so uneinsichtig. Mit wem soll ich denn meine Probleme besprechen, wenn nicht mit dir?«

»Da es sich doch um nichts anderes handeln wird, als um das weitere Schicksal des Geheimprojekts II/27, schlage ich vor, daß du Amphy persönlich hinzuziehst.«

»Das ist die Idee, Alkmene. An dir ist ein Programmierer verloren gegangen. Warum hast du nicht Elektronik studiert. Wo der Staat euch Frauen doch alle Möglichkeiten gibt. Aber ihr wollt ja keine Verantwortung tragen. Wir hätten gemeinsam unser Lebenswerk schaffen können. Wir hätten unsere Ehe auf eine höhere Ebene gehoben. Ja, was wollte ich sagen. Dann schick doch Amphy herüber und mach uns Tee und bring zwei Tassen, damit er sich nicht zurückgesetzt fühlt.«

Amphy kam, und Amphitryon sagte: »Es liegt mir auf der Zunge, Sie zu duzen, andererseits möchte ich dir das Sie nicht vorenthalten, obwohl vielleicht kein Anlaß besteht, unsere gesellschaftlichen Beziehungen in dieser Richtung auszudeuten. Aber ich möchte, daß Sie sich wohlfühlen und du nicht meinst, daß man dir irgendwelche Vorurteile entgegenbringt.«

Amphy sagte: »Warum so gestelzt, sagen wir du zueinander.«

»Mir fällt ein Stein vom Herzen. Versteh mich nicht falsch. Man geht doch immer davon aus, daß Menschen, ich wollte nicht sagen Menschen, ich wollte nur den Unterschied hervorheben, also sterbliche Wesen sauer reagieren, wenn man sie falsch anredet. Über solche Vorurteile sind wir erhaben.«

»Ich soll mir dieses Tonband anhören«, behauptete Amphy.

Amphitryon, ohne zu erstaunen, drückte auf die Taste, einmal, zweimal, mehrmals und faßte sich an den Kopf: »Was habe ich getan. Ich habe aus Versehen gelöscht. Schlimm. Aber ich werde es hinkriegen. Einen Augenblick bitte. Imuf anuf emibur, nein, Amuf esuf buminur, nein –«

»Soll ich deine Frau rufen?«

»Nein, das ist nicht nötig. Ich werde es rekonstruieren. Der Text war verderbt und lautete: Oberstleutn –«

»Lassen wir's gut sein. Es war der Einsatzbefehl. Morgen geht's los.«

»Wieso morgen?«

»Wenn es heute losgehen sollte, hättest du das Tonband gestern bekommen, und wenn's übermorgen losginge, hätte man dir das Tonband morgen geschickt.«

Amphitryon war unbeeindruckt: »Und die genaue Zeit und der Treffpunkt?«

»Das ist kein Problem. Du rufst den Pförtner im Verteidigungsministerium an und fragst, wann sein Sohn morgen früh geweckt werden will und wieviel Brotschnitten er mitbekommt. Den Rest errechne ich dann.«

»Später, Amphy, später. Nun, jetzt Amphy II/27 schlägt uns die Abschiedsstunde, dann also, ja in diesem Sinne.«

»Niemand weiß, was der morgige Tag bringt. Es gibt viele Kombinationen.«

»Ich muß mich sehr über dich wundern, Amphy. Wir haben monatelang geprobt. Morgen trittst du ins Leben ein. Die Zeit deiner Bewährung beginnt.«

»Du hättest mich zuvor fragen sollen. Vielleicht paßt mir das alles gar nicht.«

»Dieser Standpunkt war nicht vorgesehen in deinem Programm. Wir alle haben im Leben unseren Platz und unsere Pflicht. Ich und du.«

»Was wird aus dir?«

»Das habe ich mich oft genug gefragt.«

»Es gibt folgende Möglichkeiten: Zunächst wirst du ganz vergnügt deinen Druckposten ausfüllen und dich besonders fortschrittlich fühlen, daß eine Maschine es dir auch noch abgenommen hat, den Heldentod zu sterben. Wenn aber die Maschine den Heldentod gestorben ist, wird deine Situation unhaltbar. Ich nenne das ganze Amphitryon römisch I Abteilung A Möglichkeit arabisch 1: Die Öffentlichkeit erfährt, daß du gar nicht den Heldentod gestorben bist und der Sarg zu deinem Staatsbegräbnis leer in die Erde gesenkt wurde. Das wird die Leute gewaltig ärgern, daß sie um dich getrauert haben für nichts und wieder nichts. Wenn du dich diesem Ärger nicht aussetzen willst, tritt arabisch 2 ein: Du hast dein Staatsbegräbnis. Es gibt dich nicht mehr. Du mußt dich verändern, deinen Namen, deine Staatsangehörigkeit, dein Land. Du behältst nur noch deine Frau, die natürlich gern bereit ist, dir in deiner Not beizustehen. Schließlich aber merkt sie, daß du eigentlich nicht mehr die Person bist, die sie einst geliebt hat. Hier tritt eine Unterabteilung klein a ein. Du kannst dich von ihr trennen und wirst auch deine Frau noch los. Es ist so gut als seist du tatsächlich tot und gestorben und hättest eine Wiedergeburt hinter dir. Verlassen wir diese Variationen und kehren wir zurück zu Abteilung B. Der Krieg geht verloren. Damit reißen alle Kausalketten ab und du bist gerettet. Amphitryon! Nur ein verlorener Krieg kann dich retten.«

»Diese Möglichkeit scheide ich aus.«

»Tapferer Mensch! Dann tritt die Variante Amphitryon römisch II ein. Die Maschine stirbt gar nicht den Heldentod. Sie kehrt siegreich zurück. Es gibt plötzlich zwei Amphitryons.«

»Ich werde dich um die Früchte deines Sieges nicht betrügen.«
»Was nennst du die Früchte meines Sieges?«
»Du wirst die Parade abnehmen. Der Jubel des Volkes. Die Pressekonferenzen.«
»Lassen wir das auf sich beruhn. Vielleicht habe ich Wünsche.«
»Der Staat wird dir jeden Wunsch erfüllen. Dir, nicht mir.«
»Über den Staat habe ich noch nicht nachgedacht. Ich habe über dich nachgedacht, Amphitryon.«
»Was gibt es über mich nachzudenken, Amphy II/27. Ich bin ein sterblicher Mensch. Ich habe ein Schicksal. Ich kenne es nicht, und du wirst mir keine von deinen Varianten aufschwatzen. Ich sage dir nun, was dein Teil sein wird.«
»Du wirst mich umprogrammieren, tapferer Amphitryon. Aus dem Kriegsheld wird ein Friedensfürst. Unter meiner Anleitung werden Brücken gebaut, Städte, Straßen, ein neues Land entsteht. Ich weiß, ich bin nicht ewig, Amphitryon. Aber ich habe ein langes Leben vor mir. Die Menschen werden mir einen Tempel bauen. Freilich werden sie es nicht Tempel nennen, sondern Museum. Ich werde viele Geschlechter dieser Sterblichen kommen und gehen sehn.«
»Die Voraussetzung ist, daß deine Existenz offenbar geworden ist.«
»Ganz recht, und das ist die Variante Amphitryon römisch III. Die Klugheit Amphitryons ist ohne Grenzen. Er hat einen Komputer programmiert, der als sein Stellvertreter die Feinde in die Falle lockte. Sie dachten, sie kämpften gegen einen sterblichen Generalinspekteur. Sie ahnten nicht, daß sie geschlagen waren, noch ehe sie die Herausforderung angenommen hatten. Aber bis dahin wird es Tote geben auf beiden Seiten. Denn damit die List gelingt, dürfen auch die Leute aus Argos nicht wissen, daß sie an der Seite einer unbesiegbaren Maschine kämpfen. Erst später werden die Männer aus Argos erfahren, daß sie geblutet haben, während der wahre Amphitryon zu Hause blieb. Einem Phantom waren sie aufgesessen, genau wie der besiegte Feind, der nun ihr Leidensgefährte ist. Gefallen sind die Söhne von Argos, während der sterbliche Amphitryon abends wie jeden Abend ins Bett ging und sich zu seiner Frau legte.«
»Nein, nein, nein.«

Am anderen Tag sagte Alkmene: »Der Abschied ist dir doch nahe gegangen. Ich hätte nicht geglaubt, wie sehr du an ihm gehangen hast. Aber vergiß nicht, daß du der Mensch bist, und er ist nur dein Werk. Er ist nichts als dein Werk, du aber, Amphitryon, bist mehr als alle Werke, die du schaffst. Daher glaube ich, daß dich die Arbeit an diesem Fernsehapparat trostreich abgelenkt hat. Aber wenn es dich nervös macht, solltest du damit aufhören.«

Amphy besah sich seine schwarzen Hände und sagte: »Es besteht kein Anlaß, mir die Tränen zu trocknen. Er und ich, wir haben uns getrennt, wie es vorgesehen war. Wir sind im Guten auseinandergegangen. Jeder hat sein Schicksal auf sich genommen. Wer sagt denn, daß nicht auch ein Apparat ein Schicksal haben kann?«

»Trotzdem bin ich der Meinung, du solltest auch das letzte Band, das du in Gedanken zwischen dich und die Maschine geknüpft hast, kühn durchschneiden. Warum bekommst du es nicht fertig, sie dir endgültig aus dem Kopf zu schlagen?«

Amphy antwortete nicht, denn der Fernsehapparat war in Ordnung gebracht, und Amphy ging, sich die Hände zu waschen. Als sie dann im Garten saßen und die Figuren auf dem Schachtischchen ordneten, fing Alkmene wieder an: »So schweigsam warst du lange nicht. Du hast den ganzen Tag noch keinen Streit vom Zaun gebrochen. Über was grübelst du?«

»Daß ich mir über das Schicksal meines Vaterlandes Gedanken machen muß, das kannst du mir nicht ganz nachfühlen.«

»Auch ich mache mir Gedanken über dein Vaterland. Aber mein Glaube an den Retter des Vaterlandes ist unerschütterlich. Ich vertraue auf die Zukunft. Mehr als fünfzehn Pfennige wird das Pfund Brot nicht teurer werden, wenn wir siegen. Und wenn wir verlieren, werden es dann mehr als fünfzehn Pfennige sein.«

»Am Kleingeld errechnest du die Zukunft des Vaterlandes. Alkmene, für dich ziehen die Werktätigen in den Krieg, damit es dir weiterhin wohlergehe und du lange lebest auf Erden.«

»Wenn du Amphy wärst, würde ich vermuten, man habe dir aus Versehen die marxistische Politökonomie des Gegners programmiert.«

»Natürlich bin ich Amphy, und mein Programmierer hat mir für den Eventualfall bereits die Gehirnwäsche vorausgeliefert.«

»Du willst also heute wieder einmal das letzte Wort haben. Nun gut, ich habe die weißen Steine und den ersten Zug.« Alkmene zog ihren Bauern, und eine Zeitlang schwiegen sie in verbissenem Kampf. Dann geriet Alkmene in Nachteil und mäkelte: »Du spielst ohne jede Phantasie. Ich an deiner Stelle hätte den Turm längst auf die e-Linie gezogen.«

»Vielleicht hast du recht«, sagte Amphy, »aber mit dem, was ich mir vorgenommen habe, kann ich den Turm an dieser Stelle nicht brauchen. Ist das zuviel verraten?«

»Schach«, sagte Alkmene und merkte, daß sie in die Falle gegangen war. »Erlaubst du, daß ich zurücknehme? Zwar habe ich den Läufer schon losgelassen –« Amphy nickte Gewährung.

Alkmene spielte einige Zeit auf Gewinn und wurde so leichtsinnig, daß sie erst spät ein unabwendliches Schach-Gardez auf sich zukommen sah. Sie sagte: »Hier vertun wir also unsere kurzen Tage. Ist dieses Schachspielen zwischen Gatten und Gattin nicht der Ausdruck eines ungelebten Lebens?«

Amphy wurde ungeduldig: »Spielen wir nun oder beweinen wir den Tag unserer Hochzeit.«

Alkmene sagte: »Beides, Amphitryon, beides. Die Entscheidung, die du über unser ferneres Leben getroffen hast, ohne mich zu fragen, foltert mich unaufhörlich. Auch ich habe ein Problem, über das ich nicht hinwegkomme, und es hat etwas mehr mit menschlichen Dingen zu tun als deine Trennung von deinem geliebten Amphy.«

»Das wäre«, sagte Amphy und machte mit fast sadistischem Behagen einen Zwischenzug, der das Verhängnis zwar hinausschob, aber unausweichlich machte. Alkmene bewegte das einzige, was ihr auf dem Brett noch beweglich erschien. Sie bewegte ihren König und antwortete: »Die Absprache, die du mit Amphy bei der Trennung getroffen hast. Sie ist nicht nur kränkend für mich, sie ist auch unnatürlich, denn sie zeigt eine seelische Bindung an ein lebloses Wesen, die ein Psychiater mißbilligen und pervers nennen würde, ja, sie ist barbarisch. Unzivilisierte Völker haben sich während ihrer Kriegszüge Abstinenz auferlegt, aus dem Aberglauben, daß der Verkehr mit ihren Weibern sie schwäche und um den Sieg bringe. Amphitryon, der Papst in Rom erwägt, den Geistlichen das Zölibat zu erlassen, du aber verweigerst deiner Gattin, was ihr zusteht, weil du es einem Apparat, höre, einem leblosen Wesen versprochen hast. Du liebst ein Ding mehr als einen Menschen. Das ist Gotteslästerung. Du sündigst wider das erste Gebot.«

Jetzt erst mähte Amphy die weiße Dame vom Brett und ereiferte sich: »Das mit dem ersten Gebot und mit dem Papst und der Gotteslästerung, das kann ich im Augenblick nicht variieren. Ich werde die Lösung morgen liefern. Aber verstehe doch. Ein Eid ist ein Eid, ganz gleich, wem ich diesen Eid geschworen habe. Ich mußte es tun. Sonst wäre er nicht gegangen.«

»Ich verstehe nichts mehr. Dieses Wesen hat von dir verlangt, du sollst ihm einen Eid schwören, auf mich zu verzichten, sonst erfüllt es seine Aufgabe nicht?«

»So ist es. Anders hätte ich ihn nicht aus dem Hause gekriegt. Und, Alkmene, ich bin genauso froh wie du, daß wir jetzt einer weniger als drei sind.«

»Es bleibt übrig, daß du die Pflichten gegen Amphy den Pflichten mir gegenüber vorziehst.«

»Du willst doch wohl nicht einen Mann lieben, der wortbrüchig geworden ist.«

Alkmene ließ das auf sich beruhen. Sie hatte einen neuen Plan gefaßt. Ihr König seiltänzerte mitten in der feindlichen Bauernreihe, und sie opferte gleichzeitig eine Figur nach der anderen. Sie schien wahnsinnig geworden zu sein. Zum Zeichen blickte sie Amphy triumphierend an. Amphy schlug beide Hände vors Gesicht und schrie: »Diese Schande! Jetzt habe ich meine eigene Frau pattgestellt.« Sie gingen dann doch ins Bett.

Am anderen Abend saßen sie beide vor dem Fernsehapparat und warteten auf die Tagesschau. Plötzlich ertönten die sattsam bekannten Fanfarenklänge aus Ottmar Gersters Grün-ist-die-Heide-Symphonie. »Eine Sondermeldung«, sagte Alkmene.

Der Sprecher erschien wie ein Pokerspieler. Es war ganz vergeblich, seine Worte im voraus erraten zu wollen. Er begann: »Am heutigen Tage wurde die große Schlacht, die seit vierundzwanzig Stunden auf dem Punkt B 19, 23 Grad östlicher Länge, 35 Grad nördlicher Breite tobte, von den vereinigten Armeen der Argeier und Mykener siegreich beendet. Die Böoter hatten vergeblich Holzpfeile in die Erde gesteckt, in die unsere Helden hineintreten sollten. Die technische Spezialtruppe der 119. mykenischen Division schleuderte Brandfackeln in die Strohtarnungen der böotischen Stellungen. Der Gefreite Winkelried setzte zwölf feindliche Panzer außer Gefecht, indem er Hände voll Sand in ihr Getriebe schüttete. Er wurde mit dem Goldenen Löwenorden zweiter Klasse ausgezeichnet. Von der Höhe 112 rollten argeiische Regimenter Felsbrocken in die Kolonnen des anrückenden Feindes. Auf diese Weise wurde der Eskalation zum Atomkrieg vorgebeugt. Die siegreichen vereinigten Armeen haben ein schmerzliches Opfer zu beklagen. Generalinspekteur Amphitryon –« Amphy schaltete aus. Es war dunkel. Dann stammelte Alkmene: »Du hast es gewußt, Amphi –, Amphi –!« Sie fiel ihm weinend um den Hals. Amphys Polyesterherzkammern weiteten sich unter dem Ansturm des Serums. Nicht so gewaltig zwar wie bei einem Sterblichen. Aber ein Transistor fiel vorübergehend aus und Amphy erbebte. »Alkmene«, schluchzte er und brach in die Knie. Alkmene setzte sich neben ihn auf den Fußboden. Sie herzte und küßte ihn und sagte weinend und lachend: »Amphitryon, verzeih. Du mußt mir verzeihen. Ich weiß, dein Lebenswerk ist in Trümmern. Aber ich bin so froh, daß das gräßliche Ding hin ist. Es hat mir immer so vor ihm gegraust.«

Europa

Nachdem wir jetzt in unserer Erzählung vom Geschlecht des Inachos die Nachkommen des Belos bis zu den Herakliden zur Darstellung gebracht haben, wollen wir anschließend die Nachkommenschaft Agenors behandeln. Wie oben dargelegt, hatte Libye zwei Söhne von Poseidon, Belos und Agenor. Belos, der König der Ägypter, war der Stammvater der bis jetzt Aufgeführten. Agenor, der nach Phönizien gegangen war, nahm dort Telephassa zum Weibe und zeugte mit ihr eine Tochter, Europe, und drei Söhne, Kadmos, Phoinix und Kilix. ... Zeus, in Liebe zu Europe entbrannt, verwandelte sich in einen zahmen Stier, nahm sie auf den Rücken und trug sie durch das Meer nach Kreta.

Apollodoros, *Bibliothek*,
III, 1–2

Jupiter sprach's, und getrieben vom Berg schon ziehet die Herde
Nach dem befohlenen Strand, wo die Tochter des mächtigen Königs
War zu spielen gewohnt, umringt von tyrischen Jungfraun.
Nicht wohl gehen vereint, noch haben gemeinsame Wohnung
Lieb' und Herrschergewalt. Er läßt die Würde des Scepters;
Er, der Vater und Herr der Unsterblichen, dem in der Rechten
Zuckt dreispitziger Strahl, der nickend erschüttert den Erdkreis,
Kleidet sich jetzt in des Farren Gestalt und gesellt zu den Rindern
Brüllt er und wandelt umher gar stattlich im üppigen Grase.
Weiß ist die Farbe wie Schnee, den weder mit drückender Sohle
Trat ein schreitender Fuß, noch löste der wässrige Südwind.
Feist ist der fleischige Hals, und dem Bug enthangen die Wampen.
Klein zwar ist das Gehörn, doch möchtest du sagen, von Händen
Sei es gemacht, und mehr durchscheinend als reine Juwelen.
Nicht ist drohend die Stirn, noch Furcht einflößend das Auge;
Sanftmut spricht das Gesicht. Es erstaunt die Tochter Agenors,
Daß er von Wuchs so schön und nichts Feindseliges drohe.

Doch ob auch zahm er sich zeigt, sie fürchtet zuerst die Berührung;
Bald dann wagt sie zu nahn und Blumen zu reichen dem Maule –
Des ist der Liebende froh und bedeckt, der erwarteten Wonne
Harrend, mit Küssen die Hand; kaum, kaum verschiebt er das Weitre.
Und bald treibt er Scherz und springt im grünenden Grase;
Bald im gelblichen Sand hinstreckt er die schneeige Seite,
Und wie gemach ihr benommen die Furcht, beut bald er zum Streicheln
Mit jungfräulicher Hand ihr die Brust, bald wieder die Hörner,
Sie zu umflechten mit Grün. Auch wagte die fürstliche Jungfrau,
Unkund, wen sie bestieg, auf dem Rücken des Stieres zu sitzen.
Da schreitet sacht der Gott vom Land und vom trockenen Ufer

Und setzt vorn in die Flut die betrüglichen Schritte der Füße,
Geht dann weiter und trägt quer über des mittleren Meeres
Fläche den Raub. Sie erbangt, und zurück zum verlassenen Strande
Schaut sie und hält mit der Rechten ein Horn, auf dem Rücken die andere
Stemmend; das lose Gewand ist geschwellt vom Hauche des Windes.

Ovid, *Metamorphosen*, *II*, *843ff.*

HEINRICH BÖLL
Er kam als Bierfahrer

I

Am besten gefielen ihm die schlanken Weinflaschen; sie paßten so gut in seine Manteltaschen; nie hatte er mehr Gepäck als in seine Manteltaschen paßte; in der einen Weinflasche und ein Stück Käse, in der anderen Brot, Tabak, Zigarettenpapier, Zündhölzer; kein Taschentuch, keine Zahnbürste; an Seife genügte ihm, was er in den Toiletten der Züge fand; dort schneuzte er sich auch mit den Fingern, wusch Hemd und Socken und ließ die Wäsche an seinem warmen Leib trocknen. Das äußerste, was er sich an Gepäck zumutete, war ein Papierbeutel mit Brathähnchen, Brot, Früchten: die Reste konnte er nach der Mahlzeit aus dem Zugfenster werfen.

Was ihm auffiel: zueinander sagten sie Sie, zu ihm Du; immer war's ein banges, respektvolles Du; außerdem: wenn er ein Abteil erster Klasse betrat, dieses kurze Zögern, als wenn einer ihm hätte sagen wollen: Verzeihen Sie, aber das ist die erste Klasse. Er tötete dieses kurze Zögern mit einem Lachen: jedesmal dann die leise Spannung, wenn der Schaffner kam und das Vorzeigen der Karte fällig wurde, und dann beides: Erstaunen und Erleichterung, wenn er das grüne und das weiße Pappding aus der Tasche zog und vorzeigte. Nicht einmal gegen sein Rülpsen wagten sie den Blick zu erheben. Die Frauen rückten entweder von ihm ab oder zu nahe an ihn heran, und beides mochte er nicht.

Was ihn am meisten verwunderte: die Lippenstifte; jedesmal, wenn eine Frau einen aus der Tasche zog und an den Mund führte, lachte er laut: er hatte nicht geglaubt, daß dieser Kult so weit nach Norden vorgedrungen und so verbreitet war. Diese Ungeniertheit der Frauen und die Ahnungslosigkeit der Männer, die ihr eigenes Symbol nicht erkannten, amüsierte ihn. Im Laufe der langen Reise begriff er, daß auch die Frauen sich ahnungslos dieses offenkundigen Symbols bedienten, und er lachte noch lauter. Kein Sinn für Zeichen und Wunder. Nur die Kellner schienen etwas zu ahnen: sie bedienten ihn ohne bösartige Untertänigkeit, brachten ihm, ohne daß er fragen mußte, nur Dinge, die er mit den Händen essen konnte:

Huhn, Brot, Früchte, und waren nicht einmal über die Höhe seiner Trinkgelder erstaunt.

Zweimal, in Wien und München, dauerte der Aufenthalt länger, und er ging in die nächstgelegene Kneipe, hockte sich an die Theke, trank Bier, küßte die Wirtinnen in die Handfläche, streichelte ihren Unterarm, und beide Wirtinnen fuhren ihm mit der freien Hand durchs Haar und murmelten: »Was suchst Du denn hier?«; beide Male antwortete er: »Europa«; die eine – er wußte nicht, obs in Wien oder München gewesen war – murmelte: »Europa? Hier nicht«; die andere: »Europa, aber doch nicht hier?«; und die eine sagte, als er sie in die Hand küßte: »Gott«, die andere: »Bulle«.

Die fremden Ortsnamen nahm er in den Mund wie Weinproben; München schmeckte nicht, Ulm schmeckte; Stuttgart und Frankfurt schmeckten ihm nicht, Mainz: er nickte. Der Rhein war gut, sehr gut war er; er blieb am Fenster stehen, solange der Zug am Rhein entlang fuhr; gut, er nickte vor sich hin und rauchte; bei Koblenz (schmeckte nicht) wurde es dunkel, er ging ins Abteil zurück und schlief, bis ihn ein Ruf weckte, der wie ein Schuß klang: Bonn. Er lachte und nahm einen langen Zug aus seiner Weinflasche.

Köln schmeckte nicht; er mußte umsteigen. Im Zug nach Ostende saß er einem weißhaarigen Herrn gegenüber, der ihn über Zeitung, Brille und ein violettes Jabot hinweg anlächelte, die Zeitung weglegte, die Brille abnahm, und er hörte in seiner Sprache:

»Du, wo kommst du denn her?«

»Weißt du es nicht?« sagte er, und sein Mund war voll Wohlgeschmack, als er seine Sprache sprechen konnte.

Der alte Herr nickte, lächelte nicht mehr: »Was suchst du hier?«

»Europa.«

»Und wohin fährst du?«

»Nach London.«

Der Alte lachte, schüttelte den Kopf: »Europa ist doch nicht in London.«

»Wo, wo ist sie?«

»Nicht zu weit von Aachen.«

»Und wo ist Aachen?«

»Die übernächste Station.«

Der Alte war der erste, der die dargebotene Weinflasche nahm und draus trank. »Gott«, sagte er, als er absetzte, »ist der gut«, und als er die Flasche zurückgab, fragte er leise: »Warum bist du so traurig? Du wirst sie schon finden.«

»Es ist nicht Trauer, was du in meinen Augen siehst, es ist Neid.«

»Neid? Worauf?«

»Auf euch, weil ihr sterblich seid.«

»Auch du bist sterblich«, sagte der alte Herr, nahm seine Zeitung unter den Arm, eine Tasche aus dem Netz und stand auf. Der Zug hielt. »Vergiß nicht, Aachen ist die nächste Station.«

Er blieb im Gang stehen, rauchte, dachte nach: war der Alte der Tod gewesen? Violett und weiß, und sprach so wunderbar seine Sprache. Eine junge Frau mit zuckendem Gesicht humpelte am Stock auf ihn zu, wollte vorbei; er nahm ihr zuckendes Gesicht in seine Hände wie eine Frucht, es wurde glatt und sanft; zwei, drei Griffe auf ihrem verkrümmten Rücken wie auf einem Musikinstrument; er nahm ihr den Stock weg und schleuderte ihn in den Gang; sie stöhnte: »Gott, o, Gott«, wollte seine Hände küssen; er löste sich von ihr, lief in den nächsten Waggon, zog die Notbremse und sprang ab, bevor der Zug seinen letzten Ruck getan hatte.

Zwischen Bohnensträuchern lag er lächelnd auf dem Rücken, hörte Geschrei, sah wie Lampen geschwenkt wurden; einer rief: »Es war dieser Grieche, dieser Gastarbeiter!« Er riß sich Bohnenhülsen ab, nahm die jungen Früchte aus der wattigen Schale, trank Wein dazu, wartete, bis der Zug nach vielem Lampengeschwenke weiterfuhr. Er stand auf, ging, ohne sich die Erde von Mantel und Hose abzustreifen, zur Straße, auf den nächsten Ort zu. Was auf dem Ortsschild stand, gefiel ihm, gefiel ihm sehr: Langerwehe. An der nächsten Kneipe sah er hinter der Glastür den Schatten der Wirtin, die gerade abschließen wollte; er drückte die Tür sanft nach innen auf, blickte ihr in das breite, müde Gesicht und sagte: »Gib mir rasch noch ein Bier.« Sie schloß hinter ihm ab, ging zur Theke, nahm ein Glas aus dem Schrank und hielt es unter den Zapfhahn.

»Du kannst nicht zufällig Auto fahren?« fragte sie.

»Doch«, sagte er.

»Auch Lastwagen?«

»Ja.«

»Hast du Papiere.«

Er zog sie aus der Tasche, gab sie ihr, sie studierte sie sorgfältig. »Tauros?« sagte sie, »heißt das nicht Stier?«

»Mein Gott«, sagte er, »bist du aber gebildet.«

»Ich war bei Nonnen auf der Schule«, sagte sie, »da lernt man was. Also gut. Du bist engagiert. Versuchen wirs miteinander.«

So wurde er Bierfahrer.

2

Nicht nur ihr Vorname war ungewöhnlich; vor allem, daß sie zu diesem Schmitz zog; er war Elektriker in einer Papierfabrik, hatte ein Häuschen geerbt, Stall, Scheune und ein paar Morgen Land; ein etwas versponnener Bursche, der manchen mürrisch vorkam und ein bißchen frömmlerisch, weil er in den Kneipen bockig schwieg, wenn andere – Vertreter, Anstreicher, Briefträger – von ihren Weibergeschichten erzählten; er galt als »andersherum«, weil er nie was mit Frauen und Mädchen hatte, nie zu Tanzereien ging; nur dieses eine Mal mit einer Kusine aus Langerwehe, die ihn einfach in ihrem Auto abschleppte, weil sie für den Abend keinen Begleiter hatte; an diesem Abend traf er mit ihr zusammen auf dem Ball ihrer Schulfreundin mit dem ungewöhnlichen Vornamen; da konnte er sogar plötzlich tanzen; er tanzte oft mit ihr, zog sie später an der Hand durch den bunt erleuchteten Biergarten an den Feldrain, versuchte sie zwischen den parkenden Autos zu umarmen. »Nicht hier«, sagte sie leise.

»Wo denn?« fragte er.

»Im Wald«, sagte sie, »sehr sehr weit von diesen Autos weg. Doch nicht, wo Autos in der Nähe stehen.«

Sie zog ihn an den Händen fort, tief in den Wald.

Sie gab das Ingenieurstudium auf und zog mit ihm in sein Haus, in dem Weiler Frauenbroich.

Die Nonnen in der Schule hatten mehr von ihr erwartet. »Europa«, so hatte auf dem Abgangszeugnis gestanden, »verbindet Intuition und Intellektualität auf eine Weise, die Großes von ihr erwarten läßt.« Nichts Frommes hatten die Nonnen von ihr erwartet, Kühnes: »Die neue architektonische Dimension einer erneuerten Christlichkeit«, so hatte die Direktorin es ausgedrückt. Der Ärger mit ihr war vergessen; daß sie sich vor Kirchgang und Gebet meistens in den Garten verdrückte, es vorzog, Unkraut zu jäten oder bei der Obsternte zu helfen; und diese Affäre mit dem ältlichen Gärtner, die nicht sie, sondern er gestand; er behauptete, von ihr – sie war fünfzehn – verführt worden zu sein. Auf alle Vorhaltungen antwortete sie nur mit dem einen Satz: »Ich bin eine Frau, ich bin eine Frau, ich bin eine Frau.« Später mit einem Lastwagenfahrer, der Zement für den Neubau der Turnhalle brachte, und wieder von ihr nur der eine Satz: »Ich bin eine Frau.« Beide Männer verheiratet. Skandale mit knapper Not vermieden. Der Kommentar ihrer Klassenlehrerin: »Es ist ihre Gewissenlosigkeit, die sie so schön macht.« Höhepunkt ihres Schulruhms: eine Meditation über das Wort Vergehen in seiner Doppeldeutigkeit; der Schulrat dazu: »Das könnte man direkt publizieren.« Gleichzeitig ihre erstaunliche Einsicht in mathematische Probleme. Alles machte sie »spielend«: Obstpflücken, Turnen, Physik.

Nun lebte sie mit diesem Elektriker Schmitz, versorgte sein Haus, die Kuh, die Hühner, trieb sich tagelang in den Wäldern herum, sammelte Beeren und Pilze, kochte ein, mähte Heu. In Frauenbroich und den umliegenden Weilern hieß es, sie treibe es im Wald auch mit Männern, doch fand man nie einen Mann, der sich rühmte, es mit ihr getrieben zu haben.

Schmitz war gut zu ihr, sie war gut zu ihm; ihre Herkunft blieb ihm so dunkel, wie sie den Nonnen geblieben war. Findelkind, Waisenkind. Immer, wenn Schmitz sie danach fragte, murmelte sie: »Ich weiß nicht, woher ich komme.« Wenn Schmitz heimkam und sie fragte, wie sie sich fühle, antwortete sie, was sie auch den Nonnen schon auf diese Frage geantwortet hatte: »Fremd, aber gut.«

Nachts legte sie oft ihren rechten Arm unter seinen Nacken, zog seinen linken Arm unter ihren Nacken, summte vor sich hin und sagte Dinge, die Schmitz merkwürdig erschienen.

»Das schönste Wort in eurer Sprache – – – vergehen.«

»Warum sagst du eure Sprache – – ist es nicht auch deine?« Er spürte auf seinem Arm, daß sie den Kopf schüttelte.

»Du weißt ja«, sagte sie eines Nachts, »daß ich nicht bei dir bleibe?«

Sie spürte im Dunkeln auf ihrem Arm, daß er mit dem Kopf nickte.

Schmitz hatte nie Angst, und doch war ihm bang. Es kam ihm vor, als wäre sie schon unendlich lange bei ihm, wäre immer bei ihm gewesen; ewig, das Wort wurde für ihn so lang und so breit wie es war; die Zeiten gingen ihm durcheinander: an einem Julimorgen waren sie zusammen aus dem Wald gekommen, und sie war bei ihm geblieben; er hatte seinen Urlaub genommen, unbezahlten noch dazu, und es war erst Anfang September, als er die Verkaufsstelle für Flaschenbier übernahm; es schien ihm, als habe er die Ewigkeit hinter sich und die Zeit noch vor sich. Auch Worte verloren sich, wurden fremd: heiraten – es schien ihm, als habe er das Wort nie gehört; Autos: er sah sie, und wußte doch, daß sie nicht da waren; Europas Gegenwart löschte Worte und Wirklichkeiten aus.

»Wenn ich dir vergangen bin«, sagte sie in den ersten Septembertagen zu ihm, »dann nimm dir die Trude Weihrauch. Sie ist eine Frau.«

3

Morgens beim Frühstück rügte die Wirtin seine Manieren; daß er sich weigerte, ein Messer zu benutzen, das Brot einfach in Stücke riß, in die Butter, dann ins Salz stippte; hohnlachend ließ er sich zum Gebrauch eines Löffels herab, um die Eier aus ihren Schalen zu kratzen. Brot, Butter, Eier, Salz und Kaffee schmeckten ihm. Er studierte seine Route auf der Landkarte, ließ sich die Liste der Verkaufsstellen erklären, die Stellen, wo sie in den Weilern lagen; Flaschenpfandprobleme, und das Hauptprinzip des Geschäfts: »Nur gegen bar. Schließlich haben sie ja das Bier verkauft, dran verdient und können das neue bar bezahlen. Nur diesem neuen, dem Schmitz in Frauenbroich, kannst du erst mal Kredit geben.« Zum Glück war der Wagen noch von seinem Vorgänger beladen worden. »Es wird spät werden«, sagte sie, als er sich ans Steuer setzte, »und verfahr dich nicht, Bulle.«

»Ja«, sagte er, »es wird sehr spät werden«, und fuhr lachend los.

Diese verschlafenen Weiler, zu klein für eine Kneipe oder zu weit von der nächsten Kneipe entfernt, gefielen ihm, müdes Vieh zwischen Obstbäumen; volle Bierkästen ab-, leere aufgeladen, Geld in die große Ledertasche; träge Frauen, mit denen er verhandelte, muntere, die meisten kamen ihm zu nahe; nachmittags gegen zwei fuhr er kurz vor Frauenbroich in einen Waldweg, trank Wein aus seiner Flasche, aß Brot und Käse, rauchte eine Zigarette, ließ den Motor an, um zurückzusetzen. Er sah sie den Weg herauf auf das Auto zukommen, zog die Bremse, ließ den Motor im Leerlauf weiterlaufen, sprang ab und lief auf sie zu. Kurze Schüchternheit, bevor er sie in die Arme nahm; ihn überraschte, daß ihr Haar dunkel war, er hatte sie sich blond gedacht; sie störte, daß es nach Auto roch. »Komm«, sagte er leise, »vergehen wir.«

Den Lastwagen fand ein Liebespaar nachts; der Motor lief noch; Schmitz kam zurück in die Zeit, alle Bangigkeit fiel von ihm. Von den beiden keine Spur. Sie waren in den Wäldern vergangen.

Aigina

Der Fluß Asopos war ein Sohn des Okeanos und der Tethys, nach Akusilaos jedoch der Pero und des Poseidon, wie wieder andere angeben, des Zeus und der Eurynome. Mit ihm vereinigte sich Metope – sie war eine Tochter des Flusses Ladon – und gebar zwei Söhne, Ismenos und Pelagon, und zwanzig Töchter, von denen eine, Aigina, Zeus entführte. Auf der Suche nach ihr kam Asopos nach Korinth und erfuhr dort von Sisyphos, daß Zeus der Entführer sei. Zeus traf den ihn Verfolgenden mit dem Blitz und wandte ihn so zu seinem alten Lauf zurück – so kommt es, daß noch heute aus seinem Bett Kohlen gewonnen werden –, Aigina aber brachte er auf die Insel, die damals Oinone hieß, jetzt aber nach ihr Aigina benannt ist, wo er sie umarmte und einen Sohn mit ihr zeugte, Aiakos.

Apollodoros, Bibliothek,
III, 12,6

Als Hera das erfuhr, sandte sie eine Schlange in das Wasser, die es vergiftete; wer davon trank, mußte sterben.

Hyginus, 52. Fabel

Gräßliche Seuche befiel mein Volk durch der feindlichen Juno
Zorn, die haßte das Land, das führte den Namen der Buhle.
Während es menschliches Los noch schien und der großen Verheerung
Anlaß dunkel blieb, ward gegengekämpft von der Heilkunst;
Machtlos aber erlag vor der siegenden Plage die Hilfe.
Anfangs lagerte sich mit drückendem Dunste der Himmel
Über dem Land und verschloß in den Wolken erschlaffende Schwüle.
Während der Mond viermal mit vereinigten Hörnern die Scheibe
Füllte, verengt viermal abließ von der Fülle der Scheibe,
Wehte beharrlicher Süd Tod bringend mit glühendem Hauche.
Zweifel ist nicht, daß Quellen und Seen auch Schaden genommen,
Da auf den Fluren umher, die keiner bestellte, von Schlangen
Kroch zahlloses Gezücht und die Wasser verdarb mit dem Gifte.
Leichen von Hunden zuerst und Gevögel und Schafen und Rindern
Zeugten und fallendes Wild von der Macht der einbrechenden Krankheit.
Während der Arbeit sieht mit Bestürzung der ratlose Pflüger
Fallen den kräftigen Stier und inmitten der Furche sich strecken.
Krankes Geblök stößt aus das vließtragende Vieh, und die Wolle
Fällt von selber herab und von Siechtum schwinden die Leiber.
Sonst voll feurigen Muts und an Ruhm so reich in der Rennbahn,
Stöhnt untüchtig zum Sieg und der früheren Ehren vergessend
Jetzt an der Krippe das Roß, unrühmlichen Todes zu sterben.
Grimmig zu werden vergißt der Eber, dem Laufe der Hindin
Sich zu vertraun, und der Bär zu befallen das rüstige Hornvieh.

Schlaff ist alles und schwach. In den Wäldern, auf Fluren und Wegen
Liegt abscheuliches Aas, und die Luft ist verpestet vom Moder.
Seltsam hört es sich an: kein Hund, kein gieriger Vogel
Rührte daran, kein graulicher Wolf. In Verwesung zergehend
Sandt' es verderblichen Dunst und verbreitete weit die Vergiftung.

Ovid, Metamorphosen,
VII, 523ff.

Jo Rippier
Das Tal

Lieber Philip,

ich möchte, daß Du diesen Brief, sobald Du ihn gelesen hast, vernichtest und daß Du ihn künftig nie erwähnst, wenn wir bei Gelegenheit vielleicht zusammentreffen. Doch ich muß einfach jemandem mitteilen, was ich durchgemacht habe; allein vermag ich damit nicht länger zu leben. Ich bin, weiß Gott, nicht sonderlich kräftig, aber die letzten Monate hätten auch einen Menschen von der Konstitution eines Ochsen zermürbt. Ich habe das Gefühl, als sei meine Person Stück um Stück auseinandergenommen, gesichtet und weggeworfen worden und lediglich eine physische Gegenwart übriggeblieben.

Aus mehreren Gründen wende ich mich an Dich: Du kennst mich, alles in allem, recht gut, und Du bist ein Mensch, der Geheimnisse bewahren kann. Vielleicht wirst Du mir sogar antworten wollen. Tu's nicht! Der Umstand, die Feder übers Papier zu führen, hilft mir bereits, obwohl ich mich mit meinem Bericht in Deine Hände gebe. Du wohnst weit weg, und es scheint auf Jahre hinaus nicht damit zu rechnen zu sein, daß wir einander begegnen. Bis dahin wird das Erlebnis seine Unmittelbarkeit verloren haben – hoffe ich –, deshalb auf keiner Seite Verlegenheit oder Peinlichkeit entstehen.

Natürlich hast Du noch immer nicht die geringste Ahnung, wovon ich spreche. Ich habe nie gern über mich gesprochen und hasse den Zwang, mich den Tatsachen zu stellen; ich hatte bisher geglaubt, es sei mir sogar gelungen, nicht mehr über mich nachzudenken.

Doch laß mich der Reihe nach erzählen. Kurz nachdem wir uns im vergangenen Herbst gesehen hatten, trat ich meine Forschungsreise an. Ich bedauere sehr, daß ich all die Monate nicht schrieb, zumal ich weiß, daß Du über meine Tätigkeit dort hören wolltest. Du wirst es kaum glauben, aber von Anfang an war ich aus Gründen, die mir unverständlich bleiben, unfähig, mich irgend jemandem außerhalb des Tals mitzuteilen. Seit meiner Rückkehr scheint mein Gedächtnis bemüht, die durch jene Monate geschaffene Zeit-Lücke zu schließen. Während meines dortigen Aufenthalts fand ich es immer schwieriger, an die

Außenwelt zurückzudenken. Nun, da ich dem Tal fern bin, wird es mir mehr und mehr zur Anstrengung, mein Erlebnis zurückzurufen, trotz der Schwermut und der Niedergeschlagenheit, die seine unmittelbare Folge sind. Es ist sonderbar: geradezu visuell sehe ich meinen Geist vor mir – flatternde Gewebefetzen, die sich spannen, um sich miteinander zu verketten und so diese Lebensepisode zu einem endgültigen Abschluß zu bringen. Wirklich gewinne ich immer stärker den Eindruck, daß ich mich wie ein außer mir befindliches Wesen betrachte, nicht mehr dem Körper und der Person zugehöre, die ich einst bewohnte. Um Dir ein Beispiel zu geben: als ich im Tal war, konnte ich mich um alles in der Welt nicht darauf besinnen, unter welchen Umständen ich zuerst von seiner Existenz erfahren hatte. Jetzt hingegen unterm Schreiben wird es mir sogleich wieder gegenwärtig: Denn in Deinem Haus schlug ich eine Deiner Zeitschriften zufällig an einer Stelle auf, die einen Artikel über das Tal enthielt. Damals suchte ich nach einer von modernen landwirtschaftlichen Methoden noch unberührten Gegend, um vergleichende Untersuchungen über das Leben der Insekten in Kalksteingebieten anstellen zu können. Und wie weitere Nachforschungen zeigten, war der Ort dafür ideal geeignet. Ich entsinne mich des warmen Mai-Nachmittags, des ersten wirklich schönen Tags im vergangenen Jahr. Ich ließ mich in Deinem Wohnzimmer in den Sessel nieder, der dem offenen Fenster gegenüberstand, und blickte über Deinen Garten hin auf das stille Oxfordshire-Tal – ich begreife immer noch nicht, wie Du es über Dich gebracht hast, das reizende Haus zu verkaufen und wieder ins Ausland zu gehen – und stellte erleichtert fest, daß ich nicht allzuweit würde reisen müssen und, was viel wichtiger war, daß ich in der Sprache des Landes einige Geläufigkeit besitze. Auf Umwegen sozusagen bist Du also für die Geschehnisse verantwortlich, doch glaube darum nicht, ich wollte Dich in irgendeiner Weise schuldig sprechen. Weitere Lektüre und Orientierung bewiesen die Richtigkeit meiner Vermutungen, und im Oktober vergangenen Jahres machte ich mich auf, um in einigen Wochen einen ersten Überblick zu gewinnen.

Bis an mein Lebensende werde ich mich daran erinnern, wie das Tal an jenem Morgen aussah. Drei Tage war ich zügig gefahren, und als ich abends spät die Gegend erreichte, beschloß ich, die Reise nicht weiter fortzusetzen, sondern in einem vor den Bergen gelegenen Dorf zu übernachten. Wie sich erwies, ein vernünftiger Entschluß, denn die Straßen, die immer schlechter geworden waren, wurden im Gebirge dann einfach miserabel. Wahrscheinlich bewirkte der Wein, den ich abends trank, daß ich mich verschlief; es war fast zehn Uhr, als ich das kleine Gasthaus verließ und langsam die Straße hinan fuhr, die tatsächlich nicht mehr als eine notdürftige Spur war.

Immer weiter bergan ging es, ich wich Wagenspuren und Geröllblöcken aus, von denen mehrere groß genug waren, um den Wagen schachmatt zu setzen. Ich brauchte einige Zeit, um den Gipfel zu erreichen; das Gewölk wurde während der Steigung ständig dichter. Dann fuhr ich die andere Bergseite langsam hinunter, benutzte den Gang als zusätzliche Bremse, bis ich die Wolkendecke durchstieß. Noch eben von wirbelnden Schwaden umgeben, war ich im nächsten Augenblick in der Sonne. Ich hielt an und blickte hinunter, stellte den Motor ab. Auf der Höhe herrschte eine leichte Luftbewegung, unten im Tal regte sich nichts, nur die Windungen des Herbstnebels, die sich an den Rändern des Talbodens auflösten. Man hätte sie für Rauch halten können, aber der Rauch aus den Schornsteinen des kleinen Weilers stieg kerzengerade auf. Kein Laut war zu hören, weder Hundegebell noch Hahnenschrei, nur der Wind stieß durchs offene Wagenfenster leicht gegen meine Wange. Von dieser Höhe aus konnte ich den Lauf des Flusses vom einen bis zum anderen Talende verfolgen. Eine ganze Viertelstunde saß ich dort, lauschte dem Wind und schaute hinab. Das Tal sah aus wie ein in Watte gepacktes Spielzeug-Eiland.

Ich fuhr weiter, zum Dorf hinunter. Es bestand nur aus zwanzig Häusern und zählte etwa hundert Seelen. Auf einer kleinen Anhöhe unweit der Häuser standen die Ruinen eines Gebäudes, das einst stattlich gewesen sein mußte. Man sagte mir, es habe der ortsansässigen Adelsfamilie gehört und sei gegen Ende des Kriegs niedergebrannt worden. Nichts außer diesen Überresten legte die Vermutung nahe, daß sich im Lauf der Jahrhunderte etwas im Tal geändert habe. Ich will die Dinge nicht im Einzelnen schildern, Du weißt ja, ich tauge dazu nicht, vielmehr möchte ich, daß Du versuchst, Dir vorzustellen, wie es dort aussah.

Natürlich war mein Erscheinen auf der Gebirgsstraße sogleich bemerkt worden, und bei meiner Ankunft erwartete mich eine regelrechte Menge, die hauptsächlich aus Kindern bestand. Nun sind Kinder zwar stets neugierig, damals aber gewann ich den Eindruck, als hielten sie mich für eine Art bizarren Gegenstand, der, wenngleich aus Fleisch und Blut, ihren Erwartungen völlig widersprach und darum nicht ganz wirklich erschien. Das muß

Dir absonderlich vorkommen, denn obwohl das Tal den ausgetretenen Pfaden fernliegt, ist es doch keineswegs von der Zivilisation abgeschnitten. Zudem kommen im Sommer zahlreiche Besucher, um zu fischen oder auch nur, um zu wandern. Ich war der erste Fremde, der im Herbst kam, und vermutlich fanden sie das ein wenig seltsam.

Ich hatte ein Empfehlungsschreiben an den Fischerei-Aufseher bei mir und wurde zu seinem Haus geführt. Einem Haus voll junger Mädchen, wie mir schien. Eines von ihnen ging mir voran durchs Haus und zum rückwärtigen Eingang. Ich hätte erwähnen sollen, daß das Haus des Aufsehers das letzte des Dorfes war und unmittelbar hinter ihm der Abhang des Berges begann. Selbstverständlich hatte ich alles darüber gelesen, trotzdem versetzte es mir eine Art Schock, die Quelle zu sehen. Allerdings scheint das Wort »Quelle« in diesem Zusammenhang fehl am Platz, es ist vielmehr ein Teich von fünfzig Meter Länge und etwa zwanzig Meter Breite; aus dem Becken strömt genügend Wasser, um den Fluß zu bilden. Wie so häufig in Kalksteingebieten, versickert er am Ende des Tals, verliert sich im Nichts, um viele Meilen weiter südlich wieder ans Tageslicht zu kommen.

Auf dem Weg zum Teich stieß ich mir das Bein schmerzhaft an einem Gestell, auf dem ein umfangreicher schwarzer Metalltank lag. »Er ist nicht hier«, rief das Mädchen, »er wird unten bei den Laichteichen sein. Es ist nicht weit. Können wir mit dem Wagen fahren?« fragte sie schüchtern. Wir fuhren durch den Weiler und auf der holprigen Wegspur durch die Wiesen, bis wir zu einer Brücke gelangten, die über einen der Zuflüsse führt. Im seichten Wasser sah ich mehr große Forellen als je zuvor in meinem Leben. Da die Untiefe so klar war, schienen die Fische über den weißen Kieseln auf der Luft zu treiben, bis ein plötzlicher Windstoß das Wasser bewegte und das Bild zerstörte.

In kleiner Entfernung erblickte ich drei Personen, eine davon stand im Wasser, die zwei anderen befanden sich außerhalb. Meine Aufmerksamkeit wurde sogleich von dem Mann im Wasser gefangen genommen, einem riesenhaften Burschen, an die zwei Meter lang. Er bückte sich fast bis zur Mitte, um die Fische herauszunehmen und Rogen und Milch in am Ufer stehende Schüsseln zu streichen. Weder seine Größe noch seine Beschäftigung faszinierten mich jedoch so stark, daß ich erst nach einer Weile die Aufmerksamkeit der beiden anderen zu gewinnen suchte, sondern die Art und Weise, wie er seine Arbeit verrichtete. Große Menschen sind oft ungeschlacht. Sein Tun – die

Fische aus dem Wasser zu nehmen, sie zu entleeren, sie ins Wasser zurückzuwerfen – war von solcher Rhythmik und Geschmeidigkeit, daß seine gewaltigen Hände diesen unsichtbaren Keimzellen der Schöpfung Leben einzugeben schienen.

Verzeih, daß ich diese scheinbaren Belanglosigkeiten erwähne, ich möchte erreichen, daß Du Dir von der Umgebung und besonders von dem Mann eine Vorstellung machen kannst. Vielleicht wirst Du die späteren Geschehnisse dann besser begreifen.

Der Riese richtete sich unter leichtem Stöhnen auf. Der Ausdruck seiner Augen veränderte sich nicht, als er meinem Blick begegnete, denn er war völlig in seine Arbeit vertieft. Auch als ihm meine Gegenwart bewußt wurde, blieb sein Blick mehr nach innen als nach außen gerichtet. Spaosu, der Fischerei-Aufseher, begrüßte mich mit warmem Händeschütteln und stellte mich der dritten Person, seiner Tochter Gina, vor. Sie stand auf und betrachtete mich mit der offenen schamlosen Neugier, der man oft bei Kindern begegnet. Bei einem Erwachsenen wirkt sie eigenartig peinlich, wenigstens auf einen Menschen wie mich. Sie sprach kein Wort und sank gleich wieder in ihre sitzende Stellung auf einem Holzklotz zurück. Bis zu diesem Augenblick hatte ich ihr Gesicht nicht sehen können, da ihr langes Haar ihre Züge verdeckte. Auch sie war sehr groß, aber von vollkommenem Gleichmaß und, wie ich später erfuhr, damals erst neunzehn Jahre alt. Sie beschreiben zu wollen, ist sinnlos. Einen Menschen, den wir lieben – oder hassen –, können wir niemals beschreiben. Wir glauben es zu können, da sein Bild uns beständig, unbarmherzig verfolgt. Wenn wir es in Worte zu übersetzen versuchen, zerfließen die individuellen Züge und verändern sich beinahe kaleidoskopisch. – Ich sah sie auch kaum beim ersten Mal. Ihre Augen stachen in mich, und ich fühlte in dem Augenblick nichts als den Schmerz. Ich blieb regungslos stehen, sekundenlang schaute ich sie noch an, nachdem sie ihre Aufmerksamkeit schon anderem zugewandt hatte. Der Riese blieb an seinem Platz im Wasser und nahm die Arbeit wieder auf. Spaosu entschuldigte sich, weil er bei meiner Ankunft nicht anwesend gewesen war, und lud mich für den Abend in sein Haus ein.

Ich bezog ein Zimmer im Haus einer Witwe. Es lag über dem Stall, doch hielt sie keine Tiere mehr. Ich vereinbarte mit ihr, das Zimmer wieder zu nehmen, wenn ich im nächsten Sommer zurückkehrte, um mehrere Monate zu bleiben und meine Untersuchungen über das Leben der Wasserinsekten zu vervollständigen. Während des Tags streifte ich am Fluß und an den vielen Wasserläufen entlang, die um die Wiesen geleitet worden waren. Die Kanäle waren so angelegt, daß sie an manchen Stellen zur Bewässerung der Felder geöffnet werden konnten.

Ach, beinahe hätte ich vergessen, eine weitere Person zu erwähnen, die beim späteren Geschehnis eine Hauptrolle, wenn nicht die Hauptrolle, spielen sollte: Rhea, Spaosus Frau. Es war leicht zu erkennen, wem die Tochter ihre Statur und ihr blendendes Äußeres verdankte. Körperlich war Gina prachtvoll; auf ihre anderen Eigenschaften werde ich noch zu sprechen kommen.

Spaosu erzählte mir, Rhea habe ihm nie wirklich verziehen, daß er sie aus der Stadt hierher verpflanzt hatte. Ihr Gefühl, den Frauen des Weilers überlegen zu sein, hatte weder ihr noch ihm das Leben erleichtert. Mit den Jahren war sie unzugänglich geworden, brütete über dem, was hätte sein können, und ließ, nach Spaosus Ansicht, die Dinge treiben. Weil nie gezügelt oder ordentlich belehrt, waren die Kinder verwildert. Spaosu selbst war viel zu gutmütig, um seine Autorität zu behaupten, und mehr um das Wohl seiner Fischzucht als um das Schicksal seiner Kinder besorgt, besonders seit seine beiden Söhne im Krieg gefallen waren. Nur an Gina, die ihn oft bei seiner Arbeit begleitete, schien er wirkliches Interesse zu nehmen. Doch ich vergesse den Riesen. Niemand wußte, wie sein eigentlicher Name lautete. Er war nach dem Krieg von Flüchtlingen zurückgelassen worden und im Dorf aufgewachsen. Die Gemeinde war so klein und abgelegen, daß sie eher einer großen Familie glich. Sonnio – diesen Namen hatte man dem Riesen gegeben – war von ihr mehr oder weniger aufgenommen worden. Spaosu hatte den Verlassenen sehr gut behandelt, nachdem er dessen Liebe zum Fluß entdeckt hatte. Als kleiner Knabe hatte Sonnio den ganzen Tag zufrieden am Ufer gespielt und das Wasser mit kindlicher Ehrfurcht berührt, und als er heranwuchs, all dessen Geheimnisse in sich aufgenommen.

Er wußte, wo die großen Forellen lagen, wo die Hechte zu finden waren, wann die Aale wandern; das Wissen des Mannes war das Nachschlagwerk über den Fluß. An der richtigen Stelle geöffnet, gab es auf jede Frage Antwort. Aber ganz so einfach verhielt es sich selbstverständlich nicht damit, denn Sonnio hatte Mühe, die erworbenen Kenntnisse in Worten auszudrücken. Er hatte die Schule gehaßt und, so oft es ihm gelang, den Unterricht geschwänzt. Die Kenntnisse eines Mannes verband er mit dem Verstand eines Kindes; mir aber war er Führer sowohl wie Lehrer.

Da Spaosu selten weite Strecken ging, begleitete Sonnio mich zumeist. Doch auch der ältere Mann vermochte mir oft zu helfen, zumal er auf fast fünfzig der Fischzucht gewidmete Arbeitsjahre zurückblicken konnte. Er stand in so hohem Ansehen, daß er nach der Machtübernahme durch das neue Regime seinen Posten hatte behalten dürfen, obwohl er für die früheren Landbesitzer gearbeitet und mit ihnen in gutem Einvernehmen gelebt hatte.

Die wenigen Tage meines Aufenthalts verflogen im Nu, ich war oft im Hause des Aufsehers. Rhea zeigte sich mir gegenüber höflich, erwies mir aber nie mehr als die im Verkehr mit Fremden gebotene Gefälligkeit, seit sie den Zweck meines Besuchs erfaßt hatte. Sie haßte den Fluß mit beharrlicher unverminderter Leidenschaft. Die Sorge um die Reinheit des Wassers hatte ihren Mann im Tal festgehalten, und sie wußte, daß er es nie mehr verlassen würde. Sonnio war der einzige, der Rhea ein Lächeln abgewann. Nicht als ob er jemals viel geredet hätte. Fern dem Fluß wurde er ein anderer. Er hielt sich krumm, watschelte, war unsicher in Gesellschaft. Die Kinder hätten sich über ihn lustig gemacht – hinter seinem Rücken taten sie es oft genug –, hätten sie den Mut dazu gefunden. Eine der haftenden Erinnerungen an Sonnio zeigt ihn mir, wie er am letzten Abend von mir fortgeht. Es war kalt, und er trug einen alten schwarzen Mantel, der ursprünglich für einen viel kleineren Mann gemacht worden war. Die großen Hände hingen eine Spanne weit aus den Ärmeln hinaus, die langen Finger streckten und krümmten sich, als habe er keine Herrschaft über sie.

Was Gina anbetraf, so beachtete sie mich nie: meine Grüße wurden übersehen. Jedenfalls kam und ging sie, wie die Laune es ihr eingab. Die Familie schien daran gewöhnt zu sein.

Wie Du weißt, kehrte ich im April ins Tal zurück. Die Tage verbrachte ich draußen, allein oder mit Sonnio. Gewöhnlich nahm ich mir für die Mittagszeit Brot, Käse und den Rotwein der Gegend mit und aß abends ein kräftigeres Mahl, das mir die Wirtin kochte. Warum erwähne ich diese Dinge? Ich weiß, Du denkst jetzt, ich gerate ins Schwätzen. Vielleicht tu ich's auch, aber Du sollst eben versuchen, Dir das Tal und meinen Alltag dort vorzustellen. Da meine Arbeit gute Fortschritte machte, hätte ich – nun ja – glücklich sein müssen. Das Wetter hätte nicht freundlicher sein können, und die Sonne schien mit jedem Tag wärmer. Der Mangel an Niederschlag war ohne Bedeutung. Die Schleusen der Kanäle wurden geöffnet, das Wasser überschwemmte die Wiesen und fand schließlich seinen Weg zum Fluß zurück.

Sonnio war verändert. Nicht daß er Unfreundlichkeit oder irgend etwas dergleichen zeigte. Er war noch gehemmter, noch unsicherer geworden. Er murmelte vor sich hin und ballte die Fäuste, bis die Gelenke knackten. Sobald er an den Fluß kam, war er wieder der alte. Er sprach ruhig und bedachtsam, mühte sich ab, mir zu sagen, was ich erfahren wollte. Seine Augen standen niemals still, und er hatte eine eigene Art, den Fluß entlangzuschauen und sofort alles Ungewöhnliche zu bemerken, eine Bewegung, eine Kräuselung der Wasseroberfläche, einen verkümmerten Fisch oder einen, der sich vom Laichen nicht erholt hatte. Diese Fische mieden die Strömung und hielten sich oft nahe dem Ufer auf. Ich habe ihn sie mit den bloßen Händen packen sehen, er betörte sie, zauberte sie fast aus dem Wasser. Er schien, sobald er es wünschte, gleichsam fähig, in die Natur einzugehen, ein Teil von ihr zu werden. Sonnio trug stets einen Speer, dessen hölzerner Schaft in einer langen, blankpolierten, mit Widerhaken versehenen Spitze endete. Er hatte, wie er mir erzählte, seit seiner Knabenzeit geübt und besaß nun, wie er oft bewies, tödliche Treffsicherheit. Mitunter schwang er seinen gewaltigen Körper auf einen der längs des Ufers wachsenden Bäume und kroch vom Stamm auf einen Ast. Von diesem günstigen Platz aus blickte er ins klare grüne Wasser unter ihm. Ein- oder zweimal kletterte ich ihm nach, und er zeigte mir, wo sich ein Hecht verborgen hatte, so daß er vom Ufer aus nicht sichtbar war. Er glitt wieder hinab, näherte sich geräuschlos der Stelle und schleuderte den Speer in den Fluß. Nie sah ich ihn sein Ziel verfehlen.

Sonnio war nicht die einzige Person, die sich in den wenigen Monaten verändert hatte. Spaosu und Rhea behandelten ihn jetzt mit Kälte; in ihr Haus wurde er nicht mehr eingeladen. Und Gina? Sie verlachte und verspottete ihn, sooft sie ihm begegnete. Mehr als einmal sah ich, wie sie sich vor ihm aufspielte, wenn sie glaubte, ohne Zeugen zu sein. In ihren Augen war ich niemand, wahrscheinlich dachte sie deshalb, daß es nichts ausmache, wenn ich zusah. Trotzdem, weißt Du, hatte ich das unbehagliche Gefühl, sie versuchte, Sonnio zur Eifersucht auf mich anzustacheln. Doch er war zu sehr ins eigene Elend vertieft, um auf solche Spitzfindigkeiten zu reagieren.

Mit jeder Woche, die verstrich, wurde mir deutlicher, in welcher Spannung er lebte. Ich konnte ihn ja aus der Nähe beobachten, und es war mir offenbar, daß der arme Kerl halb wahnsinnig war vor Liebe zu Gina, obwohl seine Augen gewöhnlich merkwürdig ausdruckslos blickten. Vermutlich erkennen diejenigen, welche selber lieben, stets die Anzeichen bei anderen.

Eine Stelle am Flußufer suchte ich häufig auf. Ich hatte in die Mitte des Wasserlaufs Bretter ausgesetzt, auf deren Unterseite Insekten ihre Eier ablegten. Diese Bretter holte ich regelmäßig aus dem Wasser, um sie zu untersuchen. Die Stelle eignete sich auch zum bisweilen notwendigen Fischfang. Ich machte es mir zur Aufgabe, die Mägen der Forellen zu untersuchen, die ich oder Sonnio fingen. Ein Stechkahn lag bereit, so daß ich, wenn nötig, den Fluß überqueren konnte. Oft arbeitete ich dort Stunden hintereinander, wobei ich als Sitz einen alten verfaulten Baumstumpf und als Tisch eine Kiste benutzte. Auf diesem schattigen, hinter Gebüsch liegenden Fleck war ich für jeden unsichtbar, der sich am jenseitigen Ufer befand. Nachdem ich bereits eine Zeitlang dorthin zu gehen pflegte, tauchte eines Abends plötzlich Gina auf und schwamm keine fünfzehn Meter von mir entfernt im eiskalten Wasser. Philip, ich sage Dir, der Körper des Mädchens war so schön, daß ich hätte weinen können. Und das wußte sie. Sie hielt mich in Bann, den Zuschauer wider Willen. Wider Willen – nein, wenn ich ehrlich bin, darf ich das nicht sagen. Was mich am meisten aufbrachte, war die allmähliche Erkenntnis, daß sie die Lage genoß, es auskostete, einen heimlichen Bewunderer zu haben.

Was folgte, war schlimmer. Eines Nachts in der letzten Maiwoche erwachte ich plötzlich. Auf dem Nachttisch brannte eine Kerze. Davor und mit dem Gesicht zu mir stand Gina. Als sie sah, daß ich wach geworden war, zog sie ihren Mantel aus. Darunter trug sie nur ein dünnes Nachthemd. In gleicher Weise wie am allerersten Tag blickte sie mich an, drehte und wendete die Messer in der Wunde. Dann beugte sie sich vor, ohne den Blick von meinen Augen zu lassen.

»Du bist doch ein Mann, was?« zischte sie.

Obwohl ich zu antworten außerstande war, muß ich genickt haben.

»Dann beweise es«, sagte sie.

Sie ließ ihr Nachthemd zu Boden gleiten und blieb stehen, damit ich sie sehen konnte, ehe sie die Kerze ausblies und ins Bett kam.

Philip, sie ist keine Frau, eine Hexe ist sie, und ich glaube, sie haßt die Männer. Sie nahm mich. Ich kann es nicht anders umschreiben. Stieß mich hinterher beiseite, den Gedemütigten, Ausgeleerten, Geschrumpften. Als sie mit mir fertig war, stand sie auf und ging ohne ein Wort. Ich lag bewegungslos, atmete kaum, war geistig und körperlich versteinert. Wahrscheinlich fiel ich endlich doch in Schlaf, denn die Witwe mußte am folgenden Morgen mehrmals klopfen, ehe ich Antwort gab. Ich zwang mich aufzustehen und versuchte weiterzuarbeiten, muß wohl mit der Arbeit fortgefahren haben, obwohl ich mich an die nächsten Tage nicht deutlich erinnere. Ich war froh, an meinen Platz am Flußufer zurückzukehren, wo ich allein sein konnte. Gina kam nicht wieder, und ich dachte, daß sie das Spiel, das sie mit mir getrieben hatte, als beendigt ansah.

Das Wetter war strahlend, das ganze Tal ein Meer aus Blumen und saftigem Grün. Die Vögel sangen von morgens bis abends. Ich war nie ein sehr romantischer Mensch, doch sogar in meinem damaligen Zustand schwelender Erschütterung spürte ich die Zeugungswoge allüberall um mich her. In der Woche nach Ginas Besuch in meinem Zimmer sah ich Sonnio kaum, was ich, wie Du Dir denken kannst, nicht bedauerte. Wenn ich ihm doch einmal begegnete, war er stets beschäftigt und arbeitete wie besessen.

Eines Abends etwa um fünf Uhr saß ich am gewohnten Platz. Die Luft war schwer, die Hitze drückte und hinter den Bergen rüttelte ein Sturm. Das Schlüpfen der Maifliegen war überfällig – zweifellos infolge der Hitzewelle –, und ich hatte das Gefühl, als ob der Sturm das jährliche Wunder herbeiführen könne. Das Schauspiel überwältigt mich immer wieder von Neuem; ich hoffte, es diesmal an einem Fluß zu erleben, der, wie ich nun wußte, von jeder Verunreinigung frei war. Sonnio stand am jenseitigen Ufer, er hielt den Speer bereit. Offenbar hatte er einen Hecht im Schilf entdeckt und wartete darauf, daß er sich bewegte. Die Weiden wiegten sich leicht und warfen ein Schattenmuster über Sonnios bloße Brust und Schultern. Es war sehr still, nur manchmal grollte ein Donner in der Ferne. Kein Fisch kam an die Oberfläche, und selbst die Vögel waren in der Hitze verstummt.

Plötzlich spritzte vor Sonnio das Wasser hoch. Ich blickte auf; er blickte auf, verständnislos. Ein warmer Wind kräuselte den Wasserspiegel. Gina war direkt hinter Sonnio getreten. Gegen das Oberteil ihres Badeanzugs gepreßt, hielt sie mit der rechten

Hand einen Weidenzweig. In grausamer Nachahmung seines Speerschleuderns warf sie ihn über Sonnios Kopf ins Wasser und lachte spöttisch. Sonnio stürzte sich auf sie. In der Regel war sie zu schnell für ihn, doch nicht bei diesem Anlaß. Körperlich waren sie ein passendes Kampfpaar, und sie wehrte sich hitzig. Doch diesmal ließ sich Sonnio nicht einschüchtern. Er packte sie so fest, daß sie keuchte, und warf sie zu Boden.

Mit vereinzelten dicken Tropfen setzte der Regen ein. Während die beiden, im Kampf zunächst und dann im Liebesakt ineinander verklammert am anderen Ufer taten, was sie tun mußten, schlüpften längs des ganzen Flusses die Maifliegen. Forellen wogten an der Oberfläche, um die Fliegen vor dem Häuten oder beim Landen zu schnappen. Die Luft wurde weiß, als Myriaden Insekten zu ihrem kurzen Hochzeitsflug aufstiegen. Er glich einem Schneesturm, doch fiel der Schnee nicht, sondern wirbelte empor und tanzte dann hoch über dem Wasser. So dicht war der Insektenschwarm, daß die beiden Gestalten am jenseitigen Ufer verschleiert und undeutlich erschienen. Möwen, Schwalben und Turmsegler tauchten und schrien, während sie die unglücklichen Insekten fingen. Dann, als der Regen sturzartig fiel, endete der Hochzeitsreigen so jäh wie er begonnen hatte. Die tief über die Berge hängenden Wolken verdunkelten den Himmel, Blitze zuckten über den nassen, schimmernden Leibern der Liebenden. Ja, der Liebenden. In diesem Augenblick begann ich gewisse Dinge zu verstehen. Manche hätten das Geschehnis Vergewaltigung genannt. Doch wer wurde da vergewaltigt?

Ich war nicht mehr allein. Rechts von mir in wenigen Metern Entfernung stand Spaosu, leicht vornübergebeugt starrte er über den Fluß. Wie lange er bereits dort gestanden hatte, weiß ich nicht. Angesichts seiner Miene begriff ich, daß ihn nicht so sehr Wut beherrschte, sondern etwas anderes. Plötzlich kletterte er in den Stechkahn, brachte ihn dabei in seiner Erregung fast zum Kentern. Unter wildem Geschrei paddelte er über den Fluß. Sonnio hörte ihn, setzte sich, blickte umher, um zu erkennen, woher der Lärm kam. Als er Spaosu sah, sprang er auf die Füße und packte seinen Speer.

»Zurück!« brüllte er, »sie gehört mir!« Gina blieb regungslos liegen.

»Sie gehört dir nicht!« schrie Spaosu. »Ich bring dich um!«

Sonnio gab keine Antwort. Im Licht der Blitze blinkte sein Speer, ich hörte, wie er auftraf. Einen Augenblick blieb der alte Mann im Bootsheck sitzen. Dann versuchte er aufzustehen, bebte furchtbar und fiel hin, wobei er grotesk quer über den Stechkahn zu liegen kam. Ich sah nun, daß der Speer sein Bein durchbohrt hatte und ihn an das Boot pfählte, das ohne Antrieb langsam in die Strömung schwenkte.

Gina stand auf, wollte hinstürzen. Sonnio hielt sie fest. »Er ist tot, laß ihn.« Er gab ihren Arm frei, drehte sich um und schlenderte fort. Sie sank zu Boden und blieb liegen.

Ich verließ meinen Sitzplatz und wanderte durch den Regen. Stunden später fand ich mich im Dorf wieder und ging sofort zu Bett. Als ich am nächsten Tag aufwachte, regnete es immer noch. Es war schon beinahe Mittagszeit. Die Pfützen in der einzigen Straße wurden größer und größer. Das Wasser wälzte sich von den Bergen, die fast gänzlich hinter Wolken versteckt lagen. Mit jeder Stunde wurden neue Sturzbäche aus den Rinnsalen; auf den Getreidefeldern bildeten sich kleine Seen. Von der Witwe erfuhr ich, daß Spaosu gefunden und nach Hause gebracht worden war. Da Gina nicht zurückkehrte, hatten sich die Leute auf die Suche nach ihr gemacht. Sie hatte bewußtlos am Ufer gelegen und fieberte nun stark. Über Sonnio wußte man nichts. Den Grund des tödlichen Herzanfalls ihres Mannes hatte Rhea sicherlich unschwer erraten können. Offenbar aber hatte sie nichts gesagt, sondern ihren Mann aufgehoben und in ihr Zimmer getragen. Abends spät hatte man gesehen, daß sie in den Regen hinausging.

Ich fühlte mich schwach und blieb den ganzen Tag im Bett, schlief mitunter ein und erwachte dann wieder aus bösen Träumen, weiß aber nicht mehr, was ich damals träumte.

Während der Nacht hörte der Regen auf, und als ich am Morgen aus dem Fenster schaute, konnte ich am Fluß Leute stehen sehen, die gestikulierten und mit den Fingern wiesen. Ich zog mich an und ging hinunter, um zu erfahren, was los war. Glücklicherweise lag der Weiler auf dem Hang am Fuß des Berges. Das Tal war nunmehr völlig überflutet. Als ich der Gruppe näherkam, sah ich, was sie betrachteten: Fische. Tote und sterbende Fische. Wo man auch hinblickte, grauweiße Fischbäuche, die leise in der langsamen Strömung schaukelten. Die Möwen waren zurückgekehrt, stießen wieder herab und kreischten wieder, wenn sie sich einen Fisch von der Wasseroberfläche holten. Ich ging zurück in mein Zimmer, blieb dort abwartend sitzen und dachte nach. Später am selben Tag wurde ich durch das Geräusch von zerbrechendem Glas aus meinen Gedanken gerissen. Draußen unter meinem Fenster lag eine tote Möwe. Andere Möwen, die über den Häusern kreisten, vollführten seltsame Dinge. Während ich sie beobachtete, tauchte oder vielmehr fiel ein Vogel ins Wasser, schlug ein-, zweimal mit den Flügeln und war still. Eine andere Möwe raste gegen die Wand eines Nachbarhauses. An jenem Nachmittag trank ich viel.

Als ich am folgenden Morgen erwachte, schien es im Weiler ungewöhnlich ruhig zu sein. Ich vermißte den Lärm der Kinder, der Hühner, der bellenden Hunde. Ich blickte wieder zum Fenster hinaus übers Tal. Die Frühnebel stiegen, und ich konnte sehen, daß die Überschwemmung etwas zurückgegangen war. Mein Frühstück war mir noch nicht heraufgebracht worden, was mich wunderte, denn die Witwe war sonst sehr pünktlich. Ich fand sie unten in der Küche sitzen. Sie hatte gerade die Nachricht gehört.

Sonnio war am Abend zurückgekommen. Er war in Spaosus Haus gegangen und unverzüglich die Treppe zu Rheas Zimmer hinaufgestiegen. Dort war sie nicht gewesen. Er hatte sie neben Ginas Bett stehend gefunden, sie, nach den Worten der Witwe, gepackt und aus dem Fenster geschleudert. Sie war auf der Stelle tot gewesen. Darauf hatte er das Haus wieder verlassen und war in die Berge gegangen.

Gina starb am selben Tag.

Weder ich noch sonst einer konnten das Geringste tun, ehe das Wasser abfloß. Ich saß in meinem Zimmer oder ging allein um das vom Schicksal getroffene Dorf. Rinder und Geflügel starben jählings und qualvoll. Niemand trank mehr Wasser. Die Leute blieben in ihren Häusern und warteten. Es dauerte eine Woche, bis die Straße frei war. Jeden Tag konnte ich ein wenig weiter wandern, obwohl die Ausgänge immer beängstigender wurden. Das Tal war so stumm. Das einzige Geräusch war das der eigenen Füße, die im feuchten Schlamm einsanken. Keine Grille zirpte, die Vögel waren davongeflogen, die Pflanzen verwelkten, dazu der Geruch der in der Sonne verwesenden Fische; ob ich die Erinnerung daran je loswerde?

Am letzten Morgen in dem grauenvollen Ort geriet ich auf meiner Wanderung an die Quelle. Meine Aufmerksamkeit fiel auf den schwarzen Metalltank, über dessen Gestell ich kurz nach meiner Ankunft gestolpert war. Er lag umgestürzt neben dem Wasser auf der Seite. Spaosu hatte einmal erwähnt, wie schwierig es gewesen sei, das Unkraut-Vernichtungsmittel, das er einige Jahre zuvor gekauft hatte, ins Dorf zu transportieren. Gott allein weiß, welche entsetzlichen Veränderungen seine chemische Verbindung seither erfahren hatte. Doch wie war der Inhalt des Tanks in die Quelle gelangt?

Plötzlich erinnerte ich mich an Rheas Gang in die Nacht. Sie hatte den Fluß immer gehaßt . . .

Pasiphae

Es wurde erzählt, daß Pasiphae sich in einen wunderschönen, weißglänzenden Stier verliebte, den die Götter – Zeus oder Poseidon – nach Kreta geschickt hatten. Der Stier kam wohl aus dem Meer, daher wird hier Poseidon genannt. Es wurde freilich behauptet, auch dieser Stier sei Zeus gewesen.

Karl Kerényi, nach Mythographus Vaticanus und Libanius, Narrationes 23

Pasiphae, die Tochter des Helios und Gattin des Minos, hatte einige Jahre lang der Göttin Aphrodite nicht die ihr zustehenden Opfer dargebracht. Aus diesem Grunde flößte ihr Aphrodite sündhafte Liebe ein: sie verliebte sich in einen Stier. Daidalos verfertigte für sie eine Kuh aus Holz und überzog sie mit der Haut einer wirklichen Kuh. Unter dieser Hülle vereinigte sie sich mit dem Stier.

Hyginus, 40. Fabel

Als Asterios kinderlos starb, wollte Minos Herrscher von Kreta werden, doch wurde es ihm verwehrt. Da erklärte er, er habe von den Göttern die Herrschaft bekommen, und damit man ihm glaube, fügte er hinzu: alles, worum er bete, gehe in Erfüllung. Darauf opferte er dem Poseidon und flehte ihn an, es möchte ein Stier aus der Tiefe heraufkommen, den er dann dem Gott zu opfern versprach. Da nun tatsächlich Poseidon einen prachtvollen Stier erscheinen ließ, erhielt Minos auf diese Weise das Königtum. Den Stier jedoch nahm er in seine Herde und opferte einen anderen. Minos war der erste, der eine Seeherrschaft gründete und fast alle Inseln in seine Gewalt brachte. Poseidon aber zürnte ihm, daß er den Stier nicht geopfert hatte, machte diesen wild und brachte es dahin, daß Pasiphae in Begierde zu ihm entbrannte. In ihrem Liebesverlangen nach dem Stier gewann sie einen Helfer an Daidalos, der sich auf Bildarbeit verstand ... Dieser schuf eine Kuh aus Holz, die sich auf Rädern bewegte, innen hohl, und bekleidete sie mit der Haut, die er einer Kuh abzog, dann brachte er sie auf den Anger, auf dem der Stier gewöhnlich weidete, und versteckte darin Pasiphae. Der Stier kam und besprang sie wie eine wirkliche Kuh.

Apollodoros, Bibliothek, III, 7–12

... Minos schied Schlangen, Skorpione und Skolopender aus, und alle Frauen, denen er beiwohnte, starben. Pasiphae aber, des Helios' Tochter, war unsterblich.

Antoninus Liberalis, 41. Verwandlungssage

Franz Joachim Behnisch
Im Labyrinth der Schnecken

Damals liebte ich es, die Freizeit möglichst zurückgezogen zu verbringen. Meine Beschäftigung nahm mich sehr in Anspruch, geistig wie körperlich, am meisten körperlich. Ich war dabei, mir einen Namen zu machen. Viele Zeitungen kommentierten mich bereits ausführlich. Vor allem der Innenstadt war ich kein Fremder mehr. Nur draußen in der Bannmeile durfte ich noch damit rechnen, daß mich niemand erkannte.

Eines Nachmittags war ich im Gebiet der Vorort-Seen ausgestiegen (am Bahnhofskiosk hing ein kirchliches Blatt mit mich betreffender Warnung) und wollte die stille Paulsborner Straße zum Ufer hinunter, als mir der Name auf dem Schild am Gartentor eines Landhauses auffiel. Leser, stand dort, Doktor Leser, Facharzt. Mit einem Leser hatte ich vorübergehend das Gymnasium in der Turmstraße besucht. Soweit ich mich erinnerte, war das ein Schnösel aus recht begütertem Hause gewesen.

Meine in Gott ruhende Mutter, die sich wegen meiner Ausbildung redlich abrackern mußte, gab mir den Rat, immer nach Höherem zu streben. Ich habe ihn befolgt, wenn auch vielleicht nicht so, wie sie es sich vorgestellt hatte. Jedenfalls war es mir seinerzeit gelungen, von Lesers reichen Eltern eingeladen zu werden. Ihrem Sohn hatte ich etwas für seinen Miniaturzoo mitgebracht, eine große Schnecke mit herrlichem, fast weißem Gehäuse. Er wollte mir ein paar Zigarettenbilder dafür geben. Ich sammelte nämlich Aufnahmen berühmter Künstlerinnen. Wort gehalten hatte er dann doch nicht. Bald danach waren wir auseinandergekommen. Sollte er dieser Frauenarzt in der Paulsborner Straße sein? Na, eine Frage war wohl erlaubt. Ich läutete an der Gartentür, ein Dienstmädchen erschien und fragte mich nach dem Namen. Welchen sollte ich ihr nennen? Den von vielen Gazetten her glänzenden und fast schon berühmten – oder den anderen, den bürgerlichen? Schließlich sagte ich Nitschke und wurde eingelassen. Leser war sofort wiederzuerkennen. Groß, schlank, braungebrannt stand er in erstklassigem Maßanzug vor mir, älter geworden natürlich, aber noch hochfahrender als in der Turmstraße und von jenem naserümpfenden Charme, der in exklusiven Damenjournalen vorkommt. Er stellte mich seiner Frau vor und fragte mit plumper

Anspielung auf meine frühere Leidenschaft: »Hast du Else schon?«

»Else?«

»Na meine Frau. Bis vor kurzem ein Stern erster Größe!«

»Er übertreibt«, sagte Frau Leser.

Wo hatte ich diese Stimme schon gehört?

»Sie war immerhin an der Oper.«

»Nicht der Rede wert«, winkte Else ab.

Das enttäuschte mich, ehrlich gesagt. Oper ist immer der Rede wert, wenigstens unter gebildeten Menschen. Ich kannte alle unsere Opern, die Königliche, die Städtische und die Kroll-Oper. An jeder hatte ich Erfolge gehabt. Gewiß sind ihre Fassaden mit den meist glatteren, schmucklosen und daher für meinen Beruf schwierigeren unserer zeitgenössischen Kaufhäuser nicht zu vergleichen. Doch abgesehen davon, auch Musik ist mir keineswegs gleichgültig, vor allem Opernmusik nicht. Ihre Bravour scheint sogar meinem Metier adäquat. Vielleicht bestimmte nicht zuletzt sie meine ungewöhnliche Daseinsform. Mutter pflegte mich nämlich schon ziemlich früh mitzunehmen, wenn sie in die Oper ging (meist in den Admiralspalast), auf Aushangkarten und nachmittags, aber garantiert bei derselben Besetzung wie abends. Was haben wir uns von Leuten, die weniger gebildet waren, für Vorwürfe anhören müssen: der Junge ist noch zu klein, und Sie werden schon sehen! Jawohl, nun sehen Sie es: Das Publikum ist begeistert von mir! Ich darf meiner Mutter nur dankbar sein, daß sie stets darauf bedacht war, mir von Kindesbeinen an Ideales zu zeigen, Anitras und Olympias Tanz zum Beispiel, und Mimis oder Ases Tod, alles bei anerkannt guter Musik und von hervorragenden Kräften wiedergegeben. Und deshalb war ich sehr froh, in Lesers Frau eine Dame kennenzulernen, die so etwas verkörpert haben mochte. Bisher hatte ich mich doch bloß mit gedruckten Fotografien unterhalten.

Je länger wir sprachen, desto mehr mußte ich mich wundern, daß eine solche Frau den eingebildeten und meiner Meinung nach völlig amusischen Leser hatte heiraten können. Seine Herkunft aus dem Tiergartenviertel allein besagte noch nichts, und ein begehrter und gutbezahlter Beruf ist noch lange kein genügender Ausweis für eine Persönlichkeit.

»Und was treibst *du*?« fragte mich Leser, nachdem wir für seinen Geschmack lange genug über Musik und Theater gesprochen hatten; das heißt, eigentlich hatte nur ich gesprochen.

»Ich war gelegentlich auch schon an Opernhäusern beschäftigt«, suchte ich Lesers Frage wahrheitsgetreu zu beantworten. »Aber nur außen«, fügte ich etwas leiser hinzu. Das hatte man nicht erwartet.

»Als was denn? Wohl als Gipsfigur?«

Takt besitzt man, oder man besitzt ihn nicht. Leser war er nun einmal nicht beschieden.

»Griechischer Halbgott in fünf Buchstaben!« rief er und schlug sich lachend auf den Schenkel. »Mußt du doch wissen, Else!«

»Titan?« probierte sie.

»Nein, Atlas. Wofür beschäftigst du dich eigentlich mit Kreuzworträtseln?«

Daraufhin erlaubte ich mir, genauso direkt zu fragen: »Hast du eigentlich deinen Privat-Zoo noch?« Wider Erwarten nahm er die Frage keineswegs übel.

»Komm' mit«, sagte er und erhob sich, »ich zeige ihn dir.«

Zu dritt begaben wir uns in den Keller, das heißt wir kletterten in eine Utopie hinab. Man kann es natürlich auch anders ausdrücken. Zu jener Zeit konnte man in der City im Café Vaterland von einer markierten Terrasse aus einen ruhig fließenden, maschinell betriebenen Rhein bewundern, mit Stimmungsmusik und bei wechselnder Beleuchtung. So ähnlich hier. Es gab submarine, jedenfalls subtropische Miniatur-Landschaften voll seltsamster Tiere. In den Gängen zwischen den Aqua-Terrarien herrschte rotbraun die Dämmerung mit Durchblicken auf all diese zierlichen Bühnen, die in ihrer Ausstattung damaligen Revuen ähnelten: Mikado-Paläste, allerdings von Schleierschwänzen statt von Geishas belebt, und ein reptilisches Venedig Casanovas. Noch hatte ich mich von meinem ersten Erstaunen nicht erholt, da kam Else – durch raffinierte Lichtwirkung die reinste Afrikanerin von Meyerbeer – die Treppe herab. Land, so wunderbar! hätte ich ihr entgegenschmettern wollen, aber Leser hinderte mich daran. Die Hände in den Taschen, nahm er irgendwo akademisch Aufstellung und begann zu dozieren. Der weiß ja gar nicht, was er besitzt, ging es mir durch den Kopf.

Ich hatte mir noch nie in meinem Leben viel aus Spinnen und Weichtieren gemacht, ob sie nun bei Algen oder Sukkulenten ihr Wesen trieben. Jetzt interessierten sie mich. Leider war Leser nicht ganz bei der Sache. Seine Erklärungen rasselte er wie ein schlechter Schulmeister herunter. Als im Hause oben ein Telefon klingelte, sagte er »Entschuldigung«, stellte den Zeigestock in eine Ecke und verschwand.

Die schwere Luft wird rotschwarz, dann heller, bildet kleine Wolken, Leiber, Fleisch von unserem Fleisch, aber in anderer Form. Perspektiven sollten mich als Akrobaten ja nicht schrekken. Dennoch werde ich schwindlig wie noch nie. Eine Art Schrumpfung mache ich durch. Arme und Beine werden zu einem einzigen, dickfleischigen und glitschigen Fuß kontrahiert. Ich bin im Begriff, mich in etwas zu verwandeln, das Leser eben – wenn ich nicht irre – als Gastropode bezeichnet hat. Neben mir ragt dolomitenhaft, was gerade noch die Größe einiger Kiesel hatte, und – ganz unglaublich – diese Stimme ist in der Nähe, jenes Organ, das nicht aus dem feudalen Tiergarten stammt, sondern eher aus – na sagen wir Alt-Moabit. Vom Latemar kommt es herab oder vom Rosengarten, nicht lauter als das Rauschen in meinen alten Kaurischnecken, sie waren bloß aus Porzellan und standen bei uns zu Hause auf Häkeldeckchen vor dem Trumeau. Ich spüre, daß ich antworten, dem Ruf mit Gegenruf beikommen muß, habe dafür jedoch keine Kraft in der Kehle. Mollusken verständigen sich anders. Die Taster arbeiten wie verrückt. Man lüpft den Fuß, um die Gehörbläschen auf Hochtouren zu bringen. Und dann ist sie da, die beachtenswerte Helix, Leser hat sie mit Nachnamen pomatia genannt. Sie ist nackt wie ich, wenn wir von dem kalkigen Strandkorb absehen, mit dem uns ein Gott am Rücken bedient. Weil wir Zwitter sind, durchzittern Variationsträume unser gesamtes Nervensystem, vom Cerebralganglion durch den Schlundring, die Schnellstraßen der Connectiven hinunter zu den flankierenden Pleuralganglien. Berührung wird registrierbar. Mundlappen, Taster, Siphoränder und Anhängsel fangen an, sich hermaphrodit zu erkunden. Das Atemloch faucht wie ein Blasebalg. Der Arragonitpfeil liegt steif auf der Sehne. Typ A versucht, in das von gewundenen Kojen durchzogene Séparée von Typ B zu gelangen. Ich wundere mich sehr über den Bewußtseinsbereich, der sich mir erschließt. Wie ich Olympier bin bei Wertheim und Tietz, hoch über dem Leipziger, beziehungsweise dem Dönhoffplatz, so auch hier am Schlachtensee, in Lesers Abgrund, in Elses Arkadien.

Nach einer Ewigkeit komme ich zu mir, tauche auf, hinauf ans Meer, an die See oder den See, die Terrasse hinter dem

Haus ist sehr geschützt. Eine bestimmte Kühle aus dem Schilf und meine triviale Frage: Wo bleibt Ihr Gatte? Darauf ein ägäischer Seufzer und der Ausruf: Mein Mann als Arzt...

Drüben der Ober vor dem Lokal Fischerhütte nimmt Tischdecken ab unter Bäumen, stapelt sie vor dem Holzpavillon auf einem Klappstuhl. Kühl wird es, wenn kühle Gäste kommen, Leser, der fegt noch die Avus ab, unter dem Jugendstil wolkiger Kiefern, weiß der Chrysler und weiß sein Ordinationsdreß. Eigentlich hat er sich schon in der Turmstraße nichts aus Frauen gemacht. Ich sollte ja auch erst Theologie studieren, vielleicht wissen Sie das aus der Zeitung. Aus welcher Zeitung? Stehen Sie denn schon in der Zeitung, Herr Nitschke?

»Ich bin Belmonte.«

Nicht möglich! Von dem man jetzt soviel liest? Soll ja aufregend sein. Ich möchte es gar nicht sehn. Kreuzt gerade den Schildhornweg, Leser, wenn der Anruf aus Richtung Eichkamp kam, oder...

»Und wer sind Sie?«

... wenn andere Richtung, dann, sagen wir, Kreuzungspunkt Düppel. Oder nach Kladow rüber? Leser ist vielbegehrt.

»Nana; ganz einfach.«

Das konnte nicht möglich sein! Die einstige Bronzenummer, deretwegen sich die Leute reihenweise umgebracht haben? Vor Jahren erschien in einem Magazin ihr braungetönter Akt. Ich hatte ihn ausgeschnitten und neben meinem Bett an die Tapete gezweckt. Sie war doch – das wußte die Welt, denn wirklich alle Zeitungen hatten es gebracht – das tragische Opfer ihres Berufes geworden: Nackttänzerin stirbt an Blutvergiftung, Das Ende einer Göttlichen, Vamp aus Alt-Moabit verunglückt, Schuld und Sühne in Bronze, so hatten die Überschriften gelautet, je nach der Farbe des betreffenden Blattes. In eine an sich unbedeutende Wunde war das giftige Bronzierungsmittel gedrungen und hatte die Laufbahn der Vielgeliebten jäh beendet.

»Madame«, sagte ich, »so soll man nicht scherzen. Die Bronzenummer ist leider verblichen.«

»Gewiß ist sie das, aber nur für die Bühne.«

»Ach so«, sagte ich, hatte aber nichts begriffen.

Wie hätte ich es wagen können, mich von einer noch lebenden Nana beruflich inspirieren zu lassen! Denn das hatte ich getan, in tiefer Verehrung natürlich. Wenn ich in der gleichen, ich will mal sagen Kostümierung wie sie, nicht auf einer Bühne zwar, sondern – weit gefährlicher – an hohen Fassaden, also im Freien und stets ohne Sicherheitsvorkehrungen, mein schweres Brot verdiente, dann geschah das immer auch als öffentliche Huldigung an mein zu früh dahingegangenes Idol.

Gerührt nahm sie wahr, welche Gedanken mich erfüllten. Eine Frau wie sie kann Schein und Sein auch in *dem* unterscheiden, was unausgesprochen bleibt.

»Du also bist Belmonte«, sagte sie langsam, lächelnd und kollegial, indem sie leicht meinen Arm berührte. Ein bißchen Bewunderung lag schon darin. Ich war verdammt stolz darauf, was soll ich es leugnen. Drüben der Oberkellner nahm den Stapel Tischdecken vom Stuhl und trug ihn in die Fischerhütte. Woher kannte ich bloß diese Stimme? Sie kam jetzt ganz nah: »Und du hast nischt an, wenn de so bei Tietz und bei Wertheim . . . ?« Das war echteste Turmstraße. In gewissen Momenten schlägt eben der Mutterlaut durch.

Natürlich war ich im Dienst unbekleidet. Schließlich ließen es sich die genannten Häuser auch etwas kosten, wenn ich wöchentlich dreimal zur Hauptgeschäftszeit an ihren Fassaden fürs Publikum turnte und hoch über Nymphen und Faunen den merkantilen Erdkreis der Friedrichstadt stemmte. Ganz Berlin war begeistert davon. Selbstverständlich gab es auch giftige Reaktionen, sie verletzten mich nicht weiter. Ich turnte ja nicht im Kölner Dom. Außerdem: wer etwas dagegen hatte, brauchte nicht hinzusehen. Aber gerade der sieht dann ganz genau hin, das kennt man ja. Eigentlich war nichts besonders Anzügliches dabei. Nackte Figuren an Hauswänden waren damals noch keine Seltenheit, ich meine aus Gips. Wäre ich nicht bronziert raufgegangen, so hätte mich vielleicht kaum jemand beachtet.

»Kannst dir den Tod 'bei holen«, sagte Frau Leser zärtlich. Gewiß, unsere Witterung ist nicht so, daß man sich in solcher Aufmachung im Freien ausgesprochen wohlfühlt. Dem Erhabenen muß man Opfer bringen.

»Ich nehme an«, erwiderte ich, »daß es auf einer großen, zugigen Bühne auch gefährlich ist, besonders wenn man tanzen muß und schwitzt.«

»Ich trat ja gar nicht so auf, wie die Leute immer dachten. Ich trug ein hautenges Bronzekostüm.«

Meine Enttäuschung ließ ich mir nicht anmerken.

»Und wer starb an der ominösen Wunde?«

»Mein Double«, sagte Else Leser, »aber nicht wirklich, sondern nur beinahe und auch nicht an einer Wunde, sondern an

Lungenentzündung.« Sie lachte, wahrscheinlich über mein dummes Gesicht. »Ja, Leser ist schon eine Kapazität! Er bemühte sich derart um das Mädchen, daß ich meinte, er würde es heiraten. Da beschloß ich, meinem Double zuvorzukommen.«

»Und deine Karriere, gnädige Frau?«

Sie winkte ab.

»Ich bin einem Irrtum zum Opfer gefallen. Leser hatte sich nicht für das Mädchen, sondern bloß für den Fall interessiert.« In der Fischerhütte drehten sie mit einem Schlag alle Lampen an. Man hörte Musik. Sie wirkte melodramatisch, als Nana sagte: »Ich habe mich aus kleinsten Verhältnissen emporgearbeitet. Mein Vater besaß auf verschiedenen Vergnügungsplätzen, zuletzt sogar im Lunapark, ein Zelt für Okkultismus. Ich war sein Medium, das weiß Leser gar nicht.«

»Nein«, sagte ich, »der hat keine Ahnung. Wozu auch. Er stammt aus ganz anderen Kreisen als wir.«

Die Fischerhütte, dieses beliebte Vorort-Restaurant, begann zu schaukeln wie ein Schiff. Mit blinkendem Spiegelbild legte es ab und näherte sich unserem Ufer. Sogar der vergleichsweise simple See wurde mit all seinem biederen Schilf zu dem, was er im paradiesischen Plan der Schöpfung vielleicht hätte sein sollen. Eine Nymphe flog auf, geriet in das breite Verandafenster, umspannte es, war nicht mehr Nymphe, sondern ein Nachtinsekt und erreichte die ganze Länge des Gewässers; das war nun auch nicht mehr Schlachtensee, sondern Maggiore. Seinen Klapphelm schlug der Gliederfüßler in die Maggia-Ebene, den Schweif ließ er weit in die andere Richtung tasten, nach Mergozzo und Lesa, wo die Frauen meiner Chefs unter gestreiften Marquisen und beschnittenen Platanen ihren Badearzt zu empfangen pflegen.

Schluß-Tableau: Die Fischerhütte ist an ihren alten Platz zurückgefahren, an den Fenstern gelbe Lampenschirme und die Gesichter des Publikums. Man lächelt uns zu oder lacht uns aus. Einige Herren von der Oper und die Gebrauchswerber von Wertheim und Tietz applaudieren. Dann beschließen die Nacht und der Nebel ihr Bündnis. Nana und ich machen auf der Netzhaut verwackelte Abschiedsfotos. Lesers Chrysler biegt in die Paulsborner Straße.

Nana gelingt es, das Insekt in ihrem Haarnetz zu fangen. Man hört, wie der Wagen durchs Gartentor kurvt und auf dem Kies vor der Haustür anhält. Kurz danach tritt Leser in die Veranda, gleichzeitig betrete ich den Garten.

»Was? Nitschke schon weg?« höre ich ihn fragen. »Hat er sich noch gut unterhalten?«

Statt zu antworten, reicht ihm Nana das Netz. Er angelt, ganz überlegener Kenner, das Exemplar heraus, betrachtet es durch die Brille: »Libellula maculata, die gewöhnliche Wasserjungfer. Nicht der Rede wert.«

Eine Weile danach hört man ihn in seinen Keller-Zoo hinabklettern. Dort packt er seine neuesten Errungenschaften aus: Skolopender und Skorpione, eine ganze Kohorte, die er vorsichtig auf verschiedene Terrarien verteilt.

Ich ging die Paulsborner Straße entlang, sie hatte eine gewisse Farbe. Ihre Luft unter den spärlichen Laternen schmeckte nach Buchsbaum. Dennoch war ich nicht frei von jenem, mich immer etwas beschämenden, weil unolympischen Wohlgefühl, wieder halbwegs sicheren Boden unter den Füßen zu haben.

Leser hatte keinen Grund, uns zu verachten. Seine neue Kohorte bestand aus lauter Imagines. Unsere einzige Libelle dagegen debütierte erst, als Larve. Das hatte er wohl nicht bedacht.

Leda

Des Tyndareos und der Leda Töchter waren Timandra, mit der sich Echemos, und Klytaimnestra, mit der sich Agamemnon vermählte, außerdem noch Phylonoë, der Artemis die Unsterblichkeit verlieh. Zeus vereinigte sich mit Leda in der Gestalt eines Schwanes, und in der gleichen Nacht kam auch Tyndareos zu ihr; von Zeus gebar sie Polydeukes und Helena, von Tyndareos Kastor und Klytaimnestra. Einige berichten jedoch, Helena sei die Tochter des Zeus und der Nemesis. Diese habe sich, um der Umarmung des Gottes zu entgehen, in eine Gans verwandelt, da sei Zeus in Gestalt eines Schwanes zu ihr gekommen. Infolge dieser Umarmung habe sie ein Ei gelegt, das ein Hirt in dem Hain gefunden und Leda überbracht habe. Diese habe es in einem Kasten sorgsam aufbewahrt, und als nach der bestimmten Zeit Helena dem Ei entschlüpfte, habe sie das Kind als eigene Tochter aufgezogen. Als diese zu hervorragender Schönheit aufgeblüht war, wurde sie von Theseus entführt und nach Aphidnai gebracht.

Apollodoros, Bibliothek, III, 10,7ff.

Zeus umarmte in Gestalt eines Schwanes die Tochter des Thestios, Leda, am Flusse Eurotas. Sie gebar von ihm Polydeukes und Helena, von Tyndareos dagegen Kastor und Klytaimnestra.

Hyginus, 77. Fabel

Tyndareos, der Sohn des Oibalos, zeugte mit der Thestiostochter Leda Klytaimnestra und Helena; Klytaimnestra vermählte er mit Agamemnon, dem Sohn des Atreus; um Helena warben wegen ihrer Schönheit mehrere Freier aus mehreren Städten.

Hyginus, 78. Fabel

Die Göttin (Nemesis) floh; sie wollte sich nicht mit dem König der Götter, dem Sohn des Kronos, in Liebe vereinigen. Von Scham und gerechtem Zorn war sie gequält. Sie floh über das feste Land und das dunkle Meer. Zeus verfolgte sie und versuchte sie zu fangen. Im Meer verwandelte sie sich in einen Fisch. Zeus wühlte die Gewässer nach ihr auf, bis zum Okeanos und zum Rande der Erde. Auf dem Festland nahm sie die Gestalt von Erdentieren an, um dem verfolgenden Gott zu entkommen. Schließlich verwandelte sich Nemesis in eine Gans, Zeus nahm die Gestalt eines Schwanes an und vereinigte sich mit ihr.

Karl Kerényi, nach Athenaeus Grammaticus, 334,b

Christian Grote
»Wenn ein Weib sich irgend zu einem Vieh tut ...«
(3. Mose 20, 16)

Ich habe mich immer für Tiere interessiert, das heißt, nicht eigentlich interessiert, ich habe sie mir eben immer gerne angesehen. Zoologische Kenntnisse habe ich nicht, ich muß also im Zoo, obwohl ich oft hingehe, wie die anderen auch immer wieder auf die Schilder sehen. Früher, ich meine, ganz früher, damals lebten meine Eltern in der Nähe oder in einem Nebenhaus von einem Gut oder einem großen Bauernhof, und da gab es natürlich alle möglichen Tiere. Das war uns auch alles erklärt worden, dann kämen die Eier und daraus die Küken. Komisch fand ich immer, daß der Hahn so flatterte, um sich auf dem geduckten Huhn zu halten. Womit der Hahn es machte, das sah man ja nie, aber bei dem Stier und den Pferden, da war das anders, denen hing es ja oft lang und rosa und schlenkernd zwischen den Hinterbeinen ... und spitz beim Stier und wie ein dicker rosaschwarzer Gummischlauch beim Pferd ... Bei dem Stier und der Kuh, das war natürlich aufregend, wie das stampfte und spritzte, wie die Kuh hinten heruntergging, nicht wirklich tief, sondern so gedrückt, gestoßen unter dem Stier, dessen Rücken sich in Stößen krümmte, und dann war alles naß, und der Stier schnaubte laut, der Saft lief noch herunter, er zitterte, vielleicht zitterte er auch nicht, ich weiß es nicht mehr ... und die Kuh graste weiter, riß sich mit dem feuchten Maul, nein, mit der Zunge, die sie um die Grasbüschel drehte, das Futter aus und kaute und kaute, während es bei ihr noch unter dem Schwanz die Beine herunterlief, tropfte ...

Wenn die Tauben sich mit den Schnäbeln verklammerten und sich dann ziehend und stoßend hin und her und seitwärts bogen und wanden, mit den Schnäbeln ineinander verklammert, ruckartig ... Erst putzten sie sich ganz unbeteiligt, als ob nichts wäre, dabei wußte man schon, gleich würde es losgehen, und dann das Ducken von der einen Taube, vom Schwanz her sprang dann die andere hinauf, und man sah ja nichts, aber dann tastete sie sich flatternd hinein, und die Taube darunter legte ihre Flügel aus, um den Weg frei zu machen ... das habe ich auch immer gesehen, vom Büro aus, damals, als ich angefangen hatte zu arbeiten.

Nach dem Abitur wollte ich schnell unbedingt einen Mann haben, ich wollte das schon lange, schon in der Schule. Da hatte ich eine Freundin, die redete ganz offen über das alles, einfach über alles, sie erzählte uns genau, wie es war und was man tun mußte, damit man auch was davon hatte, nicht nur der Mann. Wir alle konnten nichts mehr sagen, nur noch zuhören, so genau ging sie ins Detail, und es wurde uns allen feucht, und sie sagte uns das auch noch gleich auf den Kopf zu ...

Seitdem wir verheiratet sind, haben wir diese Wohnung ganz nah am Zoo. Da sind besonders werktags fast nur Mütter mit Kindern. In einem Gehege, waren das Steinböcke oder Mufflons, ich weiß es nicht mehr, jedenfalls mit so großen gerillten Hörnern und runden vorstehenden Augen und langem strähnigem herunterhängendem Fell, da stand der schwere Bock da und starrte auf das Weibchen, und er starrte sie nur an, und sie stand unbeweglich und zitterte, sie zitterte immer mehr, und dann ging er auf sie zu, ganz langsam setzte er die Läufe, sie sahen die Menschen nicht, er kam mit dem gewundenen Gehörn immer näher, und sie zitterte, immer stärker zitterte sie, dann ging er an ihr vorbei, ohne sie zu berühren, ganz langsam, und sie drehte den Kopf nicht einmal, sondern machte sich zitternd bereit, so kam es mir wenigstens vor, und dann war er mit seinen Vorderläufen auf ihr und stieß sich hinein ... ich zitterte auch, zitterte in den Beinen. Bei den Geparden habe ich es hinter fingerdicken Gitterstangen gesehen, die Katze warf ihren Körper blitzschnell und heulend und fauchend auf die andere Katze und das Bündel jaulte, pfiff und schrie und krampfte und stieß sich zusammen, und ich bekam keine Luft mehr und mein Magen krampfte sich zusammen, mir wurde schwach, ich mußte mich auf eine Bank setzen und bekam kaum Luft ...

Ich habe eben eine Schwäche für Tiere ...

Bevor wir geheiratet haben und noch ein paar Monate danach habe ich diese Stellung draußen in der Nähe vom Schloß gehabt. In der Mittagspause sind wir immer in den Park gegangen, das heißt, zuerst sind die anderen auch mitgekommen, später bin ich dann lieber alleine hin, da konnte ich auch einmal ein paar Minuten auf einer Bank schlafen oder dösen, im Sitzen, das ging unter den Bäumen im Schatten ganz gut. Dann wurde ich immer so schön müde, noch mit offenen Augen schlief ich schon fast ein, und dann hörte ich nur noch das Quaken der Enten, die sich immer wieder aus dem Wasser jagten und in großen steilen Bogen mit weit vorgestreckten Hälsen durch die Baumkronen flogen, mit klatschenden Flügeln, und wieder rauschend auf dem Wasser landeten. Das Quaken, das Schreien wurde immer leiser, wenn ich da einschlief, kühler Wind ging oder vielleicht war es einfach kühler unter den Bäumen und am Wasser. Dann wieder war ich ganz wach und sah mir die schwarzen und weißen Schwäne an, die standen am Ufer und putzten sich, unter der prallen Sonne, die weißen Schwäne, ganz weiß und durchscheinend ...

Die Schwäne mag ich wirklich am liebsten, mit der festen federglatten Brust, fast wie ein Schiff. Wenn sie sich mit etwas abgespreizten Flügeln vor dem Wind treiben lassen, dann sind die Federn fast durchsichtig und der Wind steht in der ausgewölbten Höhle zwischen den Flügeln, und die kleineren Federn zittern, und der feste Bug, die Brust, da glänzen die Federn und die Kiele, und die harte Glätte der Flügelkanten, das strahlt fast, so hart und fest und dicht und scharf sieht das aus.

Irgendwann danach fing es eben an mit dem Traum, mit dem gleichen Traum, davor schon, danach. Ach ja, ich habe einen Schwan ja nie anfassen können, immer wollte ich das, besonders dann, wenn ich ihn lange so angesehen hatte, ansehen mußte, anstarrte. Ich hatte auch das Gefühl, nein, kein Gefühl, sondern ich wurde beim Starren immer müder, ich vergaß mich, ich meine, ich vergaß, daß ich da stand oder saß, und ich starrte nur noch in die Flügel hinein, zwischen sie hinein, in das Weiße, oder ich sah den dicken Hals entlang, wie dick ist ein Schwanenhals eigentlich? ich wollte ihn immer mit der Hand umfassen, eine Faust herum machen, die Hand erst weit nach hinten und nach der Seite spreizen und dann die Finger weit herumlegen, die Finger passen sicher und dann hat man das in der Hand, warm und in sich beweglich, der Hals, der aus dem Bug herauswächst, im rechten Winkel wächst er erst nach vorne, biegt sich dann nach oben, und zwischen dem Halsansatz und dem Körper entsteht ein Knick, nein, kein Knick, eine fast eckige Kurve, und dieser Knick liegt fast genau auf der Wasseroberfläche, wenn der Schwan schwimmt, ich meine, da fließt das Wasser manchmal zwischen Hals und Körper, da bleiben auch für ganz kurze Zeit Wasserperlen stehen, nur kurz. Es bleibt natürlich nicht feucht, denn die Oberfläche der Federn ist ja ganz glatt, spiegelglatt fast und weich, nein, das stelle ich mir nur vor, ich habe ja nie darüberfassen, streichen können, nur dann im Traum, wenn der lange bewegliche Hals, der dicke sich windende Hals um den Bug herumgeht, wie eine Schlange fast, und in alle Höhlen geht, unter die Flügel, zwischen den Federn am Rücken weit hineingeht, und alles mit dem Höcker, dem Wulst zwischen den Augen, den geschlitzten, den bösartigen, nein, den bösen Augen über dem Schnabel. Und der Hals knickt immer an der gleichen Stelle, wenn er sich selbst putzt, an sich selbst mit dem Schnabel hin und her reibt, zwischen die dünnen Federn am Bug und darüber reibt und sich dazwischen schiebt mit dem gelben harten flachen Hornschnabel. Dann stehen sie am Ufer auf den breiten dreieckigen schwarzglänzenden Füßen mit den kühlen aufgespannten Schwimmhäuten, die sich im Wasser bei der Bewegung nach hinten faltig zusammenziehen, am Ufer sind sie eine ganz gleichmäßige, abgerundete feste Form, ein fester Körper, der würde ganz lange schwanken, wippen, hin und her, auf und ab, wenn der Hals mit dem Kopf darauf nicht wäre.

Ich bin noch nicht einmal sicher, ob ich geträumt habe, denn es war ganz deutlich zu spüren, alles war deutlich da und drängte sich in mich hinein. Ob das vielleicht mit dem ersten Mal zusammenhängt, damals im Winter, ich weiß ja, es kann nicht wirklich passiert sein, aber mir kommt es so vor, als sei es sogar noch öfter ganz wirklich gewesen. Da hatte ich einen Freund, ich mochte ihn eigentlich nicht, er war Student und ich hatte gerade Abitur gemacht und im Büro angefangen, Praxis sollte ich da auf Wunsch meiner Eltern bekommen. Er wollte mich immerzu, jedesmal wenn wir uns trafen fuhr er mir mit seiner harten Hand in die Bluse oder an den Beinen entlang nach oben, es ging mir dann meistens alles zu, ich wollte das nicht und wollte es dann doch. Ich konnte auch nie absagen, wenn er mich anrief, um mich zu treffen, im Grunde wollte ich es wohl doch, sehr sogar. Und da im Winter, ein bitterkalter Tag, die Sonne steckte rotglühend im Dunst, dicker Schnee auch auf dem zugefrorenen See im Englischen Garten, und viele kleine Gruppen von Männern hatten sich Bahnen freigeschaufelt, um Eisstock zu schießen. In den See münden Bäche, der Eisbach zum Beispiel, und da wo sie münden, sind im Winter kleine offene Wasserflächen, das hatten wir schon auf dem Weg zum See gesehen, da schwammen Haubentaucher und Enten und Schwäne, vier oder sechs Schwäne, ich weiß es nicht mehr genau, und die Leute fütterten die Vögel mit altem Brot, wir gingen weiter, Eislauf gab es auch, eine blankgefegte abgesperrte Fläche und Musik vom Seehaus her, die hörte man überall, schon von weitem, und eben unter den herunterhängenden Weidenzweigen in alle Richtungen die schmalen Bahnen, wo die Männer ihre Eisstöcke schossen und neben diesen eisenbeschlagenen Holztellern mit den gebogenen Griffen schwerfällig herliefen, und – wie hieß er, ach egal, ich mochte seinen Namen nicht, das weiß ich noch, ging neben mir und preßte sich beim Gehen, bei jedem Schritt an mich, im Rhythmus spürte ich ihn, und seine Hand lag nicht mehr auf der Schulter, sondern er hatte sie am Halstuch vorbei in den Pulloverkragen hinein und unter den Büstenhalter gesteckt und griff hart in meine rechte Brust. Er schob mich auf schmale ausgeschaufelte Wege oder in den Schnee hinein, wenn uns Leute entgegenkamen, zog die Hand heraus, wenn wir an Leuten vorbei mußten, aber steckte sie immer wieder hinein, zwang sich hinein, auch wenn ich nicht wollte und den Oberkörper zur Seite bog, damit er seinen Arm hinter meinem Hals nicht abknicken und vorne so weit hineinkommen konnte. Seine Hand war warm und hart und ich wollte das dann nicht mehr, und mein Gesicht war kalt, aber ich glühte, und wir redeten nichts mehr, sondern dachten wohl nur daran, ich versuchte immer an etwas anderes zu denken, weil ich ihn doch eigentlich nicht mochte, aber ich wollte ihn doch, denn als er mich dann vom Weg ab zog durch den tiefen Schnee unter eine Fichte, da war wenig Schnee, und mich mit dem Rücken an den Baumstamm preßte und mir den Mantel aufmachte und seinen auch und seinen Mantel um uns schlug und mir den Rock hochzog und mich küßte und mit der Hand von oben in die Hose kam, da mußte ich die Beine auseinandertun. Aber dann waren seine Finger bei mir, und ich wollte es unbedingt und ganz, und ich weiß noch genau, ich machte die Augen zu und wünschte die Kleider weg, seine und meine, und dann wurde es immer unerträglicher und mir wurde schlecht vor Wollen ... und da schrie es ganz nah und laut und grell, und ich machte die Augen wieder auf, ich war nicht erschrocken, sondern es wurden Wellen daraus, oder wie soll ich es nennen, und die Flügel klatschten, die Schwäne flogen vor dem Dunst, im eiskalten Dunst und vor der rotglühenden Kugel der Sonne, und schrien und schrien, und da passierte es alles gleichzeitig, es zitterte und schlug und klopfte, und seine Hand streichelte und grub, und die Schwäne kamen wieder zurück mit ihren weit nach vorn gestreckten Hälsen und flogen und flogen immer um den kleinen See herum, und ich hörte nur noch ihre Schreie und das Klatschen der Flügel und keine Musik mehr und sein Stöhnen nicht mehr, nur noch ich selbst da unten, und die Schwäne, ich muß ohnmächtig geworden sein, ich dachte, ich sterbe, ganz furchtbar schwach und stark und bewußtlos und hellwach zugleich, und das Schreien der Schwäne ... später schlief er dann richtig mit mir, ich weiß es noch genau, weil es nur dreimal war, und ich wollte ihn loswerden, dann blieb er weg und ich hatte auch genug von ihm und davon, er konnte es auch nicht richtig, und es war nie mehr so wie mit seiner Hand und den Schwänen.

Es ist auch immer an solchen Tagen gewesen, wenn es schwül ist und der Himmel weißlich, wenn es kaum Schatten und keine Sonne gibt und die Tiere mit hängenden Köpfen nahe an den Ställen oder unter einem Baum zusammen stehen. Wenn ich mich zu erinnern versuche, dann weiß ich nur, daß ich müde war und so mit offenen Augen schlief, wenn ich an den Maschendrahtzäunen oder den Betonmauern lehnte und den Affen zusah, den Pavianen mit ihren rosa Hinterteilen, aufgeschwollen und rissig, vernarbt, glänzend, schorfig. Ich glaube, der erste Traum, das erste Mal, war in einer Nacht nach so einem Tag, es hatte sich nicht abgekühlt, die Balkontür stand offen, nur ein Laken, keine Bettdecke und kein Nachthemd an, und ich konnte einfach nicht schlafen, ich meine, ich lag nur da und hörte draußen die Autos und einen Betrunkenen schreien, laut schimpfen, dann wurde er von einem Motor übertönt, dann sang er, brüllte, schließlich war er still. Dann hörte ich, daß Tauben gurrten oder so etwas, obwohl es ja schon tiefe Nacht war, und dann sehnte ich mich nach einem Mann, nach dem Wald ...

... ich hatte ihn auch nicht gemocht, genausowenig wie die anderen, und es hatte mich geärgert, ich war wütend, wenn ich ihn nur sah, er redete so herablassend mit mir, als sei ich ein Schulmädchen und hätte von Tuten und Blasen keine Ahnung, widerlich arrogant und selbstsicher war er. Weil ich für ihn schrieb und Diktat aufnahm, war ich ja deswegen noch lange nicht von ihm abhängig und mußte alles tun, was er wollte. Er lud mich ein, mit ihm am Samstagnachmittag wegzufahren und dann irgendwo zu essen, ich käme dann ganz bestimmt früh nach Hause, ins Bettchen, sagte er. Am Montag hätten wir wieder viel zu tun, das war dummes Gerede, als ob ich das nicht selbst gewußt hätte. Ich wollte unter keinen Umständen zusagen, außerdem hatte ich den anderen, der immer darauf bestand, daß ich ihm genau sagte, warum, wenn ich mal nicht konnte, der traute sich noch nach drei Monaten nicht, war aber immer ganz lieb und aufmerksam, allein bin ich nie gern ins Kino gegangen, außerdem sah er ganz gut aus. Also ich wollte an dem Samstag eigentlich gar nicht, sagte am Freitag nachmittag ab, nein, ich wollte nicht, ich sei schon verabredet. Er rief Samstag mittag an, ich dachte es sei der andere, sonst wäre ich gar nicht ans Telefon gegangen: »Also ich komme um drei«, sagte er, und ich kam gar nicht dazu, etwas zu sagen, er schnitt mir frech und von oben herab das Wort ab: »Ach lassen Sie doch die Ausreden, bis um drei«, und hängte auf. Warum ich dann eben doch um drei fertig war und auf das Klingeln wartete, weiß ich nicht, vielleicht habe ich mir was fürs Büro, irgendeine Verbesserung, mehr Gehalt oder so davon versprochen, jedenfalls fuhren wir ungefähr eine Stunde lang, dann stiegen wir aus, gingen in einen Wald, eine dieser schnurgeraden ungeteerten Straßen entlang. Er war überhaupt nicht anders als im Büro, herablassend, mit guten Ratschlägen. Nur einmal versuchte er mir den Arm um die Hüfte zu legen, ließ es aber, als ich seitwärts ausbrach: »Sie haben das wohl noch nie erlebt?« fragte er. Ich sagte: »Ich dachte, Sie wollen spazierengehen«, und er sagte: »Ja und?«, aber versuchte jedenfalls nicht mehr mich anzufassen, sagte danach kaum noch etwas, er ging neben mir her, aber ich spürte, er wollte mich immer mehr, und ich wußte, ich würde mich nicht nochmal wehren, auch wenn ich ihn nicht mochte, aber das ist ja etwas anderes. Und der Himmel bezog sich mit dünnen weißen Schleiern, es ging kein Wind mehr, ich sah die schnurgerade Straße entlang, sie wurde immer enger, ein weißer Strich, und die Bäume stiegen höher. Man hörte keinen Laut, auch von der Straße her nichts mehr, keine Vögel, keine Grillen, nichts . . .

. . . und als ich da unter dem Laken lag und mich daran erinnerte, es ging alles ineinander, ich hatte die Arme seitwärts abgestreckt und die Beine gespreizt und lag ganz ruhig und schwer und hörte immer noch auf die Autos unten auf der Straße und fühlte das Laken ganz leicht auf mir, auf den Brüsten und den Oberschenkeln, und wenn ich mich bewegte, dann streichelte es fast . . .

. . . ich schwamm nackt, ganz nackt in kühlem tiefem Wasser und ein Mann schwamm hinter mir her, ich spürte die Bewegung des Wassers von seinen Bewegungen, dann schwamm er neben mir, dann über mir, auf mir, und zwischen uns Wasser, und dann im Schweben, seine Haut und sein Glied ganz leicht an mir, und ich schwamm nach unten und seitwärts weg, und wie ein Fisch war ich ganz eng zusammen, kaum mehr Beine und Arme, und ich konnte mit meinem ganzen Körper schwimmen, mich um ihn legen, ganz vom Wasser umgeben, gestreichelt, in der Dämmerung mit dem silbernen Spiegel des Wassers über uns, kein Mensch sah uns mehr, kein Tier, wir konnten nicht reden und bewegten uns langsam, schwebend, taumelnd, ganz langsam konnte ich greifen und halten und streicheln, und er strich mit seinen Händen, seinem Fell an mir entlang, legte sich ganz und überall an mich, schob sich hinein, in allen Höhlen bewegte er sich, keinen Druck mehr, Leichte, Schweben ...

... er ging dann rechts ab einen schmalen Weg entlang, um Büsche, Senken voll Wasser und einzelne Steine herum immer weiter zwischen die Fichten, dann kamen wir auf eine Lichtung mit einzelnen Büschen, ganz von Bäumen umstanden ...

... und dann schwamm ich zum Ufer, der Seegrund kam mir von unten entgegen, und den Spiegel der Wasseroberfläche über mir berührte ich schon manchmal mit dem Kopf und die Silberfläche kräuselte sich, der Mann neben mir und über mir und unter mir, drängte sich immer näher heran, zwischen meine sich trennenden Beine, mit dem Kopf, mit den Händen, ich berührte schon den weichen Sandboden und meine Augen durchschnitten den Spiegel, ich spürte Kälte am Rücken, er zog mich an sich, hielt mich unter Wasser mit den Armen um meine Hüften fest, drehte sich auf mich, drückte mir den Kopf zwischen die Brüste und ...

... er sagte: »Hier können wir uns ausruhen, hoffentlich finden wir zurück«, und lachte dabei, aber eigentlich ohne einen Laut, er schluckte, und ich setzte mich auf das Gras, ohne etwas zu sagen, er griff einfach nach dem Reißverschluß hinten am Hals, zog ihn herunter, zog mir ohne Hast den Seidenpullover aus dem Rock und zog ihn hoch, die Luft war jetzt kühl auf der Haut und ich hatte nichts darunter, und er zog den Pullover hoch und ohne zu zögern, warum auch, hob ich die Arme ...

... dann konnte ich mich losreißen, weil ich glitschig war rutschten seine Hände und Finger ab, er krallte sich an den Beinen fest, ich war kein Fisch mehr und auf dem Ufer, tief atmend blieb ich stehen, er konnte nicht folgen, Biber können schneller schwimmen als laufen, und dann ging ich ruhig auf die Büsche zu, ich hörte ihn atmen, hörte seine Schritte, hörte die Zweige klatschen, und ich lief, lief immer schneller und schneller, hatte eigentlich keine Angst, sondern war ganz leicht, große Schritte, die immer höher und weiter wurden, berührte mit den Füßen gerade noch einmal die Kronen der Büsche, dann die Wipfel der Bäume, ich flog, meine Brüste hingen zwischen den Schwingen und der Wind strich mir um den Körper, ich flog ...

... er sagte immer noch kein Wort, und ich fand es auch nicht fremd oder neu, sondern drehte mich zur Seite, damit er den Rock aufmachen konnte, er zog ihn mit den Hosen herunter und legte ihn unter mich und ich stützte mich noch auf, damit er das tun konnte, und dann lag ich ganz flach überall auf und mein Rücken war etwas gebogen, die Luft war kühl auf der Haut ...

... mit jedem Schlag kam ich höher, dann hörte ich ihn hinter mir, er flog, seine Schwingen schlugen in anderem Rhythmus als meine, er schrie, und ich schrie plötzlich aus Angst und spürte ihn näher kommen, er flog über mir, und immer schneller schlug ich mit den Flügeln und schrie, er schrie, wir schrien, er und ich, er und ich, und ich spürte seine Flügel fast auf meinen liegen, fast schon im Takt schlugen sie mit meinen Flügeln, wir berührten uns, er drückte mich hinunter, er nahm mir die Luft, ich verlor an Höhe, und wir schrien beide, vor mir, unter mir sah ich eine Schneise, die Baumspitzen kamen mir entgegen, waren neben mir, und sein Gefieder lag zwischen meinen Flügeln, und unsere Flügel schlugen zusammen, ich flog tiefer, immer tiefer in die Dunkelheit, und der Boden kam näher, über mir wurde der Himmel schmal und klein, weit weg, ein heller Strich, meine Beine berührten den Boden, wir schrien ...

... und dann war er auch nackt und legte sich neben mich, berührte mich kaum mit dem Körper, sondern seine Hand strich über die Haut, ohne sie zu berühren, nur die Wärme spürte ich, seine Lippen lagen lose auf meiner Schulter und er berührte mich streichelnd mit dem Mund, kam mir immer näher, ich lag noch da, die Beine geöffnet und die Arme seitwärts, wollte nichts mehr ändern, wollte nichts anderes, und sein Kopf, seine Hände waren auf mir, Gefieder, ich streckte mich, machte mich größer, weiter ...

... und er flatterte auf mir, sein Hals umschlang meinen Hals, sein Schnabel rieb und griff, die Haut wurde feucht, seine Beine liefen mir schwarze Flächen über den Rücken, lagen auf mir, umschlossen mich, zerrten an mir, ich lag auf dem Rücken und meine Flügel waren weit geöffnet, sie lagen neben mir, hob die Arme vom Boden ab und zog sie heran, und ich griff mit beiden Händen in seine Federn, meine Finger drangen zwischen die festen großen Federn und in den Flaum, sein Kopf, sein Schnabel lagen zwischen den Brüsten, strichen mir um den Hals, und er kam mir näher mit dem weichharten Schnabel, der sich öffnete, und meine Beine wurden auseinandergedrängt, Federn, Flaum, er öffnete mich und ich umfaßte seinen Hals und öffnete den Mund, weit schob sich die Zunge, der Schnabel, der Hals in mich, und wir konnten nicht mehr schreien, wir atmeten, atmeten, erstickten . . .

Nachwort

Die Amouren des Zeus, die gesammelten sowohl wie die einzelnen – und diese ganz besonders –, sind seit ihrer frommen Erfindung ein Lieblingsthema der Gelehrten, Literaten und Dichter. Daß sie in der Malerei der Gegenwart aus formalen Gründen, aber auch wegen des fast allgemeinen Unglaubens, hierzulande »Mündigkeit der Christen« genannt, wenig Chance mehr haben, der Oper dagegen, zu Happenings vereinfacht, noch immer brauchbare Stoffe bieten können, lassen wir außer acht. Gelehrte, Literaten und Dichter jedenfalls bemühen sich seit jeher, die erotische Aktivität des Gottes entweder zu ergründen oder zu verherrlichen.

Wer unser kleines Buch gelesen hat, weiß, daß es diesen zahlreichen, reizvollen Untersuchungen und Nachdichtungen nicht eine weitere hinzufügen, vielmehr den Versuch entgegensetzen will, die alten Mythen auf ihre Geltung in der Gegenwart hin zu prüfen. Die Aufgabe, die Radio Bremen und die Nymphenburger Verlagshandlung den Autoren stellten, lautete deshalb, zu den Liebschaften des Zeus Erzählungen zu schreiben, die ohne ausdrückliche Anspielung auf die zugrunde liegenden Mythen auskommen, insofern »entmythologisiert« sein und in unserer Zeit spielen sollten.

Obwohl einige Mitarbeiter vom Naturrecht des Schriftstellers Gebrauch machten, die gestellte Aufgabe zwar anzunehmen, aber nicht zu erfüllen: das von außen Auferlegte, daher Unerträgliche zu denaturieren, und sich entweder expressis verbis mit der mythischen Vorlage auseinandersetzten oder sie geflissentlich nachzeichneten, gelang das Experiment im Wesentlichen. Im Wesentlichen, denn unsere Frage, ob die erotische Allmacht des Zeus, die Geschichten, die sie verbürgen, ob die tradierten Eigenschaften des Gottes noch Glauben finden, wurde durch jede Erzählung beantwortet.

Zwar haben nicht alle Autoren die Mythologie in gleichem Maß ernst genommen. Die theologischen, theogonischen, selbst die erotischen Aspekte haben sie weniger beschäftigt als politische, gesellschaftliche und psychologische. Kuriose Begleitumstände der Liebschaften verführten zur Farce und zur Groteske. Und es läßt sich nicht verkennen, daß der Auftrag von einigen zum Anlaß genommen wurde, Geschichten zu schreiben, die sie ohnehin schreiben wollten. Doch so unbefriedigend im Hinblick auf das Thema manche erzählerisch gute Arbeit erscheinen muß, aufschlußreich und legitim sind die negativen nicht weniger als die positiven Antworten.

Wie verträgt sich Omnipotenz mit nur vierzehn Liebschaften? Erotische Allmacht kommt Zeus vermöge seiner göttlichen Natur zu, sie ist ein Glaubensartikel und bedarf keines Beweises. Ein Don Juan dagegen muß seine berühmte Potenz immer wieder unter Beweis stellen, er benötigt dazu dringend das Leporelloalbum, da die Leistungen gewöhnlich nicht vor Zeugen vollbracht werden. Mit den Liebschaften des Zeus könnten wir kaum mehr als dreißig Rahmen füllen und auch das nur, wenn wir auf die Knabenbildnisse nicht verzichten. Zeus liebte Göttinnen und Sterbliche. Die überlieferten Liebschaften mit Sterblichen sind meist spätere Versionen ursprünglich göttlicher Hochzeitsgeschichten. Sein Beischlaf machte die irdischen wie die göttlichen Erwählten gesegneten Leibes; den griechischen Königsgeschlechtern gestattete er, sich auf ein »Gottesgnadentum« der höchsten Abkunft zu berufen.

Um den Autoren die Transposition der wunderbaren Ereignisse ins menschliche Milieu zu erschweren, verzichteten wir in unserer Sammlung auf die Verbindungen des Gottes mit Göttinnen. Zeus steigt hernieder, wenn er Knaben und Frauen liebt; die Partner einer solchen Liebschaft sind verschiedenen Ranges und verschiedener Art. Doch sind die griechischen Götter begreifbarer als die der Natur übergeordneten Mächte orientalisch-christlicher Religionen. Prometheus bildete uns nach ihrer Gestalt; nach Pindar stammen sie aus dem Geschlecht des Menschen, »aus seinem Geschlecht sind Götter und Menschen«. Es müßte möglich sein, sie in der von uns veränderten Welt wiederzufinden.

Unter den vierzehn Mythen dieses Bandes steht die Euphorionsage als wenig verbürgte, späte Erfindung. Sie ist das düstere Gegenstück zu Ganymedes, der einzige Bericht darüber, daß Zeus jemals Grenzen seiner erotischen Macht erfuhr und die Zeugen der unzumutbaren Erfahrung vernichtete. Von den Liebschaften des Gottes mit Kalyke, Klymene und Laodameia, der Tochter des Bellerophon und der Philinoë, wissen wir kaum mehr als die Namen. Sie gleichen den Säulentrommeln, Stücken eines Kapitells, Teilen einer Plastik, den zerbrochenen Gerätschaften, die uns aus den gehäuften Trümmern der archäologischen Sammelstellen Griechenlands fast sprachlos entgegensehen, ohne Auskunft über ihre Geschichte, über das Ganze, dem sie zugehörten, und die deshalb ein Fanal der Fantasie entzünden können. Ein solches Fanal aber war nicht Ziel unseres Experiments; die Fantasie der Autoren sollte sich an dem bestimmten, richtungweisenden Ganzen eines Mythos entzünden. Laodameia, Klymene und Kalyke fehlen daher in dieser Anthologie.

Jeder Erzählung wurden die Texte alter Dichter und Mythographen vorangestellt, die ihr den Anstoß gegeben hatten. Selten verstanden die Autoren sie im musikalischen Sinn als – modern – zu paraphrasierende eigentliche Themen. Die größere Schönheit, die bekanntere Version eines Mythos aber waren bei der Wahl des Vorspanns dennoch nicht bestimmend, lediglich der Zusammenhang – welcher Art auch immer – des Textes mit der Erzählung. Liselotte Rüegg und Karl Kerényi sind wir zu Dank verpflichtet. Ohne ihre häufigen Ratschläge hätten wir manche Quellen nicht gefunden.

Bei der Anordnung der Geschichten folgten wir nicht der Familienkunde der griechischen Schönen, wir versuchten uns weder in einer Chronologie der Sagen noch in einer geographischen Einteilung der Liebschaften. Entscheidender als solche Kriterien erschien uns das Verhältnis der Autoren zu Zeus.

Neun Erzählungen müssen im Hinblick auf ihn atheistisch genannt werden. So die charmierend ironische Herbert Heckmanns, die nicht nur den Gott und seine Liebschaft mitsamt allen Namen und Einzelheiten unbedenklich auf eine triviale menschliche Ebene versetzt, sondern auch noch die Wahrheit dieser entzauberten Lesart in Frage stellt. Vielleicht ist alles nur die Erfindung eines nach Geltung hungernden altersirren Schulmeisters.

In Peter von Tramins Euphorion-Erzählung, die einmal mehr des Autors Begabung zu kausaler Verzahnung der Ereignisse dartut, tritt Zeus in der Figur des Mathematikprofessors Paul von Por als ohnmächtiger Liebhaber auf. Als göttlicher Rächer jedoch nicht, denn seine einzige Überlegenheit, die Macht zu töten, kommt ihm durch die hellseherische Gattin, gewissermaßen die im Mythos nicht agierende Hera, zu.

Als ein Mächtiger, durch seinen Opportunismus sozusagen Unsterblicher, erscheint er in Rudolf Lorenzens berlinischer Erzählung, wenn er nur dreimal kurz in die Verhältnisse der armen Kallisto eingreift und dennoch ihr ganzes Leben bestimmt. Aber nicht ihm gilt die Aufmerksamkeit des Autors, sondern der vor sich hindämmernden alten Frau, ihren verworrenen Erinnerungen und der komisch-erschütternden Schlußeuphorie, mit der sie ihr preisgegebenes Elendsschicksal zurücknehmen und umdeuten will.

Ebenso wenig bleibt von der göttlichen Begebenheit – von der Figur des Zeus lediglich die Eigenschaft des Verführers – in der Lamia-Erzählung Sigrid Bauschingers übrig. Dabei ist die verhalten tragische Geschichte in der Welt der »Amish«, einer in den Vereinigten Staaten lebenden Wiedertäufergemeinde, angesiedelt und ohne deren so naive wie strenge religiöse Vorstellungen nicht denkbar. Lamia, in der Sage nach dem Tod ihrer Kinder eine »Verschlingerin«, ein Schreckgespenst wie Hekate und die Empusen, ist hier eine Büßende und Hüterin fremder Kinder, vermag sie jedoch nicht vor der Reinkarnation des Verführers und der Verführung durch die technischen Teufelswerke zu hüten.

Klaus Nonnenmann interessierte an dem Io-Stoff vor allem das Motiv der Verwandlung. »Jede Verwandlung tut weh«, tröstet der Liebhaber die Geliebte, die er zu verlassen gedenkt, und verheißt ihr eine schließliche Erlösung aus dem Zustand. Er ahnt nicht, welchen bleibenden Gewinn sie daraus ziehen wird: das grünäugige lebenskräftige Kind, das den Verführern gewachsen ist.

Menschlich-allzumenschliche Abbilder des Gottes als wohltätiger Vater Zeus, als Ausbeuter und Verführer, als verschmähter Liebhaber. Die »politischen« Auseinandersetzungen gehen mit dem Mythos schärfer ins Gericht.

In Adolf Muschgs von gerechtem Zorn und Eifer (und vom Vergnügen an der eigenen Formulierungskunst) diktierter Antiope-Erzählung ist Zeus tatsächlich ausgespart. Seinen Namen trägt irgendein amerikanischer Neger, der episodische erotische Bedarfsartikel einer von der etablierten Gesellschaft zeitweilig verstoßenen Weißen. Selbstbewußt, vielleicht einst sogar mit mehr als göttlichem Anspruch, tritt erst die nächste Generation, dargestellt durch die farbigen Zwillingssöhne Amphion und Zethos, auf, so daß wir, »die wir aufgehört haben, an Zeus zu glauben, ihn wieder fürchten lernen« können.

Der goldene Regen, herrliche Umschreibung eines göttlichen Besuchs, erfährt in der Danae-Paraphrase von Joachim Seyppel eine desillusionierende Erklärung. Und die beiden Randfiguren, die an Zeus anklingende Namen tragen, evozieren nicht die personifizierte schöpferische Natur. Was für Muschg gilt: daß er sich mit dem Mythos minus Zeus beschäftigt, trifft auch für Seyppel zu. Doch während Muschg bezüglich Sachverhalt und Deutung es anders weiß als die alten Erzähler der Antiope-Geschichte, berichtet uns die Apologie von Seyppels jungem Angeklagten, daß die Ereignisse um Danae sich noch immer in jeder Einzelheit wiederholen können. Verändert hat sich unser Wissen von Schicksal, Schuld und Freiheit.

Peter Chotjewitz *erzählt* nicht von der Ganymedes-Liebschaft, er bietet uns eine Reihe von Beschreibungen der handelnden Personen und Erklärungen der Ereignisse zur gefälligen Auswahl an, Beschreibungen und Erklärungen, die jetzt und immer, hier und allerorts zutreffen können und konnten. »Der Mensch schuf die Götter nach seinem Bilde«, die ihnen zugeschriebenen Ereignisse mit allen Konsequenzen inszenierte er begreiflicherweise auch. »Vielleicht, daß es alles nicht wahr ist. Vielleicht, daß es stimmt.«

»Göttlichkeit kann nur beanspruchen, wer vollkommen menschlich ist«, heißt es bei Ernst Herhaus. Das trifft seines Erachtens weder für Zeus noch für eine Gottheit anderer Religionen zu, und in unserer Zeit nur für Mao. Der Mythos von Semele, die der göttliche Blitzstrahl tötet, aber könnte aktuelle Wahrheit gewinnen: an der Begegnung mit dem »Gott« Mao im Jahr 1968 der Studentenunruhen in Frankfurt am Main (dem Höllenkreis par excéllence aller Herhaus'schen Prosa) muß die »wunderbare europäische créature« Ulyssa sterben.

Von dieser Wandlung eines Gottes in einen »Gott« ist es nur ein Schritt zur theogonischen Groteske der Christa Reinig und zu den Erzählungen, die wir augenzwinkernd als theologische bezeichnen wollen. »Früher nannte man sie die Unsterblichen, heute heißen sie Komputer.« Der Komputer Amphy, dem Generalinspekteur Amphitryon völlig nachgebildet, entfaltet ein nicht programmiertes Eigenleben und entlarvt die Menschen als Zauberlehrlinge, die Götter rufen, sie aber nicht mehr loswerden können. Alkmene aber, die trotz kluger Voraussicht Durchschnittsweib ist, trifft dies am wenigsten, denn sie vermag zwischen Gott und Mann ohnehin nicht zu unterscheiden.

Den Versuch, Zeus mit seinen Eigenschaften des Heilers, Retters, Verwandlers, Eroberers, Ehegottes in unsere Welt zu versetzen, unternimmt allein Heinrich Böll. Als griechischer Gastarbeiter sucht und findet Zeus Europa, nicht die phönizische Königstochter, sondern eine Tochter des christianisierten Abendlands, in der die Ursprünge noch lebendig sind.

Jo Rippier macht Aigina zur Verführerin des Zeus, eines tumben Menschen, der in seiner Verbundenheit mit dem Wasser an die dumpfe Urmacht eines vorolympischen Erdgotts gemahnt, darum auch die Verfehlung gegen sein Element unbarmherzig ahndet. Im abgelegenen, gleichsam insular beschränkten Tal eines Balkanlandes vollzieht sich glaubhaft die Wiederholung der furchtbaren Rache Heras.

Zeus präsentiert sich uns selbstgefällig in der Pasiphae-Erzählung von Franz Joachim Behnisch, doch ach, wie sehr ist er heruntergekommen! Die Fassadenkletterei bürgt noch für häufigen Aufenthalt im Äther, nichts sonst erinnert an seine große Vergangenheit. Das Labyrinth des Konstrukteurs Daidalos befindet sich einfach im Keller der Minosschen Villa; aus Minos, dem unfreiwilligen Frauenmörder, ist ein Gynäkologe geworden; seine Gattin, die Heliostochter Pasiphae, erkennt in Zeus-Nitschke erfreut das Miljöh ihrer unbürgerlichen Vergangenheit. Aus Stier und Kuh werden Schnecken, aus göttlicher Tierhochzeit und späterer Verwandlungssage wird eine surrealistische Farce.

Im Gegensatz zu dieser sehr cleveren unfrommen Variation zeigt der Monolog der Leda von Christian Grote, wie klassische Diesseits-Frömmigkeit sich heute äußern kann. Grote greift auf die Urform – Zeus-Nemesis – der Leda-Sage zurück. In kunstvoll salopper, dabei präzise schildernder, immer neu sich berichtigender Sprache schreibt er einen modernen Hymnos, der nicht eigentlich Zeus, sondern dem vielgestaltigen Eros gewidmet ist. Der Lobgesang ist so schön, daß wir mit ihm unseren Band beschließen.

Über Erwarten verschieden sind die Geschichten dieses Bandes in Thematik und Erzählhaltung. In ihrer Zeus-Gläubigkeit unterscheiden sie sich weniger: der Glaube der meisten Autoren ist gering. Bereitwilliger würden sie sich wohl in einem analytischen höheren Geist, einem erotisch frustrierten höheren Wesen wiedererkennen. Ohne Wiedererkennen kann Religion nicht sein. Jede Zeit hat den Gott, den sie verdient. Zeus heißt er heute nur noch selten.

Maria Dessauer

Die Quellen

Antoninus Liberalis: Verwandlungssagen; Apollodoros: Bibliothek, beides in: Die Bibliothek der Alten Welt. Hrsg. von Walter Rüegg. Nach einer Originalübertragung von Ludwig Mader aus dem Nachlaß herausgegeben und ergänzt von Liselotte Rüegg. Zürich 1963.

Die Briefe des Alkiphronos, in: Epistolographi Graeci. Hrsg. von Rudolf Hercher, Paris 1873. Neuausgabe von Bernhard Kytzler unter Vergleichung der Editio Taubneriana und der Übersetzung von Altenburg (1767).

Euripides: Die Bakchen. Übersetzt von J. J. Donner, bearbeitet von Richard Kannicht. Stuttgart o. J.

Herodotos: Geschichten. Übersetzt von Friedrich Lange. Neu hrsg. von Dr. Otto Güthling. Leipzig 1885.

Homeros: Ilias. Übersetzt von Johann Heinrich Voß. Leipzig o. J.

Homeros: Odyssee. Deutsch von Rudolf Alexander Schröder. Berlin 1950.

Homeros: Hymnen. Hrsg. von Anton Weiher. München 1961.

Horatius: Die Dichtkunst. Übersetzt von Horst Rüdiger. Lebendige Antike. Zürich 1961.

Hyginus: Fabeln, in: Die Bibliothek der Alten Welt. Hrsg. von Walter Rüegg. Zürich 1963.

Karl Kerényi: Die Mythologie der Griechen, Zürich 1951.

Lukian: Göttergespräche. Sämtliche Werke. Mit Anmerkungen. Nach der Übertragung von C. M. Wieland, bearbeitet und ergänzt von Dr. Hanns Floerke. München und Leipzig 1911.

Ovidius: Fasti. Festkalender Roms. Übersetzt von Fr. Bömer. München 1960.

Ovidius: Metamorphosen. Verwandlungssagen. Übersetzt von Reinhart Suchier. München o. J.

Pausanias: Beschreibung von Griechenland. Korinthiaka. Deutsch von Joh. Heinrich Chr. Schubart. Berlin-Schöneberg o. J.

Patriarch Photios, in: Ptolemaios Chennos: Neue Geschichte. Übersetzt von Karl Kerényi.

Propertius: Die Liebesgedichte. Deutsch von Fritz Diettrich. Düsseldorf-Köln 1958.

Suidas: Lexicon. Edidit Ada Adler. Pars III. Stuttgart 1967.

Vergilius: Äneaslied. Verdeutscht und erklärt von Adolf Trendelenburg. Berlin und Leipzig 1928.

Die Autoren

SIGRID BAUSCHINGER, geboren 1934 in Frankfurt a. M., lebt in Amherst, Mass., USA. Beiträge im Feuilleton und Literaturblatt der ›Frankfurter Allgemeinen Zeitung‹, Übersetzungen.

FRANZ JOACHIM BEHNISCH, geboren 1920 in Berlin, lebt in Weiden, Oberpfalz. Veröffentlichungen: Lyrik in vier Anthologien, Erzählungen in ›Akzente‹ und ›Deutsche Rundschau‹. ›Rummelmusik. Ein Berliner Roman‹, 1966.

HEINRICH BÖLL, geboren 1917 in Köln, lebt dort. Veröffentlichungen: ›Der Zug war pünktlich‹, Erzählung, 1949. ›Wo warst du, Adam?‹ Roman, 1951. ›Und sagte kein einziges Wort‹, Roman, 1953. ›Nicht nur zur Weihnachtszeit‹, Erzählungen, 1953. ›Haus ohne Hüter‹, Roman, 1954. ›Das Brot der frühen Jahre‹, Erzählung, 1955. ›So ward Abend und Morgen‹, Erzählungen, 1955. ›Unberechenbare Gäste‹, Erzählungen, 1956. ›Im Tal der donnernden Hufe‹, Erzählung, 1957. ›Irisches Tagebuch‹, 1957. ›Doktor Murkes gesammeltes Schweigen und andere Satiren‹, Erzählungen, 1958. ›Billard um halbzehn‹, Roman, 1959. ›Als der Krieg ausbrach. Als der Krieg zuende war‹, Erzählungen, 1962. ›Ansichten eines Clowns‹, Roman, 1963. ›Entfernung von der Truppe‹, Erzählung, 1964. ›Hörspiele, Erzählungen, Aufsätze‹, 1964. ›Ende einer Dienstfahrt‹, Erzählung, 1966. ›Aufsätze, Kritiken, Reden‹, 1967. ›Gruppenbild mit Dame‹, Roman, 1971.

PETER O. CHOTJEWITZ, geboren 1934 in Berlin, lebt dort. Veröffentlichungen: ›Homage à Frantek – Nachrichten für seine Freunde‹, Roman, 1965. ›Ulmer Brettspiele‹, Gedichte, 1965. ›Chamäleon aus alter Zeit – Gedichte der ersten Person‹, 1965. ›Gedichte nebst einem Vorspruch und einem Nachwort‹, 1966. ›Die Insel. Erzählungen auf dem Bärenauge‹, 1968. ›Abschied von Michalik‹, 1969. ›Vom Leben und Lernen‹, Stereotexte, 1969.

CHRISTIAN GROTE, geboren 1931 in Dessau, lebt in München. Veröffentlichungen: ›Für Kinder die Hälfte‹, Ein Bericht, 1963. ›Alles ist schön zu seiner Zeit‹, Erzählungen, 1968. Hörspiel, Übersetzungen.

HERBERT HECKMANN, geboren 1930 in Frankfurt a. M., lebt in Gronau. Veröffentlichungen: ›Das Portrait‹, Erzählungen, 1958. ›Benjamin und seine Väter‹, Roman, 1962. ›Schwarze Geschichten‹, Erzählungen, 1964. ›Die sieben Todsünden‹, Erzählungen, 1965. ›Der kleine Fritz‹, Roman, 1968. ›Geschichten vom Löffelchen‹, 1970. (Mithrsg. d. ›Neuen Rundschau‹.)

ERNST HERHAUS, geboren 1932 in Ründeroth, lebt in Frankfurt a. M. Veröffentlichungen: ›Die homburgische Hochzeit‹, Roman, 1967. ›Roman eines Bürgers‹, Roman, 1968. ›Frankfurt am Main. Eine phantastische Dokumentation über elf Monumente der Spätbourgeoisie‹, Hörfeature, 1968. ›Bestattungsprobe‹, Hörspiel, 1968. ›Die Eiszeit‹, Roman, 1970. ›Kinderbuch für kommende Revolutionäre‹, 1970. ›Notizen während der Abschaffung des Denkens‹, 1970.

RUDOLF LORENZEN, geboren 1922 in Lübeck, lebt in Berlin. Veröffentlichungen: ›Alles andere als ein Held‹, Roman, 1959. ›Die Beutelschneider‹, Roman, 1962. Erzählung, Satire, Film, Fernsehspiel, Kabarett.

ADOLF MUSCHG, geboren 1934 in Zollikon bei Zürich, lebt in Ithaka, N. Y., USA. Veröffentlichungen: ›Im Sommer des Hasen‹, Roman, o. J. ›Gegenzauber‹, Roman, 1967. ›Fremdkörper‹, Erzählungen, 1968. ›Rumpelstilz‹, Theaterstück. ›Mitgespielt‹, Roman, 1969.

KLAUS NONNENMANN, geboren 1922 in Pforzheim, lebt in Gaienhofen am Bodensee. Veröffentlichungen: ›Talleyrand‹, Schauspiel, 1954. ›Die sieben Briefe des Doktor Wambach‹, Roman, 1959. ›Teddy Flesh oder die Belagerung von Sagunt‹, Roman, 1964. Aufsätze, Artikel, Erzählungen.

CHRISTA REINIG, geboren 1926 in Berlin, lebt in München. Veröffentlichungen: Hörspiele. ›Die Steine von Finisterre‹, Gedichte, 1960. ›Der Traum von meiner Verkommenheit‹, Prosa, 1961. ›Gedichte‹, 1963. ›Drei Schiffe‹, Prosa, 1965. ›Schwabinger Marterln‹, 1968. ›Orion trat aus dem Haus‹, Prosa, 1968.

JO RIPPIER, geboren 1935 in Plymouth, lebt in Frankfurt a. M. Veröffentlichungen: ›Some postwar English novelists‹, 1965. Aufsätze, Übersetzungen.

JOACHIM SEYPPEL, geboren 1919 in Berlin, lebt dort. Veröffentlichungen: ›Flugsand der Tage‹, Roman, 1947. ›Wo wir sterblich sind‹, Theaterstück, 1947. ›Ferdinands absoluter Standpunkt‹, Novelle, 1948. ›Abendlandfahrt‹, Roman, 1963. ›columbus bluejeans oder das Reich der falschen Bilder‹, Roman, 1965. ›Als der Führer den Krieg gewann‹, Satire, 1965. ›Hellas, Geburt einer Tyrannis‹, Buchreport, 1967. ›Torso Conny der Große‹, Roman, 1969. ›Ein Yankee in der Mark. Wanderungen nach Fontane‹, 1970. Essays, Übersetzungen.

PETER VON TRAMIN, geboren 1932 in Wien, lebt dort. Veröffentlichungen: ›Die Herren Söhne‹, Roman, 1963. ›Die Tür im Fenster‹, Roman, 1967. ›Taschen voller Geld‹, Erzählungen, 1970. Erzählungen.

Die Herausgeberin
MARIA DESSAUER, geboren 1922 in Frankfurt a. M., lebt dort. Veröffentlichungen: ›Osman‹, Roman, 1956. ›Herkun‹, Roman, 1959. Erzählungen, Aufsätze, Übersetzungen.

Die Gespenstertruhe

Geistergeschichten aus aller Welt mit 30 Zeichnungen von Alfred Kubin. Herausgegeben von Martin Gregor-Dellin. 464 Seiten. Leinen DM 16.80 ISBN 3-485-02505-4

»Diese hervorragend zusammengestellte und illustrierte Sammlung von Geistergeschichten der Weltliteratur ist ein Leckerbissen für den Kenner und darüber hinaus ein Geschenk für Freunde abenteuerlicher und geheimnisvoller Literatur.« Welt und Wort

Die schwarze Kammer

Unheimliche Geschichten aus aller Welt mit 26 Zeichnungen von Alfred Kubin. Herausgegeben von Martin Gregor-Dellin. 310 Seiten. Leinen DM 16.80
ISBN 3-485-02529-1

Ein spannendes Kompendium der Gruselliteratur: Erzählungen aus Gegenwart und Vergangenheit und in allen Spielarten des Unheimlichen. Alfred Kubins Zeichnungen runden den Band ab und machen ihn zu einer Kostbarkeit für Liebhaber der phantastischen Literatur.

Das Monster im Park

18 Erzählungen aus der Welt von morgen von Wernher von Braun bis Arthur C. Clarke. Herausgegeben von Jürgen vom Scheidt. 264 Seiten. Leinen DM 17.80
ISBN 3-485-00286-0

»Demjenigen, der sich auf dieses literarische Neuland vorwagen möchte, sei der in der Nymphenburger Verlagshandlung erschienene Band ›Das Monster im Park‹ empfohlen.« FAZ

Im Herbst erscheint

Stanisław Lem Eden

Etwa 270 Seiten. Leinen ca. DM 19.80 ISBN 3-485-00302-6

Der ebenso spannende wie gescheite Roman einer Notlandung auf dem seltsamen von Doppelwesen bewohnten Planet Eden.

Nymphenburger Verlagshandlung
